高等学校规划教材

杨忠慧 主编

应用文写作

（第5版）

北京师范大学出版集团
安徽大学出版社

图书在版编目(CIP)数据

应用文写作/杨忠慧主编.—5 版.—合肥:安徽大学出版社,2016.1(2023.7 重印)

ISBN 978-7-5664-0576-0

Ⅰ.①应… Ⅱ.①杨… Ⅲ.①汉语－应用文－写作－高等学校－教材 Ⅳ.①H152.3

中国版本图书馆 CIP 数据核字(2016)第 023995 号

应用文写作（第 5 版）

杨忠慧　主编

出版发行：北京师范大学出版集团
　　　　　安 徽 大 学 出 版 社
　　　　　(安徽省合肥市肥西路 3 号　邮编 230039)
　　　　　www.bnupg.com
　　　　　www.ahupress.com.cn

| 印　刷：合肥远东印务有限责任公司
| 经　销：全国新华书店
| 开　本：787 mm×1092 mm　1/16
| 印　张：18
| 字　数：369 千字
| 版　次：2016 年 1 月第 5 版
| 印　次：2023 年 7 月第 8 次印刷
| 定　价：35.00 元
| ISBN 978-7-5664-0576-0

策划编辑：姜　萍　　　　　　　　　　　　　　装帧设计：李　军
责任编辑：姜　萍　王　晶　王　黎　　　　　　美术编辑：李　军
责任校对：程中业　　　　　　　　　　　　　　责任印制：陈　如

版权所有　侵权必究

反盗版、侵权举报电话：0551－65106311
外埠邮购电话：0551－65107716
本书如有印装质量问题，请与印制管理部联系调换。
印制管理部电话：0551－65106311

高职高专人文基础课省级规划教材
编 委 会

（排名不分先后，以姓氏笔画为序）

主　任　　王劲松　　杨忠慧　　陈晓云
　　　　　夏文先

委　员　　马凌云　　王永军　　乔守春
　　　　　朱枝娥　　任绪伟　　李秀华
　　　　　张宽胜　　陶会平　　徐永森
　　　　　徐　明　　唐　菀　　梅四海

《应用文写作》
编写组

(排名不分先后,以姓氏笔画为序)

主　　编	杨忠慧
主　　审	陈晓云　唐桂兰
副 主 编	王永军　乔守春　朱枝娥　任绪伟 张宽胜　陶会平　徐永森　徐　明 唐　菀
编写组成员	马凌云　王　芸　王永军　毛惠芳 乔守春　刘丽华　朱丽琴　朱枝娥 任绪伟　汪志彬　陈　青　杨忠慧 陈晓云　陈桃秀　张宽胜　张　智 郑宏萍　青　海　夏文先　陶会平 徐永森　徐　明　徐婧婧　唐桂兰 唐　菀　姬君彩　龚文胜　程小凤

第五版 前言

　　教材是学生学习的对象,是学习主体对其进行信息加工的客体,是人类经验传承的主渠道,是学生心理构建的物质基础。教学过程中教材担负着重要作用,重视教材的组织编写是各级各类学校教育不可忽视的工作之一。

　　本书2007年获得安徽省"十一五"规划教材立项,使用中受到师生的广泛好评,多次重印;编写者还本着负责任的态度,不断对教材进行改版修订,及时将社会发展的新信息、新材料反映在教材中,保证了教材的时效性、适用性。

　　全书篇幅适中,为了适应当前高职教育课程教学改革的需要,本次修订按项目化对内容进行改造,以适应高职教改"项目导向、任务驱动"的需要,即将原"章"改为"项目",一个"项目"是一类文书;原"节"改为"任务",一个"任务"即是一个文种。每个项目下先设置"学习目标(包含知识目标、能力目标、素质目标三层)",然后对每类文书进行适当的剖析,再设置一个虚拟的岗位主人翁,项目下的每个任务即以该主人翁的角色去完成,在整个项目的结束位置安排"能力巩固"栏目,设计各任务的相关训练;每个任务即以主人翁接到某任务需完成某文种的写作为线索,串起该文种的相关知识内容,安排"任务导入(一个以主人翁活动为背景的任务,用以串起主人翁完成任务所要做的知识准备)""知识准备(包含该文种的相关知识和正误例文分析等)""任务提示"等环节。教材重视形式的活泼,突出可读性,在讲清常用应用文种的写作格式和要求的基础上,突出正反例文的评析,给学生提供可以参照的具体对象;还设计了大量的训练,既保证知识的掌握,又促进能力的形成;既方便教师的教学,又可作为学生或其他人士学习应用文写作的工具书。

参加本次第五版修订的教师有:

安徽工商职业学院杨忠慧副教授主编并主持修订,安徽工贸职业技术学院王永军副教授、滁州职业技术学院陶会平副教授、安徽财贸职业技术学院徐明副教授、安徽机电职业技术学院唐菀副教授、马鞍山职业技术学院朱枝娥副教授等任副主编。修订分工如下:安徽工商职业学院杨忠慧、安徽机电职业技术学院唐菀和乔守春、安徽交通职业技术学院王芸,项目一、四;马鞍山师范高等专科学校汪志彬、合肥工业大学唐桂兰、安徽人口职业学院毛惠芳,项目二;滁州职业技术学院陶会平、六安职业技术学院刘丽华和任绪伟,项目三;安徽财贸职业技术学院徐明、马凌云、张智,安徽工业职业技术学院徐婧婧,项目五;安徽工贸职业技术学院王永军,项目六;安徽工贸职业技术学院夏文先、郑州工业贸易学校浮伟忠,项目七;马鞍山职业技术学院朱枝娥、郑州工业贸易学校赵莹莹,项目八。

本版教材不另附答案,如有需要,可登陆北京师范大学出版集团安徽大学出版社网站下载,网址:www.ahupress.com.cn。

编　者

2016 年 1 月

第四版 前言

  教材是学生学习的对象,是学习主体对其进行信息加工的客体,是人类经验传承的主渠道,是学生心理结构构建的物质基础。教学过程中教材担负着重要作用,重视教材的组织编写是各级各类学校教育不可忽视的工作之一。

  全书篇幅适中。教材每一章都有明晰的学习目标,精心设计了能够引起学生兴趣的导入环节,重视形式的活泼,突出了可读性,在讲清常用应用文种的写作格式和要求的基础上,突出了正反例文的评析,更给学生提供可以参照的具体对象;还设计了大量的训练,既保证知识的掌握,更促进能力的形成;既方便教师的教学,又可作为学生或其他人士学习应用文写作的工具书。

  本书在2007年被教育厅评为安徽省高等学校"十一五"规划教材。本书在使用中受到师生的广泛好评,多次重印,所有编者从教学实践出发,本着负责的态度对教材进行反复推敲、不断修改完善,保证了教材的时效性、适用性。

  第四版在前面已经比较成熟的基础上再结合学生的实际需要进行了较大幅度的修订。主要修订情况包括:

  适应新的社会发展,对老旧的例文进行了更换,尤其是修改了例文中的一些提法,使其跟上时代的发展步伐;

  根据教学的实际对第三版的内容进行了适当的增删:在日常事务文书中

增加了"活动策划书""启事与声明",科技文书中增加了"实训、实习报告",在公文写作的概述部分适当增加了相关的行政知识,并在全书八章的基础上增加了第九章"申论"的内容,附录增加了公文格式;删除了社交文书中"请柬、聘书"的内容,以及行政公文中"公告、通告、决定、意见"这几个文种;根据2012年4月6日颁布的《党政机关公文处理工作条例》等,对相关内容作了修改。

　　按照教学的实际重新调整了章节的排序,使之更适合教与学的逻辑顺序,使用起来更方便。

　　参加本次第四版修订的教师有:

　　安徽工商职业学院杨忠慧副教授主编并主持修订,安徽工贸职业技术学院王永军副教授、滁州职业技术学院陶会平副教授、安徽财贸职业技术学院徐明副教授、安徽机电职业技术学院唐菀副教授、马鞍山职业技术学院朱枝娥副教授等任副主编。修订分工如下:杨忠慧、唐菀、安徽交通职业技术学院王芸,第一、四章;马鞍山师范高等专科学校汪志彬、合肥工业大学唐桂兰,第二章;滁州职业技术学院陶会平、六安职业技术学院刘丽华和任绪伟,第三章;安徽财贸职业技术学院徐明、马凌云、张智,第五章;安徽工贸职业技术学院王永军,第六章;安徽工贸职业技术学院夏文先、安徽大学出版社朱丽琴,第七章;安徽机电职业技术学院乔守春、合肥滨湖职业技术学院姬君彩、安徽国际商务职业学院陈桃秀,第八章;马鞍山职业技术学院朱枝娥,第九章。

　　本版教材不另附答案,如有需要,可登陆北京师范大学出版集团安徽大学出版社网站下载,网址:www.ahupress.com.cn。

编　者
2011年6月

第三版 前言

教材是学生学习的对象,是学习主体对其进行信息加工的客体,是人类经验传承的主渠道,是学生心理结构构建的物质基础。在教学过程中,教材担负着重要作用,重视教材的组织编写是各级各类学校教育不可忽视的工作之一。

全书篇幅适中。教材每一章都有明晰的学习目标,精心设计了能够引起学生兴趣的导入环节,重视形式的活泼,突出了可读性,在讲清常用应用文种的写作格式和要求的基础上,突出了正反例文的评析,给学生提供可以参照的具体对象;还设计了大量的训练,既保证知识的掌握,更促进能力的形成;既方便教师的教学,又可作为学生或其他人士学习应用文写作的工具书。

本书在2007年获得安徽省高等学校"十一五"规划教材立项,受到师生的广泛好评,多次重印,所有编者从教学实践出发,本着负责的态度对教材进行反复推敲、不断修改完善,保证了教材的时效性、适用性。

参加本次修订的教师有:

安徽工商职业学院杨忠慧副教授任主编并主持修订,安徽财贸职业技术学院徐明副教授、安徽机电职业技术学院唐菀副教授任副主编。修订分工如下:杨忠慧、唐菀及安徽交通职业技术学院王芸,第一、四章;马鞍山师范高等专科学校汪志彬、合肥工业大学唐桂兰,第二章;滁州职业技术学院陶会平、六安职业技术学院刘丽华和任绪伟,第三章;安徽财贸职业技术学院徐明、马凌云、张智,第五章;安徽工贸职业技术学院王永军,第六章;安徽工贸职业技术学院夏文先、安徽大学出版社朱丽琴,第七章;安徽机电职业技术学院乔守春、合肥滨湖职业技术学院姬君彩、安徽国际商务职业学院陈桃秀,第八章;马鞍山职业技术学院朱枝娥,第九章。

编　者
2009年6月

项目一
认识应用文

任务一　应用文的性质、特点、作用 ·················· 2
任务二　应用文写作四要素 ·························· 7

项目二
公务公文

任务一　公文写作概述 ······························ 24
任务二　通知　通报 ································ 34
任务三　报　告 ···································· 43
任务四　请示　批复 ································ 47
任务五　函 ·· 53
任务六　会议纪要 ·································· 55

项目三
事务文书

任务一　计　划 ···································· 64
任务二　总　结 ···································· 67
任务三　策划书 ···································· 71

任务四　述职报告 ·· 74
任务五　简　报 ·· 78
任务六　会议记录 ·· 83

项目四
经济文书

任务一　市场调查报告 ·· 91
任务二　经济合同 ·· 96
任务三　招标书与投标书 ··· 101
任务四　产品说明书 ··· 106
任务五　广告文案 ··· 110

项目五
社交文书写作

任务一　欢迎词　答谢词 ··· 120
任务二　欢送词 ··· 124
任务三　请柬　聘书 ··· 126
任务四　求职信　推荐信　履历 ····································· 132
任务五　演讲稿 ··· 143

项目六
宣传事务文书

任务一　消　息 ··· 156
任务二　通　讯 ··· 168

项目七
法律文书

任务一　起诉状 ··· 182

任务二　上诉状 …………………………………………… 189
任务三　答辩状 …………………………………………… 195
任务四　劳动争议仲裁申请书 …………………………… 199

项目八　申　论

任务一　申论概述 ………………………………………… 210
任务二　申论的写作 ……………………………………… 217

附录一　党政机关公文处理工作条例 …………………… 247
附录二　党政机关公文格式 ……………………………… 254
主要参考书目 ……………………………………………… 272

项目一
认识应用文

知识目标
1. 了解应用文的性质、特点和作用。
2. 了解应用文写作的基础知识及其与一般文体写作的区别。
3. 理解应用文主题、材料、结构、表达方式及语言的概念、特点。

能力目标 掌握应用文写作的特点,能够具体运用写作知识进行写作实践。

素质目标 充分理解应用文写作的重要性,在学习、工作的实践中逐步增强应用文学习的自觉性,提高对事物的分析、理解能力。

张晓丽从××职业技术学院的营销专业毕业后,在一家商贸公司找到了自己的第一份工作。报到那天,她就做好了跑市场、做销售的准备,人事经理也把她带到公司的销售部。但是,销售部王经理在给她安排具体工作的时候,却说销售部工作忙、销售业绩好,部门行政却一直落后于公司其他部门,尤其是文书工作方面,大家都不是很在行,经常遭公司领导批评。因此,王经理要求张晓丽先将销售部的行政工作抓起来,尤其要努力改变以往销售部文书工作方面的不良形象。为了做好这一工作,张晓丽不得不重新拾起自己在学校所学知识,甚至将应用文写作的教材又翻了出来。

任务一 应用文的性质、特点、作用

任务导入

白天在公司,张晓丽努力熟悉销售部的各项日常工作,有不懂的就向王经理和其他同事请教;晚上回到家,她就翻翻相关的教材和资料,以尽快提高自己的工作能力。在校学习时没将应用文写作课程当回事,导致现在重新拿起课本,许多知识仍不甚了解。这不,教材上的这个故事到底是什么意思呢?

"博士"寻驴

从前,有一位老先生,学富五车、才高八斗,方圆百十里地享有很高的声望,人称"博士"。他也因此得意洋洋、自视很高。一天,家人来向他报告:家里一头最精壮的黑驴莫名其妙地丢失了,而眼下正是田地里、家里活儿最多、最需要牲口的时候,请老爷想办法找回黑驴,或者重买一头驴。当时一头正值壮年的驴很值几个钱,于是有好事者提醒"博士"说,还是先写个寻驴启事,也许还能找回来呢!"博士"连连点头称是。于是磨墨铺纸,提笔运腕,一张寻驴启事一气呵成,墨迹未干就赶紧让家人拿出去,张贴在闹市口。可是,几天过去了,一点有关黑驴的消息也没有,博士决定亲自到街头去看一看、听一听,了解了解情况。来到闹市口,发现自己写的启事还在,且有不少人在围观,博士心下得意,想听听大家的看法。只听得有好事者正摇头晃脑地给大家念着:"……我中华古国、历史悠久、文化灿烂、民风淳朴、文明教化……盘古开天……唐宗……宋祖……""什么嘛!什么嘛!""什么意思!瞎耽误工夫!"围观的人没等好事者念完,就已连连唾弃着四下散去。原来,"博士"真不愧为博士,一张寻驴启事洋洋洒洒上万字下去,还没提到一个"驴"字,难怪等了好几天也没有任何有关黑驴的消息呢!原来大家都还没等他讲到驴就早已不耐烦读下去了!

那么,应用文到底应该具备怎样的性质和特点呢?

知识准备

一、应用文的性质

应用文写作是研究应用文写作方法和规律的一门实用性的写作学科。

关于"应用文"的概念,1979年上海辞书出版社出版的《辞海》解释为:"应用文是人们在日常生活、工作和学习中所应用的简易通俗文字,包括书信、公文、契约、启事、条据等。"定义很简单,但没能概括出应用文的本质特征,仅仅指出应用文"简易通俗",而这只是应用文的一方面。

根据国务院办公厅颁布的《国家行政机关公文处理办法》中对"公文"的定义,推广开来,"应用文"的定义应为:应用文是机关团体、企事业单位以及人民群众在日常工作、生产和生活中办理公务以及个人事务时,交流情况、沟通信息,具有直接实用价值和惯用格式的一种书面交际工具。这个定义规定了应用文的本质特征,使它明显区别于其他文体,又涵盖了应用文的基本特性。

应用文的使用非常广泛,几乎涉及各个领域、各个部门、各个阶层,甚至每个人。比如,科研单位的人员,需要用学术论文;政府机关指导工作,需要用公文;工商企业经营,需要用合同;打官司,需要用诉状;即使个人生病了不能上课,也需要用到请假条……相对于其他文体来说,应用文的使用频率要高得多:许多人可以一辈子不写小说、剧本、诗歌、散文,但他在工作、生活、学习中却免不了要写应用文,小到写张请假条,大到计划、总结、论文等。正如叶圣陶先生所说:"大学毕业生不一定能写小说诗歌,但是一定要能写工作和学习中实用的文章,而且非写得既通顺又扎实不可。"

可以这么说,今天在中国特色社会主义市场经济条件下,应用文是任何企事业单位和个人日常工作、生活中不可缺少的一个重要工具。

二、应用文的特点

应用文同别的文体比较,有共性,也有个性。它们都是对客观事物的反映,都要谋篇布局、用词造句、使用标点符号,讲究条理性、逻辑性,同样使用叙述、说明、议论等表达方式,要求准确、鲜明、生动。同时,应用文也有自己鲜明的个性特点:

(一)广泛的实用性

应用文具有很强的实用性,这是它不同于其他文体的主要标志。

应用文的实用性表现在它和具体工作、实际事务的紧密相连上。应用文种类的产生和确立就是"随事立体",即根据需要解决的问题,采用适当的文种和表达方式。可以说,从应用文诞生之日起,就注定了它是解决实际问题、有具体用途的(大到国家管理,小到迎来送往),一张条据就是一个凭证;一纸合同就是一个协定;一封书信可以传递具体信息;一项规章制度可以维护正常秩序;一份调查报告可以为制定决策、处理问题提供依据。

> **温馨提示**
> 一切文章都是实用的,然而应用文的实用性是直接的,其他文章如文学作品的实用性则是间接的。

(二)规范的程式性

应用文的程式性是应用文区别于其他文体的外部特征。

程式是指有规范的体式和处理程序,规范的体式才是内在结构和外观样式。这些多种多样的程式是人们在长期使用过程中逐步形成发展起来、约定俗成的,有的还随着国家的法制化进程和权威部门的统一规定而具有法定的规范性。比如,人们写信,开头都要写称呼,正文后都要写"此致敬礼"或"祝进步"之类表示祝愿的词语,最后再署上写信人的名字和日期;写借条必须写明向谁借、借什么、借多少、什么人借、借的日期等;公务文书要有明确易辨的标记,按照一定的格式安排叙述的先后和使用习惯用语,具体规定了书写、排印、行款式样、结构环节、习惯用语、称谓、签署等具体内容。

写作时,应用文不追求起伏跌宕、曲径通幽,只能按照一定的程式:开头写什么、中间写什么、末尾写什么。一方面,应用文应按照一定的文种格式来写作;另一方面,相对固定规范的程式又对应用文的写作起到一定的制约作用。如果人们对应用文的规定格式和惯用格式视而不见,或随意杜撰、标新立异,结果往往会适得其反,把事情办坏。

> **小知识**
> 国务院办公厅颁布的《国家行政机关公文处理办法》是国家各级行政机关公文办理的规范化程式和标准。

(三)客观的真实性

应用文与文学作品的不同在于它必须坚持实事求是的原则,要求绝对的真实,文中所写的人、事、地、物等都应该是真实的,是经过调查并能经得起验证的,来不得半点虚假,不允许任何的艺术加工。这是由应用文为解决现实问题而写的性质决定的。比如,当本部门出现重大事件时,要向上级主管部门写出报告或请示,在行文时必须依照事实真相如实汇报,不能夸大或缩小,更不能主观臆断;再如,市场调查报告是根据对市场营销状况的调查研究而写成的反映市场客观规律的书面材料,如果闭门造车、凭空想象、缺乏可靠真实的依据,就很难作出正确的分析判断去指导生产和经营。即使是广告,也不能脱离实际而吹嘘得天花乱坠,不然肯定与做广告的初衷背道而驰,导致失信于消费者。

(四)严格的时效性

应用文不同于一般文章,不可以随意有感而发,它总是为某项具体事务而写作的,而事物又总是在不断发展变化中的。要使应用文能充分发挥作用,就不仅要在第一时间把情况及时反映清楚,而且必须在一定时间把问题处理好,适时提出解决问题的意见、办法,过期则无效或作用不大。比如,诉状、合同、公文一般都要标明生效和执行的具体时间。有的不一定标明具体时间,但同样也有很强的时间性,如邀请某人参加某项活动,那么事先就得把请柬发出去,让人家有所准备;否则闹出笑话事小,耽误工作事大。

(五)鲜明的针对性

应用文的针对性表现为:对象明确和指事明确。许多应用文都有特定的受众和阅读对象,如书信写给收信人、请示报送上级主管部门、诉状呈交有关司法机关。应用文就是为了办实事才应"运"而生的,所以它指事内容的针对性是显而易见的。无的放矢、与应用文体名实不符的应用文,肯定没有生命力。比如,商品广告必须针对不同的市场、国度、区域、时令、性别、年龄等多种因素来选择与之相适应的宣传内容,唯有这样,才能促进购销活动;寻物启事必须简洁明了地写清丢失的物品特征、对提供线索者的酬谢以及联系方法等,否则,就如本项目开头的"博士寻驴"一样,不仅达不到写作目的,还会贻笑大方。

三、应用文的作用

应用文因实用的需要而产生并发展,在不同时期起着不同作用。概括起来有以下几点:

(一)宣传教育作用

要有效地推动各项事业的发展,就必须靠正确的方针政策来指导。在这方面,应用文就成了向有关单位、人民群众宣传、贯彻党和政府方针政策的工具。比如,指示、公告、条例等,直接宣传有关的方针、政策;总结、经济活动分析报告反映了政策贯彻的情况;调查报告、经济预测是研究政策、作出决策的参考;法律性和政令性文件往往明确规定了人们该做什么、不该做什么,什么事情可做或不可做,做到什么程度等,从而起到宣传教育、规范人们行为的作用。

(二)沟通协调作用

我国幅员辽阔,在商品经济蓬勃发展的今天,各个地区、各个部门、各类人员之间由于交往日益频繁,越来越多地需要加强联系,互通情报,增进了解,促进协作。应用文所具有的特点决定了它在这其中起着不可轻视的沟通各种关系的纽带和桥梁作用。应用文通过纵向传递,可以把不同层次的部门,上至中央,下至基层单位,甚至个人紧密联结为一个整体:上级的意图可以尽快传达给下级,下级的希望与要求、工作情况、各种动态状况可以及时向上级反映、汇报。应用文通过横向传递,可以把同级部门和相关部门联系起来,促进各个部门之间的横向联系,相互支持,共同完成某项工作。这样,上下左右相互联系,各种信息的输出和反馈及时准确,能迅速调动各方面力量,极大地提高工作效率。

(三)管理促进作用

在社会主义市场经济条件下,应用文还是各部门、各单位加强管理、促进工作、发展生产、提高效益的工具。财政部门要平衡收支,银行要办理信贷,税务部门要收税,工商企业要进行生产经营,教育部门要培养人才,诸如此类工作都要大量使用计划、规章制度、合同等多种应用文。比如一家企业,为了开发新产品,就要进行可行性论证,写可行性报告,让人力、财力的投入具有科学性;为了生产顺利进行,就要制定相应的生产计划;为了与其他企业或个人合作,明确各自的权利和义务,就得签订经济合同;为了打开市场,就要调查市场,写调查报告;为了给今后发展的决策提供经验和教训,就要写总结和经济活动分析报告等。可以说,应用文参与到工作、生产、经营的各个环节,并在其中起着管理和促进的作用。

(四)积累和提供资料的作用

应用文反映了各行业、各部门、各单位和个人的种种活动,记录了不同历史时期的社会生产、生活的不同侧面,不仅起到宣传教育、沟通协调、管理促进的作用,还积累和提供了种种历史资料,以便总结经验教训,为制定新方针、新政策提供重要的依据和参考,或者为企事业单位和个人的经济、法律行为提供凭证。比如简报、计划、报告、总结,可以为考查生产和工作活动的开展、制定决策,积累和提供第一手资料;合同、条据、法规性文件等,可以为单位与个人的行为提供相应的具备法律效应的凭证,保证市场秩序和社会秩序的稳定。

总之,随着我国加入 WTO 和社会主义市场经济秩序的逐步完善,以及我国法制建设的进一步健全,人们的法律意识进一步加强,应用文所体现的规范市场行为的作用,越来越得到强化,应用文写作也必将成为人们工作和日常生活的重要工具。作为未来社会生产、生活的参与者,我们应该有意识地加强应用文写作的学习,使自己成为一个具备应用文写作能力的合格人才。

小故事

无产阶级的伟大导师列宁,非常关心秘书工作,对秘书要求很严格。例如:要求秘书及时报告信访情况;不允许无关人员参加会议;严禁秘书开会时随便交谈等。列宁对下级呈报的公文,要求也特别严格。写得好的公文,他大为赞扬;写得不好的,他严厉批评;写得太长,他根本不看。1919年1月13日,国拉省某区的铁路民警局局长阿什科夫向国防委员会递交了一份报告,内容是汇报清除铁路积雪工作的进度情况。这份报告,列宁看完后大加赞赏。他对秘书说:"请了解阿什科夫是什么人,写一份公文给内务人民委员会,说我欢迎这份条理清楚的报告,感谢阿什科夫,要求别人也这样写。"这段话充分体现了伟大导师对秘书工作的重视,对公文写作要求的严格,对条理清晰的好公文的高度赞赏,并鼓励和要求秘书工作人员都要这样做。

另外,列宁对"病文"也绝不客气,一是批评,二是不看。例如,列宁曾经给伊克叶诺夫写过这样一段话:"你是否可以设法,送一本关于你们机关情况的简短报告……和你们的简单工作计划。请写得短些,采用电报文体,如果必要的话,可以另加附件,写长了,我根本不看,一定不看。"

任务二　应用文写作四要素

任务导入

经过几天的挑灯夜战,张晓丽对应用文是怎么一回事有了大致了解,白天上班的时候,王经理交给她一堆上半年与销售相关的材料,让她写一份上半年的销售部工作总结。她信心满满写好了,很快交给了王经理。谁知道,下午下班前王经理走到她桌前,将那份总结扔到她面前,生气地说:"这是总结吗?这是四不象!表达方式、语言等都有问题,重新写!"张晓丽应该怎样重新写这份总结呢?

知识准备

应用文与其他文体一样,由内容和形式两部分构成,构成内容的要素是主题和材料,构成形式的要素是结构和语言。任何文章的写作都离不开这四要素,只是应用文的四要素与其他文体相比有自己的特点。

一、应用文的主题

(一)主题的含义

主题,又称"题旨"等,是作者在文章中通过各种材料所表达的中心意思、基本观点或要说明的主要问题,反映的是作者认识生活的结果、观察事物的态度和对客观事物的评价。

应用文的主题与其他文体的主题不同,它是撰写者根据实际工作的需要,或针对领导交办的工作,或为了配合形势,在传达政策、汇报工作、交流信息等方面,通过全文所表达出来的基本精神或主要观点。

(二)主题的作用

主题是文章的灵魂,是文章价值的体现,在文章形成的整个过程中起着决定性作用。

从思想内容上说,主题是衡量一篇应用文价值的主要依据。任何一篇文章,都是通过对客观生活的反映来表达作者的意图和主张的。文章质量的高低、影响的好坏、社会价值的大小,首先取决于主题:主题正确,就有利于指导、推动工作;主题不正确,就会使党和国家的方针政策得不到贯彻实施,贻误工作,造成不好的影响。

从主题和文章其他诸要素的关系上看,材料的取舍、结构的安排与表达等,无一不取决于主题:它们按主题的需要来确定,为表现主题服务,一切都要受主题的制约,以它为核心组成一个整体。离开了主题,文章各要素就会失去依托,无从谈起。

(三)主题的确立

一般文章的主题,都来源于实践,来源于作者对材料的分析、研究与感应。应用文主题的产生与确立,与其他文章有明显的区别。应用文十分强调"主题先行""意在笔先",主题主要来自实际工作的需要,一般不是执笔者个人写作意图的体现,而常常是集体智慧的结晶,是群体思维的结果。具体确立写作主题有三种情况:一是领导交拟,即领导或上级主管部门以口头交拟或文字批示的形式,将撰写文稿的任务交给拟稿人,此时写作意图已明确,拟稿人按领导或上级主管部门的意图进行写作,如行政公文的写作;二是工作需要,即写作应用文是为了完成一定的工作任务,如市场调查、签订合同等;三是配合形势,即面对工作中出现的各种新情况、新问题,需要进行广泛的研究探讨或宣传介绍,如学术论文、新闻报道等。所以应用文的写作,常常是主题先行。

(四)主题的要求

应用文的主题应该正确、集中、鲜明、深刻。

主题正确是撰写应用文的基本要求。应用文的主题要以马列主义、毛泽东思想、邓小平理论为指导,符合党和国家的方针政策、法律、法规,同时也要符合客观实际,反映客观事物的本质与规律。

主题集中是指主题的简明与单一。即一篇应用文的目的要单纯,只集中表达一个基本观点,全文要围绕这个中心,把观点讲深、讲透,表达才能概括、集中。不要在一篇文章中使用许多与主题无关的材料,使主题分散、零乱。

主题鲜明是指观点必须明确、态度明朗。在明辨真与假、美与丑、是与非等方面,立场坚定,旗帜鲜明,应该怎样、不应该怎样,赞成什么、反对什么,提倡什么、禁止什么,都必须毫不含糊地作出明确的、直接的回答。只有旗帜鲜明、不留歧义地提出看法和主张,才能使应用文发挥其指明工作方向的作用。

主题深刻是指文章能透彻地揭示生活本质,准确反映客观规律,善于击中问题要害,具有深刻的思想意义和丰富的内在意蕴。主题深刻来自于对现实工作的仔细分析、深入开掘、反复提炼。

(五)主题的表现

应用文在表现主题的形式上与其他文体有明显不同,这主要是由应用文实用性的特点决定的。常用的应用文表现主题的方法有以下几点:

1. 标题明旨

即在标题中直截了当地点出主题。如行政公文《国务院关于支持文化事业若干经济政策的通知》、消息《绿色营销将成为零售经营新主题》、评论《好货也要好"皮"》等。

标题揭示主题,是应用文表现主题的重要方法之一,这种方法的好处是以简洁、明快的语言和最快的速度把主题告诉读者,一目了然,高度概括全文,有利于高效率地解决工作中的问题。

2. 片言居要

晋人陆机在《文赋》中说:"立片言以居要,乃一篇之警策。"意思是说,写文章时要提炼一些重要语句,并把它放在关键之处,用以揭示文章的主题或段落的中心。常见的有以下几种情况:

(1)开门见山。即在文章的开头部分明确提出行文的目的或主要内容。如通讯《浅谈产品的质量与包装——对广州调味品市场的观察思考》,在开头处写道:"笔者近来对广州调味品市场专门进行了一些调查,发现广州产的调味品在包装、质量、产品档次上均存在着一些问题,制约了企业经济效益的进一步提高,现提出几点粗浅的看法,供有关部门和厂家参考。"

(2)篇末点题。即在文章的结尾处以简洁的语言点明或强调文章的主题。如《北京市人民政府关于表彰 2006 年度政绩突出单位的通报》,在概述了 2006 年度工作情况的基础上,根据《北京市市级行政机关从严实施工作目标督查考核暂行办法》,经全面考核,对 14 个市政府工作部门进行通报表彰,篇末写出主要目的:"……2007 年是 2008 年北京奥运的最后一个准备之年,做好各项工作意义重大。市政府各工作部门要再接再厉,乘势而上,开拓创新,从严治政,努力提高管理水平和服务质量,力争取得优异的成绩。"

(3)小标题显示主题。一些篇幅较长、内容较复杂的文章,为表现全篇的主题,把文章分若干段,从几个方面分门别类地去说明,这时每段可以用一个观点句统领全段。如

《××学院2006年行政工作总结》，正文用段旨撮要句形式从建名校、培育合格人才、强化行政管理三项工作入手，总结了工作取得的成绩。这些观点句还可以作为小标题，不仅使文章主题鲜明突出，而且文章层次清楚、条理分明，便于读者理解其核心内容。

二、应用文的材料

（一）材料的含义

所谓"材料"是作者为了某一写作目的，从生活、工作中搜集、摄取的能够表现文章主题的有关情况、事实、根据、引语、数据、理论等。材料是构建文章的基石，写任何文章，都离不开材料。要想写好各种应用文，同样必须十分重视搜集、积累材料。

可以从不同角度对应用文写作的材料进行分类：根据材料的特点和内容，可以分为事实材料和理论材料；根据材料的存在形态或表述方式，可以分为个别材料和综合材料；根据材料的性质，可以分为正面材料和反面材料；根据材料存在的时间背景，可以分为历史材料和现实材料；根据材料的来源，可以分为直接材料和间接材料。对不同的材料，使用时要根据主题的需要进行选择、恰当使用。

（二）材料的作用

1. 材料是写作的基础

材料是构成文章内容的物质基础，任何文章都不是凭空想象出来的，而是作者从大量材料中分析、提炼、概括出来的，离开了材料或材料缺乏，只能是信口开河，再高明的作者也写不出好文章来。

2. 材料是确立主题的前提

主题从材料中形成，材料是引发感受、提炼观点、形成主题的前提，离开了材料，主题就成了空中楼阁，根本立不起来。只有全面、充分的材料才能成为提出观点的源头活水，即使是"意在笔先"，这个"意"也是作者平时积累材料过程中思考的结果。

3. 材料是表现主题的支柱

材料不仅是确立主题的前提，还是表现主题的支柱。没有材料的支撑，主题根本无法树立；没有恰当的、能够说明问题的材料，主题即使确立起来了，也不牢固。在应用文写作中，作者为了说明行文目的的正确性和主张的可行性，就需要运用材料，援引有关文件精神以及来自工作实践中的具体数据等，作为表现主题的依据和支撑。

（三）材料的收集

材料的种类繁多、数量庞大，写作前要根据需要进行适当的收集与整理。

1. 查阅文献

利用图书馆、资料室及其他信息渠道，从报刊、书籍、档案中查找同类问题或相关问题的现实研究资料及历史资料。这些资料的搜集或积累，对研究问题、撰写文章有很高的借鉴和参考价值。

2. 调查研究

调查，是指通过一定途径，采用一定方式、方法，了解和掌握现实生活中各种实际情况；研究，是根据调查所得到的资料，进行科学的分析、综合，从而得出正确的结论。调查是研究的前提和基础，研究是调查的深化和成果。调查研究的过程，正是搜集、积累、分析、综合材料的过程。为撰写应用文而进行调研，不仅是为了搜集材料，它还是一种工作方法，因为"没有调查，就没有发言权"。有些应用文种，不经过调查研究，根本无法写作，如调查报告等。这些文种的写作，必须建立在深入调查研究的基础之上。有些人不注重调查研究，想当然地杜撰，或调查不深入，偏听偏信，结果导致错误推断。

3. 学习积累

古人讲的"积学以储宝"，就是讲学习对知识的积累有着重要意义。撰写应用文，需要作者掌握多方面的知识，平时要注重学习马克思主义理论、学习党和国家的方针政策、学习岗位业务知识、学习本单位有关规定，根据自己的工作性质、任务，根据所在单位的业务范围，还要根据经济形势变化的特点与规律，有计划地长期坚持搜集材料，建立属于自己的材料库。

（四）材料的选择

收集、积累的材料不是都能用得上，只有那些能够证明或说明主题的材料才是我们所需要的，其他的都应该舍弃。选择材料时要注意：

1. 选择切题的材料

所谓"切题"，就是要根据文章主题的需要来决定材料的取舍，使主题与材料相一致。凡是和主题无关的材料，不管它本身有多么生动，都应该毫不犹豫地舍弃。只有与主题有关、能表现主题的材料，才可以留用。

2. 选择真实的材料

应用文写作中选用的材料应该是完全真实的，是经过核实了的、准确无误的事实。这是由应用文的实用性特点决定的。

3. 选择典型的材料

典型材料是指那些最具代表性、最能反映事物本质的材料。应用文体中所选用的材料，不在于多，关键在于典型。抓住了典型，就抓住了事物的本质和主流，就能够揭示事物的本质和规律。典型的材料，可以起到以一当十的作用，可以用一个材料说明的问题，就不必用两个。

4. 选择新颖的材料

新颖的材料主要是指新发现、新产生、别人未曾使用过的，比较具体、生动的材料，包括新人、新事、新成果、新数据、新思想、新问题等，这样的材料容易引起人们的共鸣，给读者以思想上的启示。

（五）材料的使用

应用文写作要运用逻辑思维，提出主题是写作的根本目的，使用材料是为了表现主

题、说服读者,帮助解决工作中的实际问题,所以在使用材料时要注意:

1. 顺序合理

可用的材料在作者的脑中、手上,但并不能一拥而上,也不能随意摆放,而要根据表现主题的需要安排材料的顺序,哪些材料在前、哪些材料在后,把材料的先后顺序安排得当,使材料与观点和谐地统一起来。

2. 详略得当

说明中心观点的典型材料要详写,说明从属观点的材料应略写;重要材料详写,次要材料略写;新材料详写,旧材料略写。但要注意,详写不是说可以堆砌材料,略写也不等于不用材料。材料的使用不能平均用力,要根据材料的主次,做到有详有略、疏密相间、配置匀称、重点突出。

3. 内外、上下有别

应用文一般都有明确的受文对象和发送范围,内发还是外送、上报还是下发,在材料的使用上也应有所区别。有些材料仅作为撰写应用文的依据,材料本身并不写入文章,如法规性和指令性文件,其条款都来自对调研材料的高度概括和总结,但调研材料不能直接写入文章;而有些材料是作为文章的论据或消息的主体,这些材料就必须写入文章;还比如保密的材料只能对内告知,不能对外公开。

三、应用文的结构

(一)结构的含义

应用文的结构,是指对应用文的内容进行的组织安排,是作者在确立了主题、选定了材料之后谋篇布局的结果,是作者思路的体现。

结构包括两个方面:表现为思维形式的叫做"逻辑结构",表现为语言形式的叫做"篇章结构"。一般先经过作者严密的构思对文章内容作出合理的组织安排,形成逻辑结构,再用语言表达出来,形成篇章结构。

(二)结构的作用

从一篇文章来看,结构是文章主题和材料的依托。如果说主题是文章的灵魂,材料是文章的血肉,那么结构就是文章的骨骼了。只有具备坚实、匀称的骨骼,灵魂才有所寄托,血肉才有所依附;只有具备恰当、完美的结构形式,才能根据主题的需求,对纷繁杂乱的材料进行合理安排,使主题和材料有机结合在一起,成为完整严密的有机体,写作的意图才能实现。

(三)结构的基本要素和常用模式

1. 标题

标题又称"题目",是整篇文章的代表,关系到一篇文章的精神、格调。好的标题有画龙点睛之效。标题的基本要求是:贴切、鲜明、简洁、生动。应用文标题的制作方式大致有两种：

(1)公文式标题。即由发文单位、事由和文种三部分组成，如《国家体育总局、教育部关于第八届全国大学生运动会相关事项的通知》。这种标题程式性强，表达平直，让人一看就知道发自什么单位、解决什么问题、属于什么文种，便于理解和处理。行政公文、计划、规章制度等文种主要采用这种标题形式。

(2)文章式标题。即根据文章内容和文体特点，灵活运用各种语言表达形式拟出的传神达意、不拘一格的标题。一般有单标题和双标题两种形式。

单标题要准确、简要地反映出文章的核心内容或主要问题，如《2007年中国高端彩电市场行情分析》；双标题一般由正题和副题两部分构成，正题用来揭示文章的主要内容或基本观点，副题则从某方面对正题进行补充、说明，如《不要让子孙后代埋怨我们——关于××省河流污染情况的调查》。也有些文章结构庞大，双标题都不足以揭示主题，则还可以使用三行标题等多行标题形式，在主题之上再加引题。

2. 层次与段落

层次是应用文思想内容表现的次序，它体现作者思路展开的步骤，一篇文章的内容是否有逻辑性、是否恰当地表现主题，主要看层次安排如何。

应用文的层次安排，常见的有以下几种：

(1)以时间为序。即以时间的推移划分层次。报告、通报等应用文多用此形式。

(2)以管理活动的发展阶段为序。即以一项工作、一个事件、一次会议的发展阶段为序划分层次。综合工作报告、调查报告等常用这种形式。

(3)以逐层论证为序。即层次与层次之间的关系是一层进一层、逐层深入的。文章内容由表及里、由浅入深、由现象到本质，逐层得到揭示，便于读者深刻认识事物，掌握事物的内部联系及其规律性。工作决定、讲话稿等应用文多用这种形式。

(4)以问题为序。即按应用文中所反映的问题来安排层次，这些层次可以反映主次、并列、因果关系或正反对照的关系。这种安排层次的方法适用于调查报告、总结等应用文。

(5)以空间为序。即以空间的变换为标志来安排层次。一般适用于通讯、简报等文种。

(6)综合式。也称"纵横式"，即由于应用文内容复杂，可以综合运用几种形式来安排层次结构。

段落，这里指自然段，它是组成文章最基本的、相对独立的结构单位，是行文中由于转换、间歇及强调等情况而自然形成的分隔、停顿。

段落与层次的关系是：一般说来，层次大于段落，一层可包含几个段落；有时层次等于段落，一个段落就是一个层次；而有些应用文全文仅一个自然段，段落中又可以划成几个小层次，在这种情况下又可说是层次小于段落。

3. 过渡与照应

过渡与照应是使文章上下文之间转换、衔接、贯通,以形成有机整体的重要手段。巧设过渡与照应,可使文章结构紧凑,脉络通畅。

(1)过渡。是指上下两个层次或段落之间的衔接、转换。应用文体一般在以下几处需要过渡,内容开合处:内容"由总到分"或"由分到总"时,需要过渡;意思转换处:文章内容由一层意思转换为另一层意思时,需要过渡;表达方式的变动处:文章的表达方式以及表现方法变动时需要过渡。如由叙述转为议论、由概括叙述转为具体叙述、由一种论证方法转为另一种论证方法时。在倒叙与顺叙、插叙相衔接的地方,也需要过渡。应用文体过渡的方式,主要有词语过渡、句子过渡和段落过渡。可根据行文的需要,选择使用。

(2)照应。也称"伏应",是指文章上下文之间相互关照、呼应。前面提到的,后面要有着落;后面写的,前面要有铺垫。

应用文体中的照应,主要有首尾照应、前后照应、题文照应等方式。首尾照应,就是开头与结尾相呼应;前后照应,就是前面的内容为后面的内容埋下伏笔,使后面重要环节或细节的出现得以铺垫,不致突兀;题文照应,是题目与文章的内容相呼应,它能对文章的主题加以揭示、强调,还能对含蓄的标题作一些解释和交代。

4. 开头与结尾

应用文写作以实用为目的,其开头一般都开门见山,直来直去。当然,应用文种类很多,其开头往往因文种而不同,不拘一格,大致有以下几种形式:

(1)概述情况。以判断句直截了当地概述文章主题,或以陈述句概括叙述写作对象的基本情况或工作的大致过程,以使读者能尽快了解写作意图或先有一个总的印象。报告、调查报告、总结等多采用这种方法。

(2)说明根据。说明行文的根据,以增强文章的权威性,如决定、批复、通知等文种,常以"根据""遵照""按照"等词领起下文。

(3)介绍目的。开宗明义地表明行文目的,如规章制度、通知、公告等文种,常用"为""为了"等词领起下文。

(4)陈述原因。直接交代写此文的原因。也有的直接说明原因,没有明显的标志,或叙述、或议论、或夹叙夹议,如通知、函等文种常以"由于""鉴于"等词语领起下文,公文中的某些文种、计划、合同等也常用这种方式。

(5)阐明观点。即在文章开头就亮明观点。这种方式,常见于学术论文、思想评论。

(6)表明态度。如:"国务院同意×部《关于××的报告》,现转发给你们……"常用于批转、转发的通知或批复等应用文。

(7)引述公文。如批复,一开头就引述下级的请示文号或标题或主要内容,然后针对下级的请示作出明确的答复。

应用文的结尾要求直截了当,简洁明了。常见的方式有:

(1)总结全文,点明主题。学术论文、调查报告等文种常用这种方式结尾。

(2)发出号召,寄托希望。通报、演讲词等文种经常使用。

(3)提出意见,说明问题。针对主体中提出的问题,在结尾处写上处理意见,对一些与内容有关的问题在结尾处也可以加以说明。如报告、调查报告等文种经常使用。

(4)戛然而止,自然结尾。把文章的主要内容写完后,不加其他任何文字,主体写完文章也就结束了。计划、规章制度、商品说明书等文种经常使用。

四、应用文的表达

应用文的表达是指写作者用来表现主题、编排材料、体现结构的表达方式和语言运用。

(一)应用文的表达方式

应用文的表达方式主要是叙述、议论和说明。

1. 叙述

叙述是一种把人物的经历或事件发生、发展、变化的过程表述出来的表达方式。叙述的基本要求是:一要交代清楚,线索分明;二要抓住本质,突出重点;三要详略得当,富于变化。在应用文写作中,叙述的作用是:介绍事件的基本情况,或介绍事件发生、发展、变化的过程;介绍人物的经历和事迹;介绍问题的来龙去脉,说明原委。

应用文中的叙述有如下特点:如实地叙述事实,力求真实、确切,绝不允许夸大或缩小;多以直陈性的概括叙述为主,只在经济司法文书和经济公文中的请示、报告、通报等几个文种中用到具体叙述;为使文章头绪清楚,除消息外,大多采用顺叙的方式;文笔简练质朴,除通讯、特写等少数文种处,一般较少用修饰性词语。

2. 议论

议论是一种通过事实材料和逻辑推理来表明自己的立场、观点和态度的表达方式。议论的基本要求是:观点正确鲜明,论据充分,论证符合逻辑。

应用文写作中的议论也通过概念、判断、推理、论证、反驳等逻辑形式进行,同样包括论点、论据、论证三要素,但应用文写作中使用议论通常是简括性的,即在记述某人某事的基础上,画龙点睛地予以评价;或是在摆出某一现象后,精当地阐明其内在实质或意义;或是在叙述工作中存在的问题之后,简要地予以分析,并提出解决的办法和意见。这里的议论多是论断式、评判式和总结式的,强调说理性、逻辑性和通俗性。

3. 说明

说明,是用言简意赅的文字,客观地将事物的各种属性,如形态、性质、特征、构造、成因、关系及功能等解说清晰。说明的基本要求是:态度客观,抓住特征,条理清晰,语言平实,通俗易懂。

应用文写作在使用说明这一表达方式时,一般只作纯客观、公正的介绍,切忌掺有主观好恶和炫示性的夸饰;事实、数据一定要真实、准确,不可掺有"水分"。用得较多的说明方法有举例说明、分类说明、引用说明、数字说明和图表说明等,较少使用形象化说明的方法。

4. 其他表达方式在应用文写作中的运用

描写和抒情,是文艺创作的主要表达方式。在应用文写作中,对这两种表达方式一般是排斥的,但在少数应用文种中也有使用,如经济信息、广告文案、新闻、一些礼仪文书等,即使使用也有限制。比如,应用文中运用描写通常用白描手法,很少工笔细描,即抓住主要特征,以简练的笔触真实地加以描绘;运用抒情,应该是真情实感的自然流露,文字力求简洁,切忌脱离文章思想内容去大段抒发感情。

(二)应用文的语言

语言是人类的思维工具和最重要的交际工具,也是进行写作、表达主题、构成文章的物质手段:文章的结构需要语言去组织,材料需要语言去表述,主题需要语言去显示。只有通过语言这个物质外壳,主题、材料、结构等要素才能变成有形的东西。

应用文写作与其他写作活动一样,自始至终都需要语言这个载体作为工具,但其运用语言有自己的要求和运用特点。

1. 应用文语言的要求

应用文写作使用的语言是用来处理事务、沟通信息的一种直接交际性的语言系统,属于事务语体,以实用为本,要求严谨庄重、准确恰当、平实得体、简洁明快。

(1)严谨庄重。严谨庄重是处理现实工作严肃认真的态度在应用文语言中的体现。其具体要求是:

第一,使用典雅规范的书面语言。规范化的书面语言词义严谨周密,正确使用它可使读者正确理解公文,能认真执行而不产生歧义。这里包括在应用文写作中,一般不用或少用方言词语和土俗词语,尤其在公文和事务文书的各种文体中,非常重视使用"雅语"和"敬语",如"颁布""届时""请""蒙""谢意"等。不使用口语,如:在文件用语中,使用"商榷""业经""拟""不日"等书面语言,而不使用"商量""早已经过""打算"或"不几天"等口语。另外,不使用生造的或晦涩难懂的词语、不规范的行话和简称。如称"打击经济犯罪办公室"为"打经办",简称"爱国卫生运动"为"爱卫运动"等。

第二,选用含义明确而限定的词语。词语的信息容量与信息的确定性成反比。如果一个词语的信息容量太大,就会使人们对词语所含内容认识模糊,从而影响对文章的准确理解,甚至因为主观因素的不同而发生误解。在公文和经济事务类文书里尤其注意要避免使用词义不明确的词语,如"最近表现不好"这句话就不能给人以准确的认识。"最近"是指什么时段,而"表现不好"又缺乏明确而具体的衡量标准。公文在表述事物的状态时,宜用含义单一、确定的数量词、名词、动词和代词,尽量不用或少用副词与形容词。如:说明一项工作任务已"基本完成",不如说"已完成80%"更为确定;不说"黎明时分"而说"××时××分"。

(2)准确恰当。正确地记载与传递信息是撰写应用文的基本要求。应用文具有很强的政策性和实践性,只有语言准确贴切,才能对客观事物作出正确的反映。准确恰当主要包括以下几方面内容:

第一,应用文的语言表述必须符合客观实际,符合逻辑,即概念明确,判断和推理正确而恰当,同时要符合语法规范。

第二,要遵循修辞的原则。遣词造句要严格掌握分寸,善于从词语、特别是那些仅仅在意义、声音、色彩和用法上存在细微差别的同义词、近义词中挑选出最贴切、最恰当的词语准确地表现特定的对象,恰如其分地表现真人、真情和真理。

(3)平实得体。应用文的语言,特别讲究平实、得体。

所谓"平实",就是平直朴实。平直是就应用文的笔法而言,行文要用直笔,抓住要害,直陈其事,不允许有虚构、夸张和想象,做到"有实事求是之意,无哗众取宠之心"。朴实是指应用文的语言风格要朴素纯真,不追求奇巧的形式和华丽的辞藻,而要庄重大方、实实在在。

所谓"得体",就是言行得当,恰如其分。在写作中,语言得体就是要适应不同应用文体的需要。例如:公文的语言,总的来说,要求庄重、文雅,但也要根据行文关系使用相应的语言。就用词而言,向对方提出要求,强制性的公文用"必须"合适,而指示性的公文用"应该"得体,若用"请""烦请"就不够得体。就语气而言,上行文,要尊重上级而不阿谀奉承;平行文,要以诚相见,顾全大局,互相尊重,谦虚有礼;下行文,要郑重严肃,关怀爱护。公布性文告的用语宜通俗、明白,尽量避免生僻难懂的词语、典故及专业术语;用于社会公共服务的文件,要注意用语平和而有礼貌,表示出热诚服务的愿望。

(4)简洁明快。简洁就是力求用最少的话把意思说明白,要言不烦,没有空话、套话、废话。语言简洁,可以加快阅文办事的节奏,提高办事效率。明快就是要明白晓畅,不拐弯抹角,让读者读来一路畅通无阻,迅速领会意思。为了使语言简洁,可以使用一些专用词语与固定的习惯用语,如"业经""遵照""收悉""为要""照办"等,也可使用富有概括力的成语或短语。但要注意,简洁也是以明白为前提的,如果只是为了简洁而压缩字句,应该说的话不说、应该用的词不用,弄得语气不连贯、意思不好懂,则得不偿失。

2. 应用文语言的运用

(1)词汇的运用。词汇是文章信息储存、编码和输出的基本符号,没有词汇,就没有文章。应用文写作不仅需要大量丰富的词汇,还要运用一些专业术语、习惯用语、模糊语言和数字语言。

①专业术语。专业术语是某一学科、某一行业的专门用语,它是应用文写作专业性的体现。如在财经部门,经常用到的有:"预算""决算""收入""支出""平衡""税收""税率""赤字""滞纳金"等;在司法部门,经常用到的有:"立案""侦查""拘传""取保""候审""起诉""抗诉""裁定""勘查"等。

②习惯用语。习惯用语指在长期的应用文写作实践中,词语运用方面相沿成习的用

语,主要包括:称谓用语,如"我局""你厂""贵公司""该行"等;领叙用语,如"根据""据""按照""为了""依照""遵照""前接""近接""敬悉""收悉"等;经办用语,如"经""业经""兹经""即经""并经""复经"等;期请用语,如"希""即希""敬希""请""望""敬请""烦请""恳请""即请查照""希即遵照"等;表态用语,如"应当""同意""不同意""不可"等;期复用语,如"请批示""请核示""请回答""请指示"等;结尾用语,如"此致""特此通知"(通报、函复、函达……)"为要""为盼""为荷"等。

③模糊语言。应用文使用的语言要准确,但并不排除使用模糊语言。使用模糊语言是对事物进行的概括,也是对客观事物另一种形式的真实反映,而且使表述有余地,更富灵活性。应用文写作中经常运用的模糊词语大致有以下几种:表时间,如"近年来""最近一个时期""过去的几十年""适时""一度"等;表范围,如"有关""各""左右""上下""普遍"等;表程度,如"很""非常""一般""更加""极其""特别""基本上""大体上""略微""尽快""尽早""尽最大的力量"等;表数量,如"许多""广大""几乎""所有""一些""某些""部分""少数""个别"等;表频率,如"多次""屡次""经常""连续""不断""反复""再三""三番五次"等;表条件,如"按有关规定""符合一定条件者""在可能的情况下"等。

④数字语言。在现实中,各行业、各部门都离不开数量的概念,如人口数量、工农业产品数量、客运量等。这种种数量都对国计民生、大小单位的工作安排产生极大影响。应用文写作中经常运用各种数量关系来反映事物的发展变化。数字具有直观、精巧、概括的特点。用数字通报情况、分析问题或阐明观点,其作用往往胜于文字语言。但在使用数字语言时,要注意以下几点:第一,数字要真实、准确,应用文使用数字要实事求是,不得任意夸大或缩小数字。第二,数字要科学、规范。一是表述要科学、规范。首先要注意"基数""增加数""和数""减少数""差数"的准确表述:凡是增加或减少等词后面跟有"到""至""为"字的,是说明"基数"加上"增加数"的"和数"或"基数"减去"减少数"的"差数";凡是增加或减少等词后面跟有"了"的,则不包括"基数"。其次要注意数字的可比性和比较结果的实际意义,注意相对数、绝对数、平均数的综合应用。二是书写要科学、规范。为了使数量的表达更为准确,国家有关单位对数字的用法有严格的规定,使用时一定要注意。

(2)句式的运用。句子是书面语言传播信息、交流思想的基本单位。应用文的句子在句式的运用上有以下几个特点:

①陈述句多,疑问句少。应用文需要叙述事实、说明理由、阐述意见与政策等,所以陈述句较多,一般无须"无疑而问"的设问与反问,即使"有疑而问",也很少使用疑问句,而往往转化为祈使句。

②祈使句多,感叹句少。应用文大多带有鲜明的政策性、法规性和强制性,祈使句正可以适应、表达这些特点;应用文的内容还比较严肃、朴实、冷静、客观,无须感情的抒发。

③单句多,复句少。

④完整句式多,省略句式少。应用文要求庄重、严肃、得体,文言句式的严谨正符合

了这一要求。

（3）修辞的运用。修辞，就是修饰文字词句，运用各种手法，增强语言的表达效果。应用文严谨庄重、准确恰当、平实得体、简洁明快的语言要求，决定了应用文在修辞的使用上以消极修辞为主，而对积极修辞则慎用或不用。一般可以使用"引用"手法，如引述行文依据、引述来文、引用群众反映、引用名言警句等；可以使用"对比""借喻"手法，如正反事例对举、禁止和令行的事项对举等。一般不使用明喻、暗喻、比拟、夸张、借代、对偶、排比、反复、设问、反问、反语等艺术修辞方式，这些修辞方式只在演说词、通讯、评论、广播稿、广告词等应用文种中可以使用，如：

所以说其艰难，是因为中国具有5000年的文明史，她的天空下生活着世界上1/5的人口，她是绘制21世纪世界蓝图的最大参与者。我说艰难，是因为中华人民共和国的诞生是20世纪后半叶世界上最重要的事件之一；是因为中国在最近20年中取得的成就，是许多国家和民族在这样短的时间内难以实现的；是因为整个世界应该授予中国最伟大的人权勋章。请问有比把占世界1/5的人口从穷困和死亡中拯救出来，使其过上体面的生活更伟大的成就吗？

这是演讲稿《中国人能够创造奇迹》中的一段文字，这里用了排比、反问的修辞手法。再如"小莫小于水滴，细莫细于沙粒"，这是某储蓄广告词，使用了比喻的修辞手法。

能力巩固

一、知识训练

（一）填空题

1. 应用文的性质在于_____。

2. _____是指写文章时提炼出一些重要语句，并把它放在关键之处，用以揭示文章的主题或段落的中心。

3. 应用文的特点有_____、_____、_____、_____。

4. 选择材料要_____、_____、_____、_____。

5. 如果说主题是文章的灵魂，材料是文章的血肉，那么结构就是文章的_____。

6. 段落是组成文章最基本的、相对独立的结构单位，是行文中由于转换、间歇及强调等情况而自然形成的_____、_____。

7. 应用文写作中常用的表达方式有_____、_____、_____三种。

8. 应用文写作中运用说明的要求有_____、_____、_____、_____、_____。

9. 应用文使用的修辞基本上属于_____的范围。

(二)判断题

1. 写作应用文只要按照格式套就可以了。（　）
2. 应用文的使用非常广泛,每个人都离不开它。（　）
3. 应用文的写作与其他文体完全不同。（　）
4. 一切文章都是实用的,应用文的实用性更是直接的。（　）
5. 材料可以分为理论材料和事实材料,都要靠写作者的亲身实践来获得。（　）
6. 应用文为了便于阅读,也应该使用口语化的语言。（　）
7. 文章都是有感而发的,应用文也不例外。（　）
8. 应用文写作中经常用到数字,数字有不同的属性,使用时要注意区分。（　）
9. 为了使应用文显得庄重严肃,应该多使用复杂句。（　）
10. 应用文经常使用的表达方式包括:叙述、议论、说明、描写、抒情。（　）

二、能力训练

(一)阅读与分析

1. 请为下列材料确立主题,并指出所用材料的类型。

①据中共××地委办公室反映,农民对当前有关物资部门的不正之风非常不满。今年×月×日,××县××村60多名群众把乡供销社新购进的3吨柴油全部哄抢抽到自己带去的桶里。他们说这不叫偷,也不叫抢,按价如数付款,否则都让供销社走了"后门"。

②据郑州市对4079户农民家庭的调查,年人均收入在1000元以上的家庭,其主要劳动成员为高中以上文化程度的占92%;收入500元至1000元之间的家庭,其主要劳动成员为初中以上文化程度的占85%;收入200元至500元之间的家庭,其主要劳动成员为初中以下文化程度的占95%。但是从调查中也发现,个别"错逆"现象,即文化水平相对比较低的人收入却比较高。这是因为目前河南省大多数地方生产力水平低下,一些文化水平不高的人靠增加劳动量、资金或冒风险的投入也可获得较高的收益。但是,个别现象不能反映基本事实,随着整个民族文化素质的提高和社会的进步,这种现象将会逐步减少。

2. 阅读下列语段,回答文后提问。

①反腐败必须依靠人民群众,这是党的群众路线所决定的,也是我们反腐的一条成功经验。但我国国民的总体素质仍然偏低,这严重影响了他们参与国家和社会生活的能力和程度,不利于群众性的监督和制约。只有加强精神文明建设,人民群众的文化素质提高了,参政议政的能力提高了,民主监督的意识增强了,才能更好更有效地对党员、干部实施监督,真正把中共中央提出的切实依靠群众反腐败的方针政策落到实处。

A. 这段文字有几层意思,在原文中画出,并概括层意。

B. 这段文字的基本观点是什么?

②今年以来,不少地区和部门的安全情况不好。第一季度,全国企业重大伤亡事故共发生了85起,死亡234人。第二季度,继3月15日哈尔滨亚麻厂亚麻粉尘爆炸之后,5月4日和5月8日又接连发生四川南溪炸药厂硝化车间、辽宁本溪引信厂地下油库和黑龙江碾子山炮弹厂成品库等爆炸事故。此外,5月8日,江苏南通一客轮与拖轮船队相撞。这些事故、火灾给人民生命财产和国家经济建设、国防建设造成了极大损失,严重影响了"双增双节"活动的展开。分析原因,主要是有关部门领导和企业职工对"安全第一,预防为主"的方针贯彻不力,责任心不强,管理不严,制度、措施不落实,以及事故隐患未能及时消除等。各级领导和全体职工必须高度重视安全生产,切实加强安全生产管理工作。

A. 文章哪段材料是略写,哪段是详写?
B. 指出文章分析问题的原因是什么,如何解决问题?
C. 这段文字运用的表达方式有_____、_____、_____。

　　③在社会主义初级阶段,尤其要在以公有制为主体的前提下发展各种经济成分,在以按劳分配为主体的前提下实行多种分配方式,在共同富裕的目标下鼓励一部分人通过劳动和合法经营先富起来。

A. 文中对"先富起来"这一概念,使用了哪些限制性词语,这些词语在表意上起到什么作用?
B. 文中,模糊性词语有_____。这些模糊性词语真实反映了客观世界存在着的事物的模糊性。

3. 分析下列语段在语言表达上与文体不适应的地方。

　　①有一则公文这样写道:2001年我乡报经县政府及县教育局同意,定于今年开春修建乡中学新校舍总计3000平方米,目前已经开始施工,列入今年乡财政预算的基建经费也已基本到位。但由于突然遇上连日暴雨,导致山洪暴发,把已修好的一侧围墙和相邻的室外厕所冲垮,并冲毁了放置建筑材料的临时仓库一座,造成近15万元的经济损失,原计划款项已不够了。这次山洪还把我乡辖区内几十户居民住房冲倒,救灾负担沉重,造成乡政府捉襟见肘,雪上加霜……

　　②一份介绍出口女装的说明书中这样写道:我公司的女装,品种繁多,有美如垂柳的长裙和睡衣;有艳比玫瑰的旗袍裙衫;有花团锦簇、五彩缤纷的绣衣……

(二)改正下列句子中不符合要求的语言,简要说明理由

1. 峨眉山市的矿泉水的主要消费者是前来旅游的港澳台侨胞、华侨和外国人。
2. 为提前做好此次会议的准备工作,希望各乡、镇党委书记携带有关资料,于9月4日前来县委招待所报到。
3. 两个单位之间的矛盾经反复多次协调,仍未解决。
4. 这三个车间干部都对改进企业生产管理提出了合理化的建议。
5. 近三年来,这家商店的年平均销售量约为5000万元左右。

6. 今年我们要狠抓质量,减少消耗,使产品成本比去年降低一倍。
7. 为提高办公效率,计划年内添置扫描仪一台,笔记本电脑二台。
8. 年终,某工厂对上级规定的任务已基本上全部完成。
9. 农历初一至初7放假,初8报到并打扫科室卫生。
10. 本月的销售任务再过3、4天即可全部完成。

项目二

公务公文

知识目标	1.了解公文的性质、特点。 2.掌握几种常用公文的写作方法和写作要求。
能力目标	培养常用公务公文的写作能力。
素质目标	通过公务公文写作的学习,形成处理公务公文的分析判断与应变能力。

张晓丽是××公司总经理办公室的一名文秘工作人员,主要从事公文拟制、办理、管理等一系列相互关联、衔接有序的工作。

任务一 公文写作概述

任务导入

无论是专业工作,还是行政事务,都需要通过公文来传达政令政策、处理公务。为了更好地开展工作,协调各种关系,提高工作效率,××公司领导经会议研究决定,要求机关领导及各科室文书人员学习公文及公文写作的相关知识,了解公文处理流程以及公文写作的重要性。文秘人员张晓丽根据会议精神,整理出公文及公文写作的知识材料,发给各部门学习。

知识准备

公文在推动党和国家公共事务过程中的地位和作用是毋庸置疑的,其地位和作用的发挥是通过公文拟制与处理得以实现的。

一、公文的性质和特点

公文是机关、团体、企事业单位在公务活动中,为行使职权而制作的具有法定效力和规范体式的应用文。习惯上也称为"文件"。

1989年7月,国家技术监督局发言人在《国家机关公文格式》等三项国家标准发布稿中指出:"公文是党和国家行政机关用以传达工作部署、意见和决策,对下面的工作进行具体领导和指导的工具。也是机关之间、上下级部门之间沟通思想、接洽工作、交流情况、处理问题、传递信息的枢纽和重要手段。"由此可见,凡国家法定机关、组织或个人用以处理公务的、具有特定体式的文体,都可称为"公文"。党和政府历来重视公文写作和公文处理,多次以国务院办公厅名义发布相关处理办法,这些处理办法成为各级各类社会组织接洽工作、处理问题使用公务文书的依据。2012年4月6日,中共中央办公厅、国务院办公厅联合印发了《党政机关公文处理工作条例》(以下简称《条例》),同时废止了1996年中办印发的《中国共产党机关公文处理条例》和2000年国务院印发的《国家行政机关公文处理办法》,将以前稍有区别的党、政公文统一起来,更方便了公务处理中文书的使用。

公文的性质特征,突出表现为它高度的政治性和政策性。在许多情况下,公文都具有法律效力或行政效力,并有规范的格式。概括起来说,公文有如下特点:

(一)由法定的作者撰写和制发

公文有法定的作者,这个作者是指依法成立并能以自己的名义行使权利和承担义务的组织,或担负一定职务的负责人。机关单位都是依据法律和有关法规建立的,是合法存在的,它们的职权和权限均得到法律或法规的认可,并经有关领导机关批准,因而是公文的法定作者。某些领导人,有时也作为公文的作者,如国家主席、国务院总理等,他们不是以私人身份行使职权,而是以该组织领导人的身份行使职权,因而,也是公文的法定作者。公文就是由这些法定作者根据自己的职能和权限制发的。

(二)有法定的权威和效用

公文作为机关单位的"喉舌",代表机关单位发言,也就体现制发机关单位的法定权威和效用。例如,由国家主席发布的颁布法律的命令,有法律权威;由行政机关发布的指示性、规定性公文,有行政指挥和行政领导的权威;其他告知性、请示性公文也具有一定的法定效用。这种权威、效用是公文所特有的,是它不同于其他应用文的重要特点。

公文这种效用叫"现实执行效用",有一定的时间性,故又称"时效"。每份公文的时效不同,公文在失去时效后,依法具有查考的价值。因此,需要将公文立卷,并转为档案。

(三)有规范的体式和处理程序

公文既然体现制发机关的法定权威,那么制发公文就是一件十分严肃的工作。为了维护公文的严肃性和便于公文处理,国家统一规定了公文的种类和公文的体式,以及公文的处理程序和制度,任何机关单位不得违背统一规定的原则和要求,自搞一套,自行其是。

二、公文的种类

不同种类的公文,反映了不同的目的和要求,也反映了行文机关之间的关系,即权限与隶属。因此,了解和掌握公文的种类,划清各种公文的使用界限,正确使用公文,对写好公文和处理公文都有重要意义。

2012年7月1日开始施行的《党政机关公文处理工作条例》规定我国行政机关的公文共有15种。它们是:决议、决定、命令(令)、议案、意见、公报、公告、通告、通知、通报、报告、请示、批复、函、纪要。

根据行文方向,公文可分为上行文、平行文、下行文三类。上行文是指下级机关单位向上级发送的公文,例如"报告""请示"。平行文是平级机关单位或不相隶属机关单位之间的来往公文,例如"函""议案"。下行文则是上级机关单位向下级机关单位发送的公文,例如"决定""批复"等。

一个机关单位行文时,该用哪个文种,是很重要的。选择、决定文种的根据是:发文的内容和目的、发文机关的权限以及发文机关与受文机关之间的关系。

例如,要把本机关某项工作情况报告上级机关,如果仅仅是汇报情况,所采取的措施本单位有权决定,那么,就采用"报告";又如法规性的公文一般是行政主管部门,如国务院、国务院各部委以及政权机关才采用的,因此,一般的企业、事业单位就不宜采用如"决定""指示""命令"这类文种;再如有些工作问题需请主管机关批准,而主管该项工作的机关与发文机关又非隶属关系,级别又较发文单位低,这样就可以采用"函"这一文种。

三、公文的格式

公文有规范的格式,也称"公文体式"。这种格式是公文的形式标志,它不仅可以区别于应用文的其他文种,区别于一般文章,便于处理、存档、管理和使用,还显示出公文的法规性,使公文更好地发挥效用。

公文一般由版头部分、主体部分、版记部分构成。公文首页红色分隔线以上的部分称为"版头";公文首页红色分隔线(不含)以下,公文末页首条分隔线(不含)以上的部分称为"主体";公文末页首条分隔线以下,末条分隔线以上的部分称为"版记"。页码位于版心外。

版头部分具体包括份号、密级和保密期限、紧急程度、发文机关标志、发文字号、签发人等;主体部分包括标题、主送机关、正文、附件说明、发文机关署名、成文日期、印章、附注、附件等;版记部分包括抄送机关、印发机关和印发日期、页码等。现分别介绍如下:

(一)份号

份号又称"印制顺序号",是指根据同一文稿印制若干份时每份的顺序编号,它的作用主要是针对秘密文件。有了印制顺序号,在登记、分送和清退秘密文件时均可对号核点。印制顺序号一般用6位阿拉伯数字标注于公文首页左上角公文格式代码下方位置,数字不足时,前面用"0"补齐,尤其是秘密公文更应当标明份号。

(二)密级和保密期限

公文的秘密等级和保密期限。涉密公文应当根据涉密程度分别标注"绝密""机密""秘密"和保密期限。其中"绝密""机密"级公文还应该标明份数序号。

标注密级的同时应当标注保密时限,保密时限中的数字用阿拉伯数字,标注的方法是在密级与时限中间加"★",如"秘密★6个月""机密★5年""绝密★"。顶格标识于左上角第二行。

(三)紧急程度

紧急程度是对公文送达和办理的时限要求,如需标注,顶格编排在版心左上角。根据紧急程度,紧急公文应当分别标注"特急""加急",电报应当分别标注"特提""特急""加急""平急"。

如需同时标注份号、密级和保密期限、紧急程度,按照份号、密级和保密期限、紧急程度的顺序自上而下分行排列。

(四)发文机关标志

由发文机关全称或者规范化简称加"文件"二字组成,也可以使用发文机关全称或者规范化简称。联合行文时,发文机关标志可以并用联合发文机关名称,也可以单独用主办机关名称。

(五)发文字号

由发文机关代字、年份、发文顺序号组成,编排在发文机关标志下空二行位置,居中排布。联合行文时,使用主办机关的发文字号。年份用六角括号括起来,发文顺序号不加"第"字,例如"鲁卫财〔2012〕88号",其中"鲁卫"是山东省卫生厅的代字,"财"是公文承办部门财务处的代字,"〔2012〕"是年份,"88"是发文的顺序号。

上行文的发文字号居左空一字编排,与最后一个签发人姓名处在同一行。

(六)签发人

上报的公文,应当在首页发文字号右侧注明"签发人","签发人"后标注签发人姓名。居右空一字,编排在发文机关标志下空二行位置。

如有多个签发人,签发人姓名按照发文机关的排列顺序从左到右、自上而下依次均匀编排,一般每行排两个姓名,回行时与上一行第一个签发人姓名对齐。

(七)标题

公文的标题,一般应当标明发文机关,应当准确、简要地概括公文的主要内容(事由),并准确标明公文种类(文种)。发文机关、事由、文种为公文标题三要素。例如《文化部关于加强演出市场管理的报告》,发文机关是"文化部",事由(主要内容)是"加强演出市场管理",文种是"报告"。

在实际运用中,公文标题可根据以下几种不同情况省略其中某些部分:

(1)在机关专用发文纸上已印有发文机关名称的,发文机关可省略,只写事由和文种。

(2)"命令""公告",按习惯,标题中往往省略事由,例如《中华人民共和国主席令》;也有只写文种的,如《公告》。

(3)转发或批转几个机关联合办理的公文,可只写主办机关名称;层层转发的公文,可省略重复的文种"通知"。例如:××省人民政府转发国务院《关于加强安全生产工作的通知》。

标题编排于红色分隔线下空二行位置,分一行或多行居中排布;回行时,要做到词意完整,排列对称,长短适宜,间距恰当,标题排列应当使用梯形或菱形。

(八)主送机关

主送机关是公文收受、承办的机关,相当于书信中的收信人。下行文如"指示""通知""通报"等,需要所属各机关都了解、执行的,可以主送两个或两个以上的机关,主送机关较多时,用"各……"泛称;上行文的"请示",只能有一个主送机关,否则责任不明,会延误对问题的及时处理。主送机关名称应当用全称或者规范化简称或者同类型机关的统称,位于正文左上方,标题下一行,顶格排印。

(九)正文

正文是公文的主体,用来表述公文的内容,位于标题或主送机关下方。文种不同,正文写作也不完全相同,本项目将在以下任务中结合不同文种详细介绍。

(十)附件说明

公文如有附件,在正文下空一行左空二字编排"附件"二字,后标全角冒号和附件名称。如有多个附件,使用阿拉伯数字标注附件顺序号(如"附件:1.××××××");附件名称后不加标点符号。附件名称较长需回行时,应当与上一行附件名称的首字对齐。

(十一)发文机关署名

发文机关应当写发文单位全称或规范化简称,位于正文的右下方;联合行文时,主办机关应当排列在前。

(十二)成文日期

成文日期指公文生效的时间。署会议通过或者发文机关负责人签发的日期。联合行文时,署最后签发机关负责人签发的日期。用阿拉伯数字将年、月、日标全,年份应标全称,月、日不编虚位(即1不编为01),标识在正文之下,空两行右空四字。

(十三)印章

印章用红色,不得出现空白印章。单一机关行文时,一般在成文日期之上、以成文日期为准居中编排发文机关署名,印章端正、居中下压发文机关署名和成文日期,使发文机关署名和成文日期居印章中心偏下位置,印章顶端应当上距正文(或附件说明)一行之内。

联合行文时,一般将各发文机关署名按照发文机关顺序整齐排列在相应位置,并将印章一一对应、端正、居中下压发文机关署名,最后一个印章端正、居中下压发文机关署名和成文日期,印章之间排列整齐、互不相交或相切,每排印章两端不得超出版心,首排印章顶端应当上距正文(或附件说明)一行之内。

(十四)附注

附注用来说明公文印发传达范围等需要说明的事项。如有附注,居左空二字加圆括号编排在成文日期下一行。

(十五)附件

附件是对公文正文的说明、补充或者参考资料。公文如有附件,应当在正文之后、成文时间之前注明附件顺序名称。附件不是每份公文都有,它根据公文的主旨或需要,作为正文的补充、说明或参考材料。但有的附件,如转发、批转、颁发的文件,则是公文的主体,而正文只起按语或说明批准、发布的作用。写附件时要注意:

附件的省略:公文内容简短,附件名称已在正文中写明的,通常在"附件"项下只写"如文";如果公文发文目的就是为了发送某一文件,标题和内容都已明确附件是什么,收文机关不会误解、不会漏收时,就可不写"附件"。

公文内容较长,而且附件种类较多,为便于对方在收文时点收,就应在"附件"项下逐一写明附件名称和件数。

有的公文,附件只发给主送机关,不发抄报、抄送机关,或者部分抄报、抄送机关又要发附件的,就应分别注明。

(十六)抄送机关

抄送机关是除主送机关外需要执行或者知晓公文内容的其他机关,应当使用机关全称、规范化简称或者同类型机关统称。公文抄送给这些机关的目的是使其了解有关事情或协助处理有关问题。抄送给上级机关的叫"抄报",抄送给下级或平级机关的叫"抄送"。

(十七)印发机关和印发日期

指公文的送印机关和送印日期。编排在末条分隔线之上,印发机关左空一字,印发日期右空一字,用阿拉伯数字将年、月、日标全,年份应标全称,月、日不编虚位(即 1 不编为 01),后加"印发"二字。

(十八)页码

页码是公文页数顺序号。一般用 4 号半角宋体阿拉伯数字,编排在公文版心下边缘之下,数字左右各放一条一字线;一字线上距版心下边缘 7mm。单页码居右空一字,双页码居左空一字。公文的版记页前有空白页的,空白页和版记页均不编排页码。公文的附件与正文一起装订时,页码应当连续编排。

公文的格式主要包括以上各项。此外,公文的用纸一般为 16 开型(长 260mm、宽 184mm),也可以采用国际标准 A4 型(长 297mm、宽 210mm),左侧装订。张贴的公文用纸大小,根据实际需要确定。公文的文字从左至右横写、横排。少数民族文字按其习惯书写、排版。在民族自治地方,可并用汉字和通用的少数民族文字。

如图：

公文首页版式

000001 机密★××年 特　　急 　　　　　　　　××××文件 　　　　　　　×发〔××××〕×号	版头部分
关于××××××工作的通知 ×××××（主送机关名称）： 　　（正文）×××××××××××××××××××××× ×××××××××××××××××××××××××××× ×××××。 　　附件：1.××××××× 　　　　　2.××××× 　　　　　　　　　　　　　　　　××年×月×日（印章） （附注：×××××）	主体部分
抄送：×××××，×××××。 ×××××（印发单位）　　　　　　　　××年×月×日印发	版记部分

上报公文首页版式

000001 机密★××年 特　　急 　　　　　　　　××××文件 　×××〔××××〕×号　　　　　　　　　　　　　签发人：×××
关于××××××工作的请示 ×××××（主送机关名称）： 　　×××××××××××××××××××××××××××× ×××××××××××××××××××××××××××× ×××××××××××××××××××××××××××。 　　附件：1.××××× 　　　　　2.××××× 　　　　　　　　　　　　　　　　××年×月×日（印章） （附注：×××××）
抄送：×××××，×××××。 ×××××（印发单位）　　　　　　　　××年×月×日印发

四、公文的行文方式

机关对上和对下行文,可根据实际工作需要,分别采用下列方式:

(一)逐级行文

所谓逐级行文,即直接向自己所属的上一级或下一级机关行文,以及按层次一级级行文。逐级行文是对上行文最基本的方式,对下行文采用这种方式的好处主要是:便于下级机关结合自身的实际情况更好地贯彻执行文件精神。

(二)多级行文

所谓多级行文,即同时向自己的上级或下级若干机关行文。对上行文如无特殊情况,不采用这种方式。对下行文采用这种方式的好处主要是:使下属几级机关同时了解和掌握文件内容,避免由于逐级转发而拖延时间,贻误工作。

(三)直达行文

所谓直达行文,即上级领导机关直接把文件发到基层机关的行文。以这种方式下达的文件往往要求直接向广大人民群众传达。通过报刊、广播、电视发布文件,以及公开张贴文件,其实也是直达行文的方式。直达行文的好处是:能使基层机关和人民群众及时了解文件的内容,使文件迅速产生宣传教育或组织动员群众的作用。

五、行文关系

按照机关的隶属关系和职权范围来划分,各种行文关系大体可以分为以下四种情况:

(1)同一系统的机关,既有上级领导机关,又有下级被领导机关,上下级机关之间构成领导与被领导的关系。

例如,政府系统:国务院与各省、自治区、直辖市人民政府;各省、自治区、直辖市人民政府与所属的各市、州、区(县)人民政府。

(2)上级业务主管部门和下级业务部门之间具有业务上的指导关系。如国家经贸委与各省、自治区、直辖市经贸委;国家财政部与各省、自治区、直辖市财政厅(局);省商业厅与县商业局等。

(3)非同一系统的机关之间,无论级别高低,既无领导与被领导关系,又无上下级业务部门的指导关系,它们仅仅是一般性关系,或称"不相隶属关系"。如省军区与县人民政府;县人民政府与临近县的乡政府以及社会团体、企事业单位之间等。

(4)同一系统的同级机关之间的关系,属于平行关系。如国务院所属各部、委办之间,省人民政府各厅(局)之间。

以上四种情况的机关之间,根据工作需要往来公文,就构成一定的行文关系。前两种情况的机关之间相互行文必须使用上行文或下行文,后两种情况的机关之间相互行文则应使用平行文。

六、行文规则

《条例》明确规定行文应当确有必要,讲求实效,注重针对性和可操作性。

行文关系根据隶属关系和职权范围确定。一般不得越级行文,特殊情况需要越级行文的,应当同时抄送被越过的机关。

第一,向上级机关行文,应当遵循以下规则:

(1)原则上主送一个上级机关,根据需要同时抄送其他相关上级机关和同级机关,不抄送下级机关。

(2)党委、政府的部门向上级主管部门请示、报告重大事项,应当经本级党委、政府同意或者授权,属于部门职权范围内的事项应直接报送上级主管部门。

(3)下级机关的请示事项,如需以本机关名义向上级机关请示,应当提出倾向性意见后上报。不得原文转报上级机关。

(4)请示应当一文一事,不得在报告等非请示性公文中夹带请示事项。

(5)除上级机关负责人直接交办的事项外,不得以本机关名义向上级机关负责人报送公文,也不得以本机关负责人名义向上级机关报送公文。

(6)受双重领导的机关向一个上级机关行文,必要时应当抄送另一个上级机关。

(7)不符合行文规则的上报公文,上级机关的文秘部门可退回下级呈报机关。

第二,向下级机关行文,应当遵循以下规则:

(1)主送受理机关,根据需要抄送相关机关。重要行文应当同时抄送发文机关的直接上级机关。

(2)党委、政府的办公厅(室)根据本级党委、政府授权,可以向下级党委、政府行文,其他部门和单位不得向下级党委、政府发布指令性公文或者在公文中向下级党委、政府提出指令性要求。需经政府审批的具体事项,经政府同意可由政府职能部门行文,文中需注明已经政府同意。

(3)党委、政府的部门在各自职权范围内可以向下级党委、政府的相关部门行文。

(4)涉及多个部门职权范围的事务,部门之间未协商一致的,不得向下行文;擅自行文的,上级机关应当责令其纠正或者撤销。

(5)上级机关向受双重领导的下级机关行文,必要时抄送该下级机关的另一个上级机关。

第三,同级党政机关、党政机关与其他同级机关必要时可以联合行文。属于党委、政府各自职权范围内的工作,不得联合行文。党委、政府的部门依据职权可以相互行文。部门内设机构除办公厅(室)外不得对外正式行文。

> **温馨提示**
>
> 联合行文机关一定要级别相同。联合行文应当确有必要,单位不宜过多。

七、公文的拟办

这里介绍的公文的拟办,是指本机关发出的公文,从拟稿、核稿、会签、签发到缮校、封发的办理过程。

一个机关发文,大体上有两类:一类是承办来文后的复文;另一类是本机关根据工作需要发出公文。这些都要有个办文的过程。这个过程有许多环节,通常按公文格式印成发文稿纸,办文时使用这种稿纸来拟写、办理。发文稿纸式样如下图。

××省××××发文稿纸

签发:	核稿:
会签:	主办单位和拟稿人:
标题:	附件:
主送机关:	抄报:
	抄送:
打字:　　　　校对:　　　　份数:	
发文:(　)×字〔××××〕　号　　年　月　日封发(正文)	

第　　页

这里把公文拟办过程的各个环节介绍如下:

(一)拟稿

拟稿就是起草公文,也是对公文的承办。一般是谁主管的事谁拟稿。拟稿时要准确地确定公文的文种,并按格式要求逐项拟写。如标题、主送机关、抄送机关和附件等,在发文稿纸上逐栏书写清楚。文稿写成后,要签上拟稿人姓名、日期。由于公文要立卷归档,重要的要长期保留,故必须用钢笔或毛笔书写。送审稿要书写工整,字迹清楚,有附件的,还必须同时附上,便于领导了解签发。

(二)核稿

核稿就是由办公厅(室)或秘书科对文稿从内容到文字进行审核,签署意见并签上姓名、日期。

(三)会签

会签就是公文涉及其他部门职责范围时,需要这些部门会同对公文的拟稿进行审阅,并在会签栏签上姓名和日期,以示负责。

(四)签发

签发就是由机关负责人审核,作最后定稿,并签署发出;重要的或涉及面广的由机关主管领导人负责。内容属一般业务或事务的,经授权,可由秘书部门负责人代为签发。

(五)缮校

公文经签发后,即由文书部门对公文草稿进行编号,确定打印份数,然后缮写或打印成正式公文。缮写、打印或铅印,都要按照一定规格,并经仔细校对。

(六)封发

印制成文后,办公部门在拟发公文上加盖印章,然后交收发部门登记、封缄、发出。公文拟办过程至此完成。

公文制发后,承办人员应将草拟的原稿、正本及有关材料整理好,送交文书部门立卷归档。

任务二　通知　通报

任务导入

为了响应党中央的号召,深入开展党的群众路线教育实践活动,××公司领导召开了专题会议,会上成立了党的群众路线教育实践活动领导小组,讨论制定深入开展党的群众路线教育实践活动实施方案,并要求在全公司开展学习。文秘人员张晓丽根据会议精神,拟制关于此次学习的通知文件,经领导签发后,印制发给各部门,认真对照学习。

××公司直属某部门,在上一年度工作中,该部门全体工作人员任劳任怨,工作业绩突出。为表彰先进、树立典型,进一步促进单位工作再上新台阶,公司党委研究决定,对该部门及全体工作人员通报表彰。文秘人员张晓丽根据会议精神,拟制通报表彰文件,经领导签发后,印制发给各部门,并号召大家向该部门工作人员学习。

知识准备

通　知

通知的使用范围较广,在公文写作中,它是使用最多的文种。

一、通知的特点

通知是下行文,是要求下级机关办理、执行或服从安排的文种。通知讲究时效性,是告之立即办理、执行或周知事项的文书。

二、通知的种类和写作

在实际工作中,常见的通知种类有:发布性通知、批示性通知、指示性通知、一般事务告知性通知和会议通知五种。

(一)发布性通知

这是向下级机关单位发布行政法规、制度、办法、措施等文件,而不宜用"命令"来行文时用的。在写法上，发布法规、制度、办法的，用"颁发""发布"作谓语；印发一般材料的，用"印发"作谓语。发布性通知的正文比较简单，只要写明发布什么规章，请贯彻执行就可以了。如有特殊要求的，也可以用一两句话提出，如："执行中有什么问题和建议，请及时报告中央。"

> **温馨提示**
>
> 用通知发布的文件，在和宪法、法律、党章一致的前提下，它们具有同样的强制性、约束力。

（二）批示性通知

包括"批转""转发"两种形式的通知。

"批转"用于上级机关单位认为某一下级机关单位上报的报告或其他文件，具有普遍意义，于是对下级机关单位的文件加上批语，用通知的形式发给所属各下级机关单位，作为工作借鉴、参考或执行。如例文二《国务院批转城乡建设环境保护部〈关于扩大城市公有住宅补贴出售试点的报告〉的通知》。

"转发"则是上级机关单位、同级机关单位或不相隶属的机关单位发来的公文，对本机关所属下级机关单位具有指示、指导或参考作用，加上按语，用通知形式转发给下级机关。如例文三《××市人民政府办公厅关于转发市政务公开办拟订的〈××市××年政务公开工作意见〉的通知》。

这类通知的写作，简单的只要写明批转、转发什么文件，请贯彻执行就行了。多数情况下除应写明批转、转发的文件名称外，发文单位还要对文件作出简要评价，说明批转或转发的缘由和目的，提出希望和要求（一般另起一行），内容大都比较简短。但也有的在提出希望和要求时，结合本地区、本部门的实际情况，突出强调应重视文件的某一精神或某个方面的意义；还有的就文件中的主要问题作进一步阐发或补充说明，并提出带有指示性的意见。由于被批转或转发文件的重要程度不同，因此，写这种通知时必须注意区别不同情况，既要体现领导意图，又要根据被批转、转发文件的实际，考虑针对性，行文措辞应该得体。例如，对被批转或转发文件的评价用语有"同意""原则同意""很好""很重要"等的区别；对下级机关的希望和要求用语有"参考""参照执行""研究执行""遵照办理""认真贯彻执行"等的不同。这些用语在行文中需要精心选择。

（三）指示性通知

这是上级机关就某项工作对下级机关有所指示和安排，而又不宜用"指示""决定"来行文时用的。这种通知必须具体明确、切实可行，使下级机关单位知道要求他们处理、解决什么问题及为什么要解决这些问题、准备采取什么措施等。

指示性通知正文的结构大体如此：

引言——为什么要做这项工作，用一段或几段话说明。

主体——工作内容和工作要求，一般结合起来写。

小结——对受文单位提出总要求。

（四）一般事务告知性通知

这类通知是上级机关对有关事宜需要下级机关知道或办理时用的，内容着重写清楚通知的事项，或具体说明如何办理，达到什么目的。有关部门对有关事宜需要告知人民群众办理时，也用这类通知，格式上可以较为灵活。

（五）会议通知

这是告诉有关机关或个人出席会议的通知。这种通知应写清召开会议的有关事项，以便与会人员做好准备并如期赴会，开好会议。内容一般包括会议名称、主持单位、会议内容、起止时间、参加人员、会议地址、报到地点、携带材料等，都要写得明确具体。

三、例文评析

【例文一】

关于调整住房公积金存贷款利率的通知 建金〔2011〕15号 各省、自治区住房和城乡建设厅，直辖市、新疆生产建设兵团住房公积金管理委员会、住房公积金管理中心： 　　根据《中国人民银行关于上调金融机构人民币存贷款基准利率的通知》（银发〔2011〕32号），现就住房公积金存贷款利率调整有关事项通知如下： 　　一、从2011年2月9日起，上调个人住房公积金存款利率。当年归集的个人住房公积金存款利率上调0.04个百分点，由0.36％上调至0.40％；上年结转的个人住房公积金存款利率上调0.35个百分点，由2.25％上调至2.60％。 　　二、从2011年2月9日起，上调个人住房公积金贷款利率。五年期以上个人住房公积金贷款利率上调0.20个百分点，由4.30％上调至4.50％；五年期以下（含五年）个人住房公积金贷款利率上调0.25个百分点，由3.75％上调至4.00％。 　　三、从2011年2月9日起，开展利用住房公积金贷款支持保障性住房建设试点工作的城市，贷款利率按照五年期以上个人住房公积金贷款利率上浮10％执行。 　　请各省、自治区住房和城乡建设厅立即将本通知转发相关住房公积金管理委员会、住房公积金管理中心执行。对利率调整后出现的新情况、新问题要及时处理并报我部。 　　附表：住房公积金存贷款利率调整表（略） <div align="right">中华人民共和国住房和城乡建设部 二〇一一年二月九日</div>	该文属于发布性通知，不作解释、不叙述过程，行文简洁，约束力强。充分体现了公文的权威和效用。

【例文二】

国务院批转城乡建设环境保护部 **《关于扩大城市公有住宅补贴出售试点的报告》的通知** 主送单位（略） 　　国务院同意城乡建设环境保护部《关于扩大城市公有住宅补贴出售试点的报告》，请你们研究执行。 　　城市公有住宅出售给个人，是逐步推行住宅商品化、全面改革我国现行住宅制度的重要步骤。试点城市人民政府要加强领导，及时解决试点中的问题，不断总结经验，为在全国开展住宅补贴出售创造条件。 　　各试点城市中的有关部门和单位，包括中央和地方行政机关及所属企业、事业单位，都要积极支持试点工作的进行，认真执行所在城市住宅补贴出售试点的规定。 　　（下略）	该文属于批示性通知中的"批转"一类。 　　简要写明所批转文件的名称以及批示的态度。 　　指出批转该文的意义，并提出执行过程中应该注意的问题。

【例文三】

××市人民政府办公厅关于转发市政务公开办拟订的 **《××市××年政务公开工作意见》的通知** 各区、县人民政府，市政府各委、办、局： 　　市政务公开办拟订的《××市××年政务公开工作意见》已经市政府同意，现转发给你们，请按照执行。 　　　　　　　　　　　　　××市人民政府办公厅（章） 　　　　　　　　　　　　　　　　××年×月×日	该文属于批示性通知中的"转发"一类。 　　开门见山，简要写明所批转文件的名称以及要求。 　　语气相对平和。

【例文四】

国务院办公厅 **关于近期严格控制赴三峡工地参观考察的通知** 各省、自治区、直辖市人民政府，国务院各部委、各直属机构： 　　当前，三峡工程建设已进入攻坚阶段，导流明渠也将在近期实施截流，工程进展顺利，广大建设者正以饱满的热情投入工程建设。但是，今年以来，到三峡工地参观考察的团组和记者过多，有的重复考察和采访，有的组团规模过大、派出的记者过多，有的对接待单位和参建单位提出过多要求，牵扯了工程组织部门和参建单位的大量精力，给三峡工程建设带来了一定的影响。为了确保三峡工程各参建单位集中精力做好各项建设工作，确保三峡二期工程按期实现蓄水、发电和通航三大目标，经国务院领导同意，现就有关问题通知如下： 　　一、各地区、各部门近期要严格控制赴三峡工地参观考察或检查的团组，能不派的不派，能少派的少派，能延期派出的延期派出，避免各类到工地的人员过于集中。	该文是一则指示性通知。 　　标题三要素齐全。 　　下级单位多，不宜一一写明，所以用"各……"泛称。 　　引言交代背景、原因。

续表

二、有关新闻单位要按照宣传部门的统一安排做好近期对三峡工程建设的采访和宣传报道工作,不得随意派员赴工地采访。在工地采访时,要服从有关新闻管理部门的统一安排,以免影响正常施工。 三、旅游管理部门和各类旅行社要加强管理,合理引导游客到三峡旅游观光,保证各项旅游活动有序进行,防止发生影响工程建设的事件。 中华人民共和国国务院办公厅(章) ××年×月×日	用惯用语"经……同意,现就有关问题通知如下"承接,结构严谨。 主体部分具体交代了工作要求。"要""不得""服从""保证"等词语明确表达了发文机关的立场。

【例文五】

××公司关于地址迁移的通知 我公司已迁至北京市鼓楼区西大街××号办公,新开户银行:北京市地安门分理处,账号××××,原来的开户银行及账号7月1日撤销。 特此通知 ××公司 ××年×月×日	该文是一则一般事务告知性通知,向人们告知迁移的地点及注意事项。

【例文六】

市政府办公室 关于召开全市统计调查工作会议的通知 各县(区)人民政府,淮安经济技术开发区、工业园区管委会,市各有关部门和单位: 市政府决定召开全市统计调查工作会议。现将有关事项通知如下: 一、参会人员 各县(区)政府分管县(区)长,统计局、国调队主要负责人;淮安经济技术开发区管委会、工业园区管委会分管负责人,经济发展局负责人;市统计局、国调队主要负责人和分管负责人;市各有关部门分管负责人和市直重点企业主要负责人(名单附后);受表彰的统计工作先进单位和先进个人代表(由市统计局负责通知)。 二、时间地点 2011年2月28日下午2:30在市政府新2号楼三楼第六会议室准时召开,会期半天。 三、有关事宜 1.请清浦区政府、市交通运输局、涟水县朱码镇政府准备交流发言,时间控制在5分钟以内。 2.请领奖人员提前40分钟到场,颁奖和领奖人员着正装。 3.请市各新闻单位派记者报道。 淮安市人民政府办公室 ××年×月×日	该文是一则会议通知。 首先明确会议名称和开会的目的。 主体部分分条列项,具体交代参加人员、会议召开时间、会议地址以及相关事宜,体现了该类通知针对性强的特点。

四、通知的写作要求

(一)要有针对性

通知的内容具有很强的针对性,不管何种通知,都要考虑其适用性,即针对或切合受文机关的实际情况。

(二)要具体明确

通知事项要写得具体明确,一清二楚,使受文机关一看就能了解和办理。

(三)行文要及时

> **温馨提示**
>
> 通知行文一定要迅速及时,以便下级机关抓紧安排,必要时可用"紧急通知"。

通　报

一、通报的特点

通报是各级行政管理机关、社会团体、企事业单位在规定范围内所使用的知照性公文。它的目的或作用在于表彰先进,批评错误,借以教育干部群众不断改进工作,同时,还起着传达重要精神或者情况、互通信息的作用。

二、通报的种类和写作

通报按内容性质分,可以分为表彰性通报、批评性通报和传达性通报三种。

(一)表彰性通报

这种通报选择先进集体和先进个人予以通报表彰,其目的是给人们树立学习榜样,见贤思齐,激发人们工作的积极性。这种通报的正文内容,着重介绍先进典型值得人们学习效法的事迹,分析其精神实质,最后发出号召,提出要求,或者提出如何学习的意见,以增强通报的社会效果。具体写作一般分四个步骤:

1. 介绍先进事迹

可以按照记叙文写作六要素(时间、地点、人物、事件、起因、结果)选择、组织材料,择取关键情节交代清楚,不宜面面俱到。

2. 宣布表彰决定

可以按照先写精神鼓励,再写物质奖励的顺序组织材料,简单明了,干净利落。如果表彰的人物不止一个,可以按照由主到次的顺序组织材料。

3. 分析先进思想

这部分是写作的难点,应该避免一般化,着重分析对象的先进思想和事情的先进性质,不能人为拔高或张冠李戴。

4. 指明如何向先进学习

要结合形势和社会实际,不可太空泛,否则会使通报因缺少针对性而不能达到预期的启发教育意义。

(二)批评性通报

这种通报选择犯有错误的典型(集体或个人),予以通报批评。其目的是通过揭露或批评,以儆效尤,防止类似错误发生。这种通报的正文内容,着重叙述错误典型的问题或错误事实,分析其产生的原因和危害性,然后作出处理的决定,指出人们应当从中吸取教训,引以为戒。以《关于少数地方和单位违反国家规定集资问题的通报》为例,具体写作一般分五个步骤:

1. 批评的根据

交代有关政策、规定,使被批评者和群众认识到批评是严肃的、有理由的。如:

……

关于稳定金融秩序,坚决制止乱集资和确保完成今年国库券发行任务问题,国务院及有关部门曾三令五申,并多次发出通知。今年2月27日……4月1日……4月11日……

这个通报之所以要把批评的根据写得这么具体:一是因为这个问题重要,它涉及国家金融状况;二是因为犯错误的现象不是个别的,它具有一定的代表性。

2. 错误性质及其危害

简明扼要,着重分析错误带来或可能带来的恶劣后果。如:

但少数地区和单位有令不行,有禁不止,仍然我行我素,违反有关规定,在未完成国库券认购任务的情况下,利用发行债券、股票等多种形式进行集资。这种做法不仅影响国库券发行任务的完成,而且严重扰乱金融秩序,对改革开放和经济建设危害很大。

3. 错误事实

要准确、扼要,不要纠缠具体细节。如:

今年4月18日,新疆维吾尔自治区在完成国库券认购任务之前,不按规定的程序审批,擅自决定新疆宏源信托投资股份有限公司公开向社会募集3125万个人股,并向社会发售认购证,引起群众上街排队购买以及炒买炒卖认购证现象……4月,山东济南创建实业公司……2月,福建省中联产业投资综合开发有限公司……4月18日,上海市计委……4月8日,河北物产企业(集团)公司……

4. 处分决定

简明、严肃,行之有效。如:

上述地区和单位违反有关规定的集资行为是错误的,经国务院同意,现通报批评,并作出如下处理:

一、由新疆维吾尔自治区人民政府立即制止新疆宏源信托投资股份有限公司向社会募集个人股的活动并对有关责任者给予严肃处理。在此事处理完毕之前暂不批准该自治区公开发行股票。

二、由山东省人民政府立即制止济南创建实业公司……

三、由福建人民政府责令福建中联产业投资综合开发有限公司立即……

四、由上海市人民政府责成……

五、由河北省人民政府……

六、对违反有关规定,盲目代理发行上述证券的金融机构给予通报批评,没收其代理收入,并责成其主管部门在今年 5 月 31 日之前上缴国库。

请各有关地方人民政府将上述问题的处理情况及时报国务院办公厅。

5. 善后办法

就问题的解决提出切实可行的办法。如:

为了维护正常的金融秩序,保持社会稳定,促进改革开放和国民经济既快又好的健康发展,各地区、各部门和各单位都必须严格按照国务院有关文件的规定执行。各地区、各部门都要对本地区、本部门集资和发行各种证券的情况进行一次检查,凡违反规定的,要比照上述办法进行处理;对情节严重的要加重处罚,同时登报公布。今后,对违反国家规定的集资活动,各新闻单位要发挥舆论监督作用,公开揭露其错误做法和违纪行为。

(三)传达性通报

这是一种传达重要精神或情况的通报。将全局性或某一方面的重要情况,或者上级领导机关和会议的重要精神予以通报,以引起下级机关或有关方面的注意和重视,及时采取必要措施,更好地开展工作。这种通报的正文内容,一般由两部分组成:

1. 通报事项的情况或者精神

要求讲清"精神"或者"情况",阐述有关道理(包括对事项的分析,如它的性质和重要性)。

2. 对下级机关或群众的要求、希望

该部分要不要或要多少,应视具体情况而定。

三、例文评析

【例文一】

关于表彰2010年度中国机械工业科学技术奖奖励项目的通报 各有关单位： 　　为了促进机械工业科技进步，调动机械工业科技人员的积极性，表彰在机械工业科技工作中做出突出贡献的单位和人员，经中国机械工业科学技术奖评审委员会评审和中国机械工业科学技术奖管理委员会批准，决定表彰2010年度中国机械工业科学技术奖奖励项目共382项，其中特等奖1项、一等奖30项、二等奖147项、三等奖204项，现将获奖名单予以公布。请各获奖单位继续做好获奖科技成果的推广工作，加速科技成果转化，为促进机械工业科技进步做出更大贡献。 　　另各获奖单位可根据国家和地方有关规定给予获奖人员相应奖励。 　　附：2010年度表彰通告及中国机械工业科学技术奖公报（略） 　　　　　　　　　　　　　　　　　　中国机械工程学会 　　　　　　　　　　　　　　　　　　××年×月×日	这是一则表彰性通报。 　　首先交代表彰的目的，然后通报所设的奖项，最后提出希望，鼓励获奖人员做出更大贡献。 　　该通报层次清楚、语言简洁。

【例文二】

国务院办公厅 关于江西省上栗县"3·11"特大爆炸事故情况的通报 各省、自治区、直辖市人民政府，国务院各部委、各直属机构： 　　今年3月11日，江西省萍乡市上栗县东源乡石岭花炮厂发生特大爆竹爆炸事故（以下简称"3·11"事故），死亡33人，其中在校中、小学生13人，未在校的未成年人2人；受伤12人。这是一起重大责任事故。为认真吸取事故教训，进一步加强安全生产工作，防止同类事故的发生，现将"3·11"事故情况通报如下： 　　（下略）	这是一则批评性通报。 　　首先简明扼要地通报特大爆炸事故情况，包括事故发生的时间、地点、造成的后果等，然后认真分析酿成事故的原因和事故的性质。 　　全文叙事简洁清楚，语言表述肯定、有权威性，是典型的批评性通报。

四、通报的写作要求

（一）通报的内容要有典型性

要放眼全局，揭示所通报事情的普遍意义，对那些鸡毛蒜皮的人、事、物，不要动不动就发通报，否则就失去了通报的价值。

(二)要注意材料准确

对有关事情的时间、地点、人物、事例、数据、背景等,要交代清楚;对其原因、影响、经验教训的揭示要客观、科学,使人们从中受到教益。

(三)表达方式以叙述为基干,以议论为主脑

通报中的议论分析要严谨精当、分寸适度。对被表彰的人、事,不要人为拔高;对被批评的人、事,不要"无限上纲"。有些情况通报,议论不宜太多。

(四)要注重时效性

抓准时机,发当其时,否则,捡陈芝麻和放马后炮,就失去通报的时效性和新鲜感,也就失去它的价值。

任务三　报　告

任务导入

××公司根据本单位党的群众路线教育实践活动实施方案,开展学习活动。上级督导组就本单位开展活动情况,提出存在的问题。××公司领导高度重视,召开了单位党的群众路线教育实践活动领导小组会议,进行专题研究讨论,明确整改任务,狠抓整改落实。文秘人员张晓丽根据会议要求,拟制《××公司关于党的群众路线教育实践活动存在问题整改情况的报告》。

知识准备

报告是下级机关主动或应上级要求,向上级机关汇报工作、反映情况、提出意见或建议、答复上级机关询问的陈述性公文。

一、报告的特点

报告的特点主要有:

(1)重陈述。报告的主要任务是如实向上级机关陈述工作情况、事实和意见,陈述应当是报告的主要内容。

(2)有主见。汇报工作不能只摆事实而没有汇报者的观点。汇报者在汇报中,应当对所报告的事实,提出自己的看法。汇报者的看法在报告中不占主要地位,但却是不可缺少的,它有助于上级了解下级和考虑问题。

报告是常用的上行文,适用于向上级机关汇报工作、反映情况、提出意见或者建议、答复上级机关的询问等。

报告在撰制方面存在事前行文、事中行文、事后行文几种不同情况。汇报工作多为事后行文(也有事中行文,而无事前行文);反映情况多为事后行文;提出意见或者建议多为事前行文;答复询问多为事后行文或事中行文。

二、报告的种类和写作

报告的种类很多。按内容分,有情况报告、答复报告、报送报告;按性质分,有综合报告、专题报告;按要求分,有呈报报告、呈转报告。这里着重介绍呈报报告和呈转报告。

(一)呈报报告

呈报报告是向上级机关直接汇报工作、反映情况的报告,不要求上级机关批转。呈报报告主要是汇报性报告,它是定期、不定期或单一地将本机关一个时期、一个阶段的工作进展情况、问题和经验教训以及今后所作的打算等,汇报给上级。政府工作报告、述职报告也是呈报报告。

(二)呈转报告

呈转报告是向上级机关呈送,建议批准并转发有关地区或有关部门执行或参照执行的报告。因此,其行文目的不仅仅是汇报,这类报告多半是报告者对与本部门职能有关的工作提出的意见和建议,而这些意见和建议的执行又需要其他平行机关或不相隶属机关配合。在这种情况下,只有请领导机关将报告批转或转发,才能达到目的。呈转报告常常是既汇报工作,又对今后工作提出意见或建议,而重点是对今后工作提出意见或建议。呈转报告的最后一定要向领导机关提出批转或转发的要求,所以常以"以上报告如无不妥,请批转(或转发)执行"一类的话作结语。

三、例文评析

【例文一】

中国计划生育协会关于加强计划生育协会工作的报告	

国务院:
  党的十三届五中全会进一步明确了治理整顿和深化改革,实现经济持续、稳定、协调发展的指导方针,并把计划生育列为一项重要内容。党的十三届四中全会以来,中央领导同志反复强调稳定经济和社会发展的极大重要性,多次指出必须切实做好计划生育工作。这一切都使我们受到莫大的启发和鼓舞。我国 11 亿人口,8 亿多在农村,农民的生育意愿同国家的生育政策之间,存在着矛盾。由于计划生育的基层工作薄弱,群众没有发动和组织起来,使计划生育政策、指标和措施难以落实。加之现在又正处于第三次生育高峰,形势严峻。(略)
	该文是一则呈报性报告。
	  引言部分陈述计划生育工作的严峻形势,并分析其形成原因。

中国计划生育协会建于80年代初,起初主要是开展国际民间合作。随着经济、政治体制改革不断深化,协会工作重点逐步转向国内。1987年进一步把协会建到村上,显示了新的活力。在党中央、国务院和地方各级党委、政府的领导关怀下,在国家计生委和各级计生委的指导帮助下,近两年来,协会工作出现蓬勃发展的新局面。全国会员总数,1985年底只有20万,1989年底已近2000万。会员带头实行计划生育,积极开展宣传、服务活动,涌现了一大批先进典型,积累了一些经验。现在协会已成为整个计划生育工作不可缺少的重要力量,发挥着越来越大的作用。 　　计划生育协会的主要任务是,提高群众实行计划生育的自觉性,协助政府严格控制人口增长,努力提高人口素质。(略) 　　计生协会的另一个重要任务是,反映和维护育龄群众的具体利益。(略) 　　为了充分发挥基层协会作为党和政府联系育龄群众的纽带和桥梁作用,一些地方初步探索和总结了基层协会进行民主监督的做法。(略) 　　实践表明,凡是基层协会搞得好的地方,不仅人口增长得到有效控制,而且干群关系融洽,从而能造就一个良好的人口环境,更好地为稳定社会、发展经济服务。 　　中国计生协会还根据外事为内事服务、为基层服务的原则,发展了一定规模的国际合作,增强了同国际计划生育民间组织的相互了解。(略) 　　面对当前人口和计划生育形势,计划生育协会团结和组织各方面热心于计划生育的人士和数千万育龄群众积极分子,在搞好计划生育的群众工作中,发挥着越来越显著的作用。许多地方的党政领导认识到,这是一项投入很少、社会效益很大的工作,自行统筹解决了地方计划生育协会的编制、经费等问题。但是,也有一些地方,虽然认识到计生协会的作用,可在让其为自己解决一些实际问题上,还犹豫不决。为了推动计生协会健康发展,更好地发挥作用,建议国务院肯定计生协会是一个全国性的、重要的群众组织,要求各地进一步加强领导,并根据实际情况,积极解决其发展过程中遇到的实际困难。 　　　　　　　　　　　　　　　　中国计划生育协会(章) 　　　　　　　　　　　　　　　　　　××年×月×日	回顾计划生育协会的发展历程以及在计划生育工作中所起的重要作用。 　　重申计划生育协会的工作职责,介绍有效的工作方法,总结工作经验。 　　最后在肯定成绩的基础上指出主客观方面尚存在的问题,并针对存在的不足提出可行性建议。

【例文二】

<div style="text-align:center">**中国人民银行关于严格禁止** **各单位模仿人民币样式印刷内部票券的报告**</div>国务院： 　　据吉林省人民银行报告：吉林省一些企业单位，模仿人民币样式印刷内部使用的票券，以致有的票券已经流入市场，对货币流通很不利。 　　我们认为，模仿人民币样式印刷内部票券的做法是违法的，应当坚决制止，拟请国务院责成吉林省人民委员会迅速派人对吉林市一些企业单位模仿人民币印发内部票券的情况进行检查，查清楚共印刷了多少？有多少流通到市场上去了？对于流入市场的票券要采取有效措施迅速收回。印发这种票券的企业单位，不仅应负经济上的责任，企业领导人还应进行深刻检讨。防止其他地方再发生这类问题，我们建议明确规定以下几条，通令全国执行。 　　一、一切企业、事业单位和机关、团体，印刷和使用内部核算的票券，必须经上级主管部门批准，并且一律不允许模仿人民币的样式，不许不注明用途混入市场；违者以扰乱金融处。 　　二、各企业、事业单位和机关、团体，应检查一下现在使用的内部票券，有没有模仿人民币样式和不注明用途的现象。如有这类票券，应当限期全额销毁，并向当地党政机关作出检查报告；违者视情节轻重论处。 　　三、所有的印刷厂，一律不允许承印模仿人民币样式的票券。已经承印的应立即停止，并报告当地的党政领导机关，把票版和成品全部销毁。以后如再承印这类票券，以扰乱金融论处。 　　以上报告，如无不当，请批转各省、自治区、直辖市执行。 <div style="text-align:right">中国人民银行 ××年×月×日</div>	该文是一则呈转性报告。 　　正文落笔入题，写明发文依据、目的，表明态度。 　　主体部分从三个方面阐述。 　　结尾写明请求批转执行。 　　行文简洁，格式规范。

四、报告的写作要求

（一）情况要确凿

所谓"情况确凿"，就是报告中所反映的问题、所汇报的情况，必须实事求是，尤其是典型事例与统计数字要十分精确，不能有"水分"和虚假浮夸的成分，不能欺瞒上级领导。因为报告是上级机关了解情况、制定政策、处理问题的依据。情况不确凿，就会造成工作失误甚至带来重大损失。

（二）重点要突出

各类报告的内容都要突出重点。专题性报告，一事一报，始终围绕一项工作、一个问题陈述，中心明确；综合性报告，反映的是全面工作情况，也要求主次分明、简繁适度、有点有面、重点突出，不能事无巨细、主次，盲目堆砌材料。

（三）报告要及时

报告的主要任务是供上级了解情况，所以向上级汇报工作、反映情况、提出意见、答复询问等，一定要及时。如果事过境迁再向上级报告，就不利于问题的解决，甚至会给工作造成损失。

（四）陈述要有序

撰写报告要讲究陈述的有序性，做到有条有理、层次井然、逻辑严密。

报告一般用陈述的方法来写，写作时一要据实直陈，直截了当，叙事简要，不讲空话套话，不用曲笔。二要先后有序，注意表达的条理性和逻辑性。

（五）不得夹带请示事项

《国家行政机关公文处理办法》第十九条明确规定："'报告'中不得夹带请示事项。"这是因为报告属于陈述性公文，不要求上级回复，以免报告与请示两种公文混同不分。

任务四　请示　批复

任务导入

××公司因工作需要，需保留必要的接待用车，领导开会研究，向上级部门请示。文秘人员张晓丽根据会议要求，拟制《××公司关于留置接待用车的请示》。

上级部门收悉《××公司关于留置接待用车的请示》，同意××公司留置接待用车，下发正式批复文件。

知识准备

请　示

请示是下级机关单位请求上级机关单位或业务主管机关单位对某项工作或某个问题给予指示、答复时使用的公文。它适用于向上级机关请求指示、批准。

一、请示与报告的异同

请示与报告在行文方向上虽都属于上行文,但它们是不同的文种,它们之间有着明显的区别:

(一)性质不同

报告是陈述性公文,它反映情况,汇报工作,向上级机关提出意见或建议,不要求批复;请示是请求性公文,它一定要求上级机关批复。

(二)行文时限不同

报告的行文时限较为灵活,事前、事中、事后都可行文;请示必须事前行文,不能"先斩后奏"。

(三)表述要求不同

报告陈述工作情况,提出意见或建议,涉及内容较为广泛,可以一文一事(专题报告),也可以一文数事(综合报告),而且篇幅较长;请示要求一文一事,行文也较短。报告中不能夹带请示事项;请示中可以陈述情况,只不过所陈述的情况,是作为请示事项的依据而存在的。

此外,报告一般不用发文字号,而请示一般都有发文字号。报告与请示的惯用尾语也不同。

总之,请示与报告是两类不同的文种,应该严格分开使用。比如以下几种情况,只能使用请示而不能用报告:

属于上级机关明确规定必须请示批准才能办理的情况;对现行方针政策、法律法规不甚了解,有待上级明确答复才能办理的情况;工作出现了新情况、新问题,而又无章可循,或者有了处理办法,但不知是否可行,有待上级明确答复才能办理的情况;因情况特殊,难以执行现行规定,有待上级重新澄清才能办理的情况;因本机关意见分歧,无法统一,难以开展工作,有待上级裁决的情况;事情重大,但心中无底,需要上级同意的情况等。

二、请示的种类

请示根据目的来分,主要有以下几种:

(一)请求指示的请示

这种请示主要是在工作中遇到重要的疑难问题,或新情况、新问题,需要请求上级机关作出指示或加以解释说明的;或对上级指示和有关政策领会不透彻、有疑问或有不同理解,需要请示上级机关进一步加以明确阐析、指导、裁决的请示。如《关于交通肇事是否给予被害者家属抚恤问题的请示》。

(二)请求审批的请示

这种请示是为了使某一事项的解决办法得到上级机关的审批认可,即因权限关系,对涉及经济、物资和人员编制等问题,下级机关自己不能做主,需要上级机关审批的请示。如《关于审批第三批国家历史文化名城和加强保护管理的请示》。这类请示内容的重点是说明办理这件事的必要性和可行性,目的是希望上级同意办理或协助办理这件事。

三、请示的格式与写作

请示的标题一般用"事由+文种"的形式,不能只写"请示"二字。

请示的正文多半按请示理由、请示事项、结束语的顺序写。请示理由应自成段落。请示事项如果内容较多,应分项列出,正文前两段陈述理由,后面讲要做的工作。结束语根据请示内容的不同而有不同的习惯写法,常用的有"可否,请批示""当否,请指示""请审批""以上请示如无不当,请批转有关单位贯彻执行"等。

四、例文评析

【例文一】

关于《会计人员职权条例》中
总会计师既是行政职务又是技术职称的请示
 	
财政部:
  国务院××年国发〔××××〕××号通知颁发的《会计人员职权条例》规定,会计人员技术职称分为总会计师、会计师、助理会计师、会计员四种;其中"总会计师"既是行政职务,又作为技术职称。在执行中,工厂总会计师按《条例》规定,负责全厂的财务会计事宜;可是每个工厂,尤其是大工厂,授予总会计师职称的人有四五人,究竟由哪一位负责全厂的财务会计事宜,执行总会计师的职责与权限呢?我们认为宜将行政职务与技术职称分开。总会计师为行政职务,不再作为技术职称,比照最近国务院颁发的《工程技术干部技术职称暂行规定》将《条例》第五章规定的会计人员职称的"总会计师"改为"高级会计师"。
  以上意见是否妥当,请指示。
 	
            ××省财政厅(盖章)
              ××年×月×日
	这是一则请求指示性的请示。
	
	  这则请示是遇到具体工作且自己又无权决定而请求指示的。先阐明缘由和问题,再拿出处理意见,请求批复。
	
	  语气谦虚、委婉,态度诚恳。

【例文二】

关于审批第三批国家历史文化名城和加强保护管理的请示

国务院：

  1982年和1986年，国务院先后批准了两批共62个城市为国家历史文化名城，这对促进文物古迹的保护抢救，制止"建设性破坏"，保护城市传统风貌等起了重要作用。

  我国地域辽阔，历史悠久，除已批准的国家历史文化名城外，还有一些城市文物古迹十分丰富，具有重要的历史文化价值及革命纪念意义。为进一步保护好这些城市的历史文化遗产，我们从1991年起即请各省、自治区、直辖市人民政府在认真调查研究的基础上，慎重提出第三批国家历史文化名城推荐名单。对各地区提出的推荐名单，经有关城市规划、建筑、文物、考古、地理等专家，按照《国务院批转建设部、文化部关于请公布第二批国家历史文化名城名单报告的通知》（国发〔1986〕104号）文件关于审定国家历史文化名城的原则，进行反复酝酿，讨论审议，提出37个城市，建议作为第三批国家历史文化名城（名单附后），报请国务院审核批准并予以发布。

  为了加强历史文化名城的保护管理，要认真做好以下工作：

  一、提高对保护历史文化名城重要性的认识。（略）

  二、认真贯彻"保护为主、抢救第一"的方针。切实做好历史文化名城的保护、建设工作。（略）

  三、抓紧制定历史文化名城的保护管理办法，使保护工作走上规范化、法制化的轨道。（略）

  保护历史文化名城需要一定的资金，各有关地方人民政府和城市规划、文物保护等有关部门应给予积极支持。各地要根据实际情况，制定有关政策，动员社会力量，促进历史文化名城的保护工作。

  以上请示如无不妥，请批转各地区、各部门研究执行。

  附件：一、第三批国家历史文化名城名单
     二、第三批国家历史文化名城简介

建设部（章）
国家文物局（章）
××年×月×日

旁注：
- 这是一则请求审批性请示。
- 说明批准国家历史文化名城工作的作用、意义。
- 陈述报请批准第三批国家历史文化名城的缘由，说明遴选之严格、工作之谨慎，使请示理由更加充分。
- 明确加强历史文化名城保护管理工作的具体任务。
- 对相关部门的工作提出要求。
- 希望上级协助办理。

五、请示的写作要求

（一）注意请示的必要性

所请示的问题，必须是工作中急需解决的重要问题，不要把一般化问题或矛盾上交。

理由必须充足,提要求而不说理由,属于无理要求,将得不到上级机关的认可。

(二)坚持一文一事

撰写请示,一定要做到一文一事,避免一文数事或在报告中夹带请示事项,以免需要批复的事项因涉及多个机关分别辗转办理而延时误事。

(三)拟准主送机关

请示要根据隶属关系主送一个直属上级机关,不要多头请示。多头请示容易出现因职责不明而相互推诿,无法及时批复;或因几个上级机关的批复意见不一,造成请示单位无所适从。受双重领导的机关向上级请示,应当写明主送机关和抄送机关,由主送机关负责批复。还要注意党政分开,属于行政部门的事,不必向党委请示。

(四)要逐级请示

请示一般不得越级行文,如遇非常特殊的情况,需要越级行文时,应将请示同时抄送给越过的上级机关。但不论什么内容的请示,都不得抄送给下级机关。

(五)语言要得体

请示的语言要得体。因为是请求上级办事,所以语气要谦虚、委婉,但又要实事求是。可以尽量用一些商量口吻的词语,如:"拟""建议""是否"等,不可用要挟性的语言。

批　复

批复是上级机关单位针对下级机关单位请示所作的明确答复。它适用于答复下级机关的请示事项。

一、批复的特点

批复是指示性公文,不可与知照性公文中的复函混为一谈。一些业务主管部门对另一部门来函请求批准,业务主管部门应以复函行文,不宜以批复行文。

二、批复的种类和写作

根据请示的不同内容,批复可以分为相应的种类:

(一)对请求指示事项的批复

这类批复,是针对下级机关提出的难以解决的政策界限问题或没有明文规定的实际疑难问题,作出具体的解释或答复,表明意见和态度。如《公安部关于消防监督机构是否具有行政诉讼主体资格及有关问题的批复》等。

(二)对请求批准事项的批复

这类批复,主要针对下级机关请求批准的事项,进行认可和审批,带有表态性和手续性。如《国务院关于成立中国光大银行的批复》《××市公安局关于绵阳路禁行4吨以上汽车的批复》等。

批复与请示是正式行政公文中唯一一对对应的文种,它的内容包括两个方面:一是告知情况,如"你局××年×月×日的请示悉"。二是表明态度,即对来文提出的要求明确表示同意还是不同意。行文中往往对请示的问题作出指示,指明必须注意的事项。不同意的,要说明理由。如果涉及问题较多,还应分项来写。

三、例文评析

【例文一】

财政部、国家税务总局关于个人所得税有关问题的批复 财税〔××××〕94号 江苏省财政厅、地方税务局: 　　你局《关于个人所得税有关问题的请示》(苏地税发〔××××〕52号)收悉。经研究,批复如下: 　　一、关于单位为个人办理补充养老保险退保后个人所得税及企业所得税的处理问题。单位为职工个人购买商业性补充养老保险等,在办理投保手续时应作为个人所得税的"工资、薪金所得"项目,按税法规定缴纳个人所得税;因各种原因退保,个人未取得实际收入的,已缴纳的个人所得税应予以退回。 　　二、关于个人提供担保取得收入征收个人所得税问题。个人为单位或他人提供担保获得报酬,应按照个人所得税法规定的"其他所得"项目缴纳个人所得税,税款由支付所得的单位或个人代扣代缴。 　　　　　　　　　　　　　　　　财政部 　　　　　　　　　　　　　　国家税务总局 　　　　　　　　　　　　　　××年×月×日	该文是一则对请求指示事项所作的批复。 采用程式化的语言,规范、得体。 针对具体情况,分类解答,表明态度,体现了公文机关审慎的态度和严谨的工作作风。

【例文二】

××市公安局 **关于绵阳路禁行4吨以上汽车的批复** 金沙区交通分队: 　　你队4月1日《关于绵阳路禁行4吨以上汽车的请示》(金交〔××××〕15号)收悉。经与有关部门研究,同意绵阳路禁止行驶4吨以上汽车(包括卡车、客车),由××年5月1日零时起实施。请做好设置标记等事宜,并注意交通疏导。实行后的情况望及时了解并报告。此复。 　　　　　　　　　　　　　　　　(公章) 　　　　　　　　　　　　　　××年×月×日	该文是一则对请求批准事项所作的批复。 大量采用惯用语,文风庄重严谨。由于所涉事件不复杂,且是持"同意"态度,所以不说原因。最后提出执行要求。文章短小精悍,实用性强。

四、批复的写作要求

（一）坚持一请示一批复的原则

批复要针对请示来文，有的放矢，一请示一批复。

（二）要正确无失

批复时，要先做好调查研究，掌握有关的政策精神，核实请示缘由的真实性，做到批复有根有据，合情合理，不犯主观主义、长官意志的毛病。

（三）要及时迅速

接到请示后，上级机关要及时研究，作出批复。如若拖延时间，就会贻误工作，甚至造成重大损失。

（四）态度要明确，行文要简洁

批复是要下级遵照办理的，所以要明确表态，不能含糊其辞、模棱两可，更不可所答非所问。措辞要准确、周密、简洁，语气要果断，杜绝空话、废话。

任务五　函

任务导入

××公司需要举行消防演习，提高本单位工作人员的防火防灾意识。为了使此次消防演习达到实际效果，公司领导研究决定，邀请本市武警消防支队的专业消防人员参与指导本次演习。文秘人员张晓丽根据领导要求，拟制邀请函，经领导签发后，向本市武警消防支队发出邀请。

知识准备

函是往来于机关单位之间联系公务时使用的文书。

一、函的特点

函主要用于同级机关单位或不相隶属机关单位之间联系商洽工作、向有关部门请求批准某些事务的一种文件，函以陈述情况、告知询问为主，不具有领导或指导的性质，但有凭证作用。

二、函的分类和写作

函按照不同的角度可分为不同的种类。按照应用范围分，有商洽函、答询函、请批函、告知函;按内容的轻重分,有公函与便函;按行文方向分,有发函、复函。这里着重介绍发函和复函。

(一)发函

发函也称"去函""问函",是本机关主动向对方去的函。

(二)复函

复函也叫"回函",是指回复询问或批准事项等的函。复函既回复对方的询问,也回复对方来函所商洽的事项,还回复对方请批函中所提出的请求。复函与批复不同,批复是下行文,是对下级机关的请示表示准驳;复函是平行文,只是对平级机关或者不相隶属机关的来函作出回复。

在平行文中,函是重要的文种。凡是不相隶属机关之间商洽工作、答询问题和请批事项等,均应用函。不相隶属机关之间周知有关事项,要用函而不用"通知"。请批事项要用函而不用"请示"。

函的正文,一般由缘由、事项、结语三部分组成。缘由是交代为什么要写函;事项是说明商洽、询问、答复、请求、知照的具体内容;结语是表达发函者的愿望,如"请研究后函复""请同意""请批准""特此函告""此复",等等。这样,受函单位便于处理,有助于提高工作效率。同时,要把商洽、询问、请求的事项写明确,切忌模糊、笼统,以免误解或往来查询,延时误事。

三、例文评析

【例文一】

××省民政厅关于建立××民福贸易公司的函	该文是一则请批函。
××省计划经济委员会:	开头说明缘由。
为促进我省民政工业发展,拓宽福利生产市场,积极发展外向型经济,经研究,决定建立××民福贸易公司。	
该公司为集体所有制,实行独立核算,自负盈亏。	介绍拟请批准公司的性质、经营范围、经营方式。这部分内容介绍具体详尽,以便办理机关及时全面了解情况。
经营范围:主营民政福利企业产品及出口创汇产品的外贸经营。兼营各类生产资料、经济技术咨询、产品开发有偿服务及其他民用商品。	
经营方式:零售、批发、代购、代销及调拨。	
当否,请批复。	最后明确提出要求。
××省民政厅(章) ××年×月×日	

【例文二】

国务院办公厅关于增设出口加工区的复函 国函办〔××××〕19号 海关总署： 　　你署《关于增设出口加工区的请示》（署加发〔××××〕××号）收悉。经国务院批准，现函复如下。 　　一、同意增设以下出口加工区：上海青浦出口加工区、漕河泾出口加工区、闵行出口加工区、江苏南京出口加工区、镇江出口加工区、连云港出口加工区、苏州高新区出口加工区、山东济南出口加工区、青岛出口加工区、辽宁沈阳出口加工区、浙江嘉兴出口加工区、广西北海出口加工区和新疆乌鲁木齐出口加工区。 　　二、上述出口加工区的建设，要严格按照《国务院办公厅关于进行设立出口加工区试点的复函》（国函办〔2000〕37号）的有关规定执行。请你署通知有关地方人民政府认真做好筹建工作，待条件具备后，由你署会同有关部门验收。 　　三、你署要会同有关部门，对已设立出口加工区的发展状况进行评估，及时总结经验，促进出口加工区健康有序的发展，并切实认真做好出口加工区的监管、服务等工作，规范加工贸易管理，不断提高工作水平。 　　　　　　　　　　　　　　　　　国务院办公厅 　　　　　　　　　　　　　　　　　××年×月×日 （选自《中华人民共和国国务院公报》）	该文是一则请批函的复函。 　　函复内容明确了增设的各加工区，并作出具体的批示。严谨、简明，叙事清楚，表述明确，措辞得体。

四、函的写作要求

（一）一函一事，内容要单一明确

为了工作方便，一封函以谈一件事为宜，内容要集中，直陈其事。

（二）态度要诚恳，用语要得体

发函一般要求对方关照、支持，因此，写作时态度要诚恳，语气要平和，讲究平等协商、文明礼貌，不露虚套和媚态，也不要居高临下、盛气凌人。复函用语要明快，以诚待人，不要显得冷漠和生硬。总之，用语要得体，恰到好处。

任务六　会议纪要

任务导入

为总结上半年工作，更好地开展下一阶段工作，××公司召开例行办公会议，听取各部门工作汇报，研究部署下半年工作任务。文秘人员张晓丽根据会议精神，拟制《××公司办公会议纪要》，经领导签发后，发给各科室学习、指导工作。

知识准备

纪要适用于记载会议主要情况和议定事项，是会议组织、领导机关和主持机关用以记载会议进程、决议事项和主要精神，并传达给有关单位的正式行政公文。它的作用是使与会者了解和掌握会议主要精神，使它成为与会机关共同遵守的行动准则，也使上下级机关了解会议的基本情况和精神，有利于工作的开展。

一、纪要与会议记录的区别

纪要是在会议记录的基础上，对会议内容的要点加以整理后写成的，但它与会议记录有所区别。这种区别是：第一，会议记录是对会议原始的、详尽的记录，是撰写纪要的基础；纪要是对会议记录的整理、择要，是会议记录内容的集中和提高。第二，会议记录是存档备用的内部材料，一般正式会议都要有；纪要是外发的公文。第三，会议记录不具有运行性，无周知性；纪要则具有下行为主的多向运行性和周知性。第四，会议记录是顺时结构；纪要则以整理过的总分式结构为基本框架。

二、纪要的分类和写作

（一）纪要的分类

1. 纪要按形式，一般分为工作纪要、座谈纪要

（1）工作纪要，是会议讨论有关工作，作出决定或决议后而形成的纪要。

工作纪要按会议性质，又可分为专题工作纪要、例行工作纪要。

专题工作纪要，是专门研究、解决某一项或某一方面工作、内容比较集中、议程比较单一的工作纪要，一般只把会议概况、会议宗旨、讨论和决议事项加以概括和说明即可，如《××市计划生育工作纪要》《××省统战工作纪要》等。

例行工作纪要，是内容较复杂、议程较多的工作纪要。例如，各级机关、企事业单位领导同志的办公会议、例会，讨论日常行政事务工作，议题较多。有些跨地区、跨行业的联席会议，协调各方面工作，解决彼此相关的具体问题，形成纪要时，就要把作出的决定和决议，按讨论顺序或重要程度，逐项或分若干部分进行概述。

（2）座谈纪要，是召开座谈会之后而形成的纪要。座谈会常常是专门研究解决思想、理论、科技、教育等某一重要问题而召开的，带有较强的专题性、专门性，如《文艺座谈会纪要》《教书育人座谈会纪要》《××省工商局长座谈会纪要》等。这类纪要，侧重于讲话、发言的内容记述和传达。可以按发言的先后顺序，把各人的发言要点整理出来；也可以按发言内容归类，前面设置小标题加以统领。除标明发言人的姓名、身份或职务外，还要对会议的结论作一定阐述，具有说理性。

2. 纪要按内容性质，可以分为决定性纪要和研讨性纪要

（1）决定性纪要，是会议经过讨论达成共识，提出对某项工作的部署意见，要求与会单位共同遵守、贯彻执行,带有较强的权威性、政策性和指示性的纪要。如《全国农村工作纪要》《全国统战工作纪要》等。

(2)研讨性纪要,侧重于汇集情况、交流经验,带有研究、探索的性质。学术性会议用得最多。它不像决定性纪要要求贯彻执行。如《中国大陆、台湾、香港、澳门应用文体制研讨会纪要》。

(二)纪要的写作

纪要的正文,包括会议的基本情况、会议的主要精神、结尾三部分。

1. 会议的基本情况

在开头部分书写,用简要的文字介绍会议召开的目的、指导思想、时间、地点,会议名称、主持单位、与会代表、主要议程、讨论的主要问题及会议的效果、意义等。

2. 会议的主要精神

这部分是纪要的主体,要写会议研究的问题、讨论的意见、作出的决定、提出的任务、确定的措施等,这是与会单位会后贯彻的依据。常见的一般有三种写法:

第一种是归纳法,即将会议讨论、研究的内容归纳出几个问题来写。有的会议规模比较大,讨论的问题比较多,涉及的方面比较广,这就要对许多意见进行分类整理归纳,并列出小标题或标上序号。

第二种是概述法,即将会议的发言内容、讨论的情况综合到一起,概括地叙述出来,以反映会议的精神。一些小型会议的纪要,多采用这种写法。

第三种是发言记录式的写法,就是按照会上发言的顺序,把每个人发言中的主要意见记下来。一些座谈会的纪要,多采用这种写法。

用归纳法与概述法写的时候,常用"会议讨论了""与会者认为""会议认为""会议强调""会议指出"等语言来叙述,把会议的主要精神阐述出来。

3. 结尾

结尾一般提出号召,要求贯彻会议精神,完成会议提出的工作任务。有的纪要也可以不要结尾。

日期可写在正文之后,也可以写在标题之下。纪要可以不加盖印章。

三、例文评析

【例文一】

××大学第八次校长办公会纪要	这是一份工作纪要。该文采用概述法:
××年6月27日下午,××校长主持了第八次校长办公会,党委书记××列席会议。会议的主要议题是: 一、研究我校推荐××市高校系统"教学楷模"事宜,会议决定责成副校长×××与有关部门研究提出名单,经征求校长、书记意见后确定。	首先简要介绍会议的时间、名称、主持人和列席人。

二、关于校园文明建设工作。为了完成校园文明建设第三阶段的任务,会议决定,近日召开校园文明建设工作现场会,并决定暑假后提前一周开学,教职工推迟五天放假,学校将集中时间和力量,狠抓校园文明建设有关工作的落实。 出席会议的有副校长×××、×××、×××、××。副校长×××因公缺席。列席会议的还有党委副书记×××、校办主任×××、教务长××及有关部门责任人。 <div style="text-align:right">××大学(章) ××年×月×日</div>	然后介绍会议的主要议题,阐述会议的精神。 最后附带介绍其他出席、列席人员。 该文概括性强,材料安排主次分明。

【例文二】

2009年全国学校心理健康教育学术研讨会纪要 为了更好地促进全国学校心理健康教育的实施,加强全国学校心理健康教育同仁之间的学术交流,由中国青少年心理健康教育专业委员会主办、杭州市教育学会学校德育专业委员会、杭州市教育科学研究所承办的2009年度全国学校心理健康教育学术研讨会于2009年7月13—16日在浙江省杭州市举行。 参会代表共计205人:分别来自北京、成都、深圳、上海、杭州、安徽、宁夏、广州、湖州、南京等地区。共收到个案报道25篇、课例教案60篇、论文34篇。大会举办的全国青春期心理健康教育优质课评比,共评出一等奖30名,二等奖37名。会议通过课堂教学优质课例说课、精彩片段展示,在有限的时间里充分展现了我国目前中小学心理健康教育课堂的风采,体现了我国青少年心理健康教育是人生的教育、是爱的教育的理念,发现了一大批既有热情又有相当水平的心理健康教育教师。 会议给广大教师提供了更多发表自己见解的机会,老师们非常踊跃。此外中国性学会青少年心理健康教育专委会专家组对心理健康教育的老师进行业务培训16小时(专题讲座10小时、互动研讨6小时),使得参会者不仅有展示自己的机会,也得到了专家的指导,使自身得到进一步提高。 本次大会本着积极务实的精神,充分调动了我国学校心理健康教育工作者的积极性,着力培训了他们的业务能力,大大拓展了他们的视野和思路,与会者收获很多,纷纷表示要信心十足地投入新的工作中。中国性学会青少年心理健康教育专业委员会2009年全国学校心理健康教育学术研讨会为我国的学校青少年心理健康教育事业续写了美好的篇章,会议在热情高涨和充满期待的氛围中圆满结束。 (下略)	该文属于研讨性纪要。 开头介绍了召开本次研讨会的目的及研讨会的召开时间。 中间介绍了本次学术研讨会的参加人员及会议的主要内容。 最后说明本次研讨会的意义深远。

【例文三】

高校党校工作规则研讨会纪要

《全国普通高等学校党校工作规则(试行)》的小型研讨工作会议,于4月20—23日在上海师范大学召开。来自全国高校党校联络组18个单位的20多位同志出席研讨会。出席会议的领导同志有:上海市科教党委副书记李铭俊同志、全国高校党校工作研究联络组组长单位中国农业大学党委常务副书记李晶宜同志、上海市科教党校常务副校长杨元华同志、上海师范大学党委副书记阮兴树同志。

这次研讨会的目的,是依照第十次全国高校党校工作研讨会和第六届领导小组会议的精神,在去冬今春开展高校党校工作调研的基础上,由秘书处牵头拿出了一个尚不成熟的《全国普通高等学校党校工作规则(试行)》稿子,以期会上进一步讨论、修改和完善;同时还动员和号召各地区今年召开的片会,要把研讨《工作规则》列入重要的议事日程,更广泛地收集意见。争取下半年召开领导小组会议前,能有一个经过广泛讨论、反复修改后相对来说比较满意的稿子,作为会议的主要文件,再经领导小组会议认真讨论,进一步完善,力争在推动高校党校工作的科学化、制度化、规范化方面有所进步。

会议的开幕式由上海市科教党校常务副校长杨元华同志主持,上海市科教党委副书记李铭俊同志和上海师范大学党委副书记阮兴树同志发表了热情洋溢的讲话,欢迎大家来上海研讨交流。之后,全国高校党校工作研究联络组组长单位中国农业大学党委常务副书记李晶宜同志就会议的设想和预期目标、第十次全国大会后秘书处工作情况以及会议的具体召开作了阐述。随后,由中国农业大学党委组织部长孟超英同志主持会议研讨,首先请上海市科教党校党建研究室主任王蔚莲同志作重要发言,她介绍了上海市高度重视党校工作,围绕贯彻执行本地区制定的《高等学校党校工作条例》所做的一系列工作,特别是从抓思想落实、组织落实和办学条件落实等方面详细介绍了上海市科教党校对高校党校工作的具体指导;又从把握几项原则,介绍了落实大规模培训干部覆盖面的具体做法;还从更新内容、培训形式、教学方法和手段等多个侧面介绍了提高党校办学质量的经验,给与会代表留下了深刻印象。研讨会上,大家结合各校和本地区的实际,对《全国普通高等学校党校工作规则(试行)》的初稿,从名称、整体思路、框架与结构、具体内容以及文字等各个方面全面展开了热烈讨论;并对下一步工作的开展,提出了许多新的建设性意见和建议。

会议充分肯定了联络组秘书处抓住制定《全国普通高等学校党校工作规则(试行)》这项工作的重要意义和必要性,并且认为要利用中央每年召开一次全国高校党建工作会议的有利时机,既做好自下而上的群众发动与研讨工作,又要争取自上而下的有领导的组织研究,以逐步形成科学化、制度化、规范化的管理规章制度。

会议认为要完成这一重大使命,各高校党校同志必须进一步认真学习和领会上级有关文件和指示精神,用中央文件的精神来统一我们的思想。要进一步解放思想,实事求是,结合新的形势,既要继承好传统,又要注重创新和发展,制定出一个反映当前形势发展要求、切合实际的工作规则。

会议开得紧凑、高效,且富有成效。李晶宜同志在会议总结讲话中谈道:要用只争朝夕的精神,迅速把这项工作抓紧抓好,并对下一步工作,提出了具体建议和安排:

该文属于研讨性纪要。

开头概括介绍会议召开的时间、地点以及出席会议的重要领导。

主体部分简要、有序地介绍了与会专家的讲话或报告的精神,并对下一步工作提出建议和安排。

一是各地区的工作。（略） 二是联络组秘书处的工作。（略） 　　会议期间还参观考察了上海交通大学和华东师范大学在闵行的新校区、东海大桥等,上海市近几年来的飞速发展给代表们留下了极为深刻的印象。全体与会代表对上海市科教党委、上海市科教党校及上海师范大学为会议的召开精心策划和悉心周到的安排表示衷心感谢! 　　　　　　　　　　全国高校党校工作研究联络组秘书处 　　　　　　　　　　　　　　　　××年×月×日	最后,表达了全体与会代表对会议承办单位的感谢。

四、纪要的写作要求

（一）看记录

起草纪要,除起草者是会议参加者,最好是会议记录者或主管人之外,还必须认真收集会议的有关文件和材料,细致地阅读会议记录,把握会议的议题、议决事项、重要讲话、典型发言等。这一方面是为了保证纪要反映会议情况的真实性,另一方面也是为纪要写作确立主旨和选择材料。

（二）抓要点

所谓"纪要","纪"是综合、整理,"要"是要点,即记其要点。纪要源于会议的材料,综合、整理出会议的主要精神与问题,但又不能照搬会议文件和会议记录,而要精择文件和记录的要点来写,突出重点,切忌巨细不分,甚至以次要内容冲淡会议的主要内容。

（三）讲条理

纪要对会议讨论的问题、议程、发言内容、决定等,分层次、分类别、分顺序地加以归纳,这样不仅能使纪要笔墨经济,而且能给人以内容明确、条理清晰之感。为了使纪要有条理,一般用"会议听取了""会议指出""会议强调""会议决定""会议认为"等作为每一自然段的起首语。不同的纪要有不同的写法,但条理清晰、语言简洁,则是共同的要求。

能力巩固

一、知识训练

（一）填空题

1. 根据公文的行文方向,公文可分为_____、_____、_____三类。
2. 通报按内容性质分,可以分为_____、_____、_____三种。
3. 通知是_____,是要求下级机关办理、执行或服从的文种,讲究_____。
4. 批示性通知包括_____、_____两种形式。
5. 报告在撰制方面存在着_____、_____、_____三种不同情况。

6. 请示是_____请求_____或_____对某项工作或某个问题给予指示、答复时使用的公文。

7. _____与_____是正式行政公文中唯一一对对应的文种。

8. 函主要用于_____或_____之间联系、商洽工作,向有关部门请求批准某些事务的一种文件。

9. 纪要的正文,包括_____、_____、_____三部分。

(二)选择题

1. 不相隶属的机关之间联系工作,应当用(　　)
   A. 通报　　　　　B. 通知　　　　　C. 函　　　　　D. 意见

2. 下列"请示"的结束语中得体的是(　　)
   A. 以上事项,请尽快批准
   B. 以上所请,如有不同意,请来函商量
   C. 所请事关重大,不可延误,务必于本月10日前答复
   D. 以上所请,妥否？请批复

3. 答复上级机关的询问,使用(　　)
   A. 通报　　　　　B. 请示　　　　　C. 报告　　　　　D. 通知

4. 根据事由:"××公司发行重点钢铁企业债券",应使用的文种是(　　)
   A. 通报　　　　　B. 通知　　　　　C. 通告　　　　　D. 决定

5. 《××广播局关于向××县土地局申请划拨建设电视转播台用地的请示》,该标题主要的错误是(　　)
   A. 违反报告不得夹带请示的规定　　B. 违反应协商同意后再发文的规定
   C. 错误使用文种,应使用函　　　　D. 错误使用文种,应使用报告

6. 向上级汇报工作、反映情况,应使用的公文时(　　)
   A. 通报　　　　　B. 报告　　　　　C. 请示　　　　　D. 函

7. 应用文写作源远流长,诸葛亮《出师表》就是一篇流传千古的(　　)
   A. 请示　　　　　B. 报告　　　　　C. 意见　　　　　D. 通报

8. 关于印发《××市国家税务局局长办公会纪要》的通知,其作者是(　　)
   A. ××市国家税务局　B. 局长　　C. 局长秘书　　D. 会议记录者

9. 下列文种中,既可以上报,又可以下发,还可以平级送达的文体是(　　)
   A. 请示　　　　　B. 意见　　　　　C. 通知　　　　　D. 函

10. 报告是一种(　　)
    A. 传达性公文　　B. 指令性公文　　C. 知照性公文　　D. 陈述性公文

(三)判断题

1. ××市教育局关于召开××同志任职的通知。　　　　　　　　(　　)

2. 级别低的机关可以和级别高的机关联合行文。　　　　　　　　(　　)

3. 任免通知均需写明经何组织研究决定、任免谁及任免职务、任期和待遇,这样才便于执行。　　　　　　　　　　　　　　　　　　　　　　　　(　　)

4. 关于转发计生委两个《通知》的通知。　　　　　　　　　　（　）
5. 通知可以"特此通知"结尾,也可以发出号召、抒发感情。　　（　）
6. 表彰性通报既要写明被表彰者的先进事迹,还要简介其一般表现。（　）
7. 关于请示上级机关批准和指示后才能实行的公务,都可用"请示"行文。（　）
8. 通知的成文时间也可写在标题下面。　　　　　　　　　　　（　）
9. "请示"的主送机关应是"批复"的发文机关。　　　　　　　（　）

(四)简答题

1. 公文的性质和特点是什么？
2. 通知有哪些种类？
3. 通报(表彰、批评)的写作步骤分别是什么？
4. 简要概述公文的种类和格式。
5. 简述函的写作要求。

二、实践训练

(一)修改题

评析下面的公文有何错误,并修改。

××学院关于要求修建宿舍的报告

省教育厅：

　　由于近日我市连降暴雨,山洪暴发,造成我校多处房屋严重倒塌、损坏,影响了正常的教学工作。为了尽快修复被毁坏的房舍,恢复正常工作,特请拨维修款20万元。

　　此外,我校今年新招聘教师20名,亟待解决宿舍问题,计划新盖宿舍10间,故另请拨基建资金若干万元,以解决新进教师的住宿问题。

　　特此报告,请批复。

××学院(公章)
××年×月×日

(二)文体写作训练

1. 根据下面材料,拟写一份通报。

　　某大学艺术学院2008级学生李某,入学以后学习态度很不端正,经常旷课上网,并经常在校内外打架斗殴。今年5月9日,他在学校食堂因为插队买饭,和2009级计算机系学生张某发生冲突,从而大打出手,致使张某鼻梁骨折、颅内出血。学校决定给李某勒令退学处分。

2. 根据下面材料,拟写一份会议通知。

　　全国市场营销协会决定于2013年7月10日至16日在广西壮族自治区南宁市召开一年一度的营销协会年会。于6月28日发出会议通知。会议的内容是研究和探讨当前营销学的有关学术问题和热点问题,全国市场营销协会的会员均可参加。会期为7天,7月10日报到,报到和开会地点是：南宁军区空军招待所。要求：每位与会者于会前半个月递交相关学术论文一篇。会务费自理。

项目三 事务文书

知识目标
1. 了解事务文书的作用及其种类。
2. 把握计划、总结、策划书、述职报告、简报、会议记录、启事和声明的内容结构、写作要求。

能力目标 培养事务文书的写作能力。

素质目标 通过事务文书写作的学习,形成处理日常事务的分析判断与应变能力。

角色设定

安徽长江商贸有限公司是一家以分销、物流为主的大型多元化集团公司,经营范围涉及饮料、食品、日用百货、电器、服装、皮具、物业管理、实业投资等多个领域,是华东地区乃至全国分销物流行业的领军企业之一。张晓丽是公司总经理办公室秘书,事务文书的处理是她日常工作的重要组成部分。

计划、总结等事务文书是各级各类单位、组织经常使用的文书,也是所有职业人都应该学会写作的常用文书。

任务一 计 划

任务导入

为了更好地开展新一年的各项工作,公司领导层在充分调研的基础上召开了专题会议,讨论公司新一年工作计划。会议结束后,秘书张晓丽奉命根据会议精神整理出公司新一年的工作计划,发给各部门指导工作。

知识准备

一、计划概述

计划是党政机关、社会团体、企事业单位和个人,为了实现某个目标、完成某项任务而事前作的安排和打算。

计划是开展实践活动广泛运用的科学方法。古人云"凡事预则立,不预则废"。无论什么单位或部门,办什么事情,事先都应明确目的和意义。有了计划,才能够胸中有全局,行动有目标,工作有程序,才能够预见困难,及早防范,避免失误。

计划,是个统称,常见的有打算、安排、要点、方案、设想、规划等,都属于计划的范畴。

计划按不同标准可分为不同种类:

按性质分,有综合性计划和专题性计划。

按内容分,有工作计划、生产计划、学习计划、科研计划和军事计划等。

按时间分,有长期计划、短期计划、年度计划、季度计划和月计划等。

按范围分,有国家计划、单位计划、部门计划和个人计划等。

按表达形式分,有条文式计划、表格式计划和文表结合式计划等。

二、计划的基本写法

(一)表格式计划

制作表格式计划时,先要把各项内容划分成几个栏目,再把制定好的各项具体计划内容填上,形成表格。这种方式适用于时间短、范围小、内容单一的具体安排,如"期末考试日程安排"等。

(二)文表结合式计划

即表格和条文相结合的计划。

(三)条文式计划

即采用分条列项的方法写出的计划。这类计划一般由标题、正文、落款组成。

1. 标题

一般由四个要素组成:单位名称、时限、内容和计划种类,如《安徽省人民政府2006年工作要点》。

> **温馨提示**
>
> 有时候,标题也可省略其中的某些要素,或省略时限、或省略单位、或省略单位和时限,如《××公司接待方案》《2000—2005年城市规划》《毕业生分配工作的计划》《计划》等。若计划是还不成熟或未经批准的,则在标题后加"草案""讨论稿"等字样,并加上圆括号。

2. 前言

前言简要概括基本情况,并指出制定计划的依据及目的,其内容或是有关政策、或是上级指示、或是会议精神、或是当前形势、或是部门实际等,然后提出总的任务要求、奋斗目标。前言和主体之间常用"特拟定××计划如下""对××工作作如下安排"等过渡。

3. 主体

主体写明目标和任务,是计划的核心内容,这里要提出工作任务以及要达到的数量和质量指标,同时,要提出完成目标和任务的措施、要求。根据目标、任务及措施、要求情况的不同,可以采用以目标、任务为中心的写作结构,也可以采用目标任务、措施分说式结构。

4. 结尾

有的计划以表决心或发号召结束全文,也有的没有结尾。

5. 落款

在正文右下方署上制定计划的单位名称,如标题中已有单位名称,这里可省略,在署名的下行写上日期。

三、例文评析

×××出版社××年 财务收支计划	标题:由单位名称、计划时限、内容和文种四项构成,属全称标题。

××年,在出版社党委的正确领导和全体职工的共同努力下,我社提前完成了本年度的各项书刊生产指标,全年出版新书105种,再版书60种,印数18000万册,总定价15000万元;出版期刊10种,110期,印数45000万册,总定价6000万元,全年实现利润2500万元,为人民群众提供了一定的精神食粮。

××年,我社将面临国民经济调整、流动资金日趋紧张、书店图书积压和出版业竞争激烈的新情况、新矛盾。根据上述情况,本社应在保证社会效益的前提下,努力提高经济效益。为此,特制定××年财务收支计划。

一、各项生产指标

全年出版新书200种,再版书110种,印数33501万册,字数22395万字,用纸250017令,总定价20462万元。全年出版期刊12种,共120期,印数50000万册,字数9500万字,用纸150000令,总定价12000万元。

二、各项财务指标

(一)销售及利润。全年产品销售收入25000万元,成本22000万元、费用650万元、税金30万元,产品销售利润2500万元,其他销售利润220万元,营业外支出80万元,利润总额2600万元,利润率5.51%。

(二)产品成本。全部产品成本22000万元,占出版物总定价的63%,每个印张成本53元,成本利润率11.26%。

(三)流动资金。××年需要流动资金7000万元。自有流动资金4000万元,可临时占用资金2000万元,需向银行贷款1000万元。××年定额流动资金周转天数105天,每百元产值占用定额流动资金31元,资金利润率25%。

(四)固定资产。年初固定资产原值3500万元,××年增加固定资产563万元。更新改造资金列支128万元,生产发展基金列支435万元。基本折旧率为5%,全年计提折旧额187万元。其中:应上交56万元,留用134万元。

三、完成计划的措施

(一)加强财务管理。一方面降低产品成本,使企业管理费用和编辑费用的使用更为合理;另一方面与银行联系贷款,解决流动资金不足问题。

基本情况:简要交代制定计划的背景和目的。背景介绍主要回顾了过去一年本社出版图书、期刊的总量和利润总额,从而为本年度计划指标的拟定提供一个参照平台。然后根据今年面临的新形势,指明制定本计划的目的。

任务与指标:本部分是计划的中心内容,分生产指标和财务指标两项列出。

财务指标又细分为销售及利润、产品成本、流动资金、固定资产等四个单项表述。本部分在写法上的显著特点在于把财务指标分解单列,且全用数据表示,使得计划内容条理清楚,文字简洁,目标明确,一目了然。

	续表

（二）缩短书刊的生产周期。在社会效益第一的前提下，努力提高经济效益，尽量出版人民群众喜闻乐见的精神产品，提高产品的竞争能力。
  （三）改善书刊发行的流通渠道。积极与新华书店和邮局联系，解决书刊积压问题；加速定额流动资金的周转速度，使其发挥更好的经济效益。同时，大力开展自办发行业务和寄销业务，为人民群众提供丰富的精神食粮。
 	
            ××出版社财务科
              ××年×月×日
	措施保障：从财务管理、生产安排和改善渠道三方面提出落实计划措施，考虑较为全面。
	
	  不足之处在于措施过于笼统，可操作性不强。
	
	结尾：署名、日期。

四、计划的写作要求

（一）从实际出发，统筹兼顾

无论是撰写长期计划还是短期计划，都必须从实际出发；要充分分析客观条件，所撰写的计划既要有前瞻性，又要留有余地，使计划执行者通过一番努力能够完成；事关全局性计划，还应该把方方面面的问题思考周全，要想到大计划和小计划之间的关系、整体与局部的关系，做到统筹兼顾。

（二）突出重点，主次分明

一段时间内要完成的事情很多，先做什么，后做什么，主要做什么，必须有重有轻，有先有后，点面结合，有条不紊，这样才有利于工作的全面展开，达到事半功倍的效果。

（三）目标明确，步骤具体

目标明确，才会树立方向；步骤具体，才有利于实施和检查。

> **任务提示**
>
>   秘书张晓丽要完成新年工作计划的写作，就需在熟悉公司业务、掌握会议精神的基础上，熟练掌握计划这一文种的格式与写作要求。她可以选择条文式的计划格式。

任务二 总 结

任务导入

  为了更好地指导下一年的各项工作，公司决定于2014年×月×日召开公司一年一度的年终总结大会。总结会上,要对上一年的工作作出回顾和总结,推广经验,树立典型,同时对公司下一年的工作进行总体部署。会前,秘书张晓丽接到了拟写总结的任务。

知识准备

一、总结概述

总结是单位或个人对前一时期的工作、学习、生产或思想情况等,进行分析研究,从中找出经验教训,得出规律性认识,用以指导今后实践的书面材料。

总结是对本单位或写作者亲身实践活动的反映,具有重要作用。古人云:"前事不忘,后事之师。"通过总结,可以准确检查和评价前一时期的工作,从而肯定成绩、发现问题、明确方向;通过总结,可以从成功中积累经验,从失败中吸取教训,不断提高认识水平和工作能力。

总结按不同标准可分为不同种类:

按性质分,有综合性总结(又称"全面总结")和专题性总结(又称"单项总结")。

按内容分,有工作总结、思想总结、学习总结、生产总结等。

按范围分,有地区总结、部门总结、班组总结和个人总结等。

按时间分,有年度总结、季度总结、月份总结等。

二、总结的特点

(一)针对性

即总结的对象只能是本单位或写作者自身的实践活动。

(二)证明性

即要以工作进程中的大量材料,证明所提出的各个判断。

三、总结的基本写法

(一)标题

标题必须准确简洁,一般有以下几种写法:

1. 公文式标题

一般包括单位名称、事由、文种。如《××商场 2005 年销售工作总结》。

2. 新闻式标题

一般包括引题、正题和副题。注重写出总结的主要经验或主旨,多用于专题总结。也可以用一个设问句为标题,以引人深思。这类标题一般均带有副标题。例如:《优异的成绩从何而来?——应用文写作课学习总结》《求实——应用文写作课学习总结》。

(二)正文

正文由前言、主体、结尾三部分组成。

1. 前言

简明扼要地概括主要情况。要求以简洁明快的语言说明要总结的某个阶段的工作或任务的基本情况,包括时间、重要的背景、经过的概要、事情的结果等。

2. 主体

这是总结的重点部分,主要写取得的成绩和存在的问题、经验教训。在写法上要做到观点鲜明、材料典型、叙议结合。

取得的成绩和存在的问题是总结的主要内容,目的是要肯定成绩,找出问题。成绩有多少,是怎样取得的;问题有多少,表现在哪些方面,属于什么性质的,都需要讲清楚。应当看到成绩是主流、是本质,不要因为有一定问题存在,就将总结写得像检查一样。经验和教训是总结的重点和中心。从成绩或问题中找出经验或教训,是总结的根本目的,同时上升到一定的理论高度,从中提炼出带有规律性的东西,作为今后工作的借鉴。

3. 结尾

在总结经验教训的基础上提出今后的打算、改进意见和设想。

四、例文评析

【例文一】

××集团有限公司2014年工作总结	
2014年是××集团有限公司开拓进取、稳步发展的一年,也是深化改革、积极调整的一年。一年来,公司在总公司和董事长的领导下,按照总公司提出的"能上则能下、优化系统"的经营方针和"强基础、上水平、求卓越"的总体要求,围绕年初制定的工作计划,针对较为不利的外部环境,审时度势、顺势而为,齐心协力、迎难而上,取得了良好的经营业绩,完成了股东会、董事会确定的资产保值增值目标,经营规模在国内机电、汽车、流通行业中继续保持领先地位。 　　据统计,2014年××集团有限公司实现销售113.3亿元,同比增长3.6%,进出口总额9215.8万美元,同比增长5%;实现销售91.4亿元,同比增长6%,实现利润总额15411万元,同比增长20.8%,上交税金9666万元,同比增长2.45%,公司销售利润1.68%,净资产收益17.92%;销售汽车60353辆,摩托车65133辆,分别比上年增长7.6%、12.9%,销售钢材15.1万吨,同比增长9.1%,实现期货代理交易额910.1亿元,同比增长42.5%。 　　回顾公司一年来的工作,主要有以下几个方面成绩: 　　一、把握大势,顺势而为,经营工作稳健发展 　　(1)稳定销售,主攻服务,汽车主业保持领先。(2)迎难而上,加快调整,机电产品业绩良好。(3)加强招商,完善服务,物业物流保持增长。(4)抓住机遇,开拓经营,开发业务增长较快。	标题:公文式标题,由单位名称、时限、内容和文种四项构成。 这是一份综合性的工作总结。 前言部分:概括介绍了工作背景、取得的整体成绩。

二、总体规划,分布实施,网络建设初见成效。 三、完善制度,规范管理,提高公司治理水平。(1)积极做好改制准备工作。(2)加强财务管理和审计工作。(3)加快人才工程建设,合理配置人力资源。(4)稳步推进企业信息化建设。(5)加强企业文化建设。 四、公司目前存在的困难与问题。(1)竞争压力加大,获利空间缩小。(2)中高级专业人才短缺,现有人才流失过快。(3)公司体制、机制有待进一步调整,员工观念有待进一步转变。(备注:具体内容有删节) 　　今后,在汽车主业经营进入微利时代,辅业和相关业务面临新挑战的形势下,我公司将深化改革,激活机制,加快调整,积极应对。加快提升汽车主业,稳步发展相关业务,扎实推进二次改制,规范完善公司治理,进一步提升公司品牌价值,为实现总公司的发展战略贡献力量。 　　　　　　　　　　　　　　　　　　××年×月×日	主体部分:按工作重点概括了三个方面的成绩,接着客观地分析了存在的困难与问题。 结尾:提出了今后的努力方向。 落款:署名、日期署名略,因标题有。

五、总结的写作要求

(一)态度端正、实事求是

正确的指导思想是写好总结的立足点,而客观存在的事实则是总结的唯一来源。写总结时,必须以党的路线、方针、政策为衡量工作的依据,必须以辩证法为分析整个实践活动的武器,杜绝弄虚作假、报喜不报忧现象。

(二)材料典型,重点突出

材料是总结的基石,离开材料,总结就无从写起。因此,在写总结前,必须广泛收集材料,在此基础上,认真选择有代表性、有典型意义的材料,来表现总结的内容。做到点面结合,主次分明,详略得当。

(三)叙议结合,语言得体

从内容上说,总结不仅要摆事实,还要讲道理。这就需要将叙述、议论两种方式结合起来,或者先叙后议,或者先议后叙,或者夹叙夹议。写作时,语言还要简明扼要,准确朴实,忌重复冗赘、笼统模糊和夸张修饰。

任务提示

张晓丽秘书要完成工作总结的写作,需要熟悉公司业务,在了解、掌握公司各部门工作总结的基础上,熟练掌握总结这一文种的格式与写作要求,还要具备写作的基本知识。她可以选择条文式的总结格式。

任务三　策划书

任务导入

为了拓展业务，扩大销售，占领市场，研发部攻艰克难为公司研发出一款新产品，在新产品问世前，公司领导决定召开一个新产品发布会，为了使这次活动开展得有声有色，有条不紊，在活动开展前，领导要求秘书张晓丽提交一份新产品专题活动策划书。

知识准备

一、策划书概述

"策划"一词最早出现在南北朝时期南朝宋范晔的《后汉书·隗嚣传》中："是以功名终申，策画复得。"其中的"策画"与今天的"策划"相通。策划就是筹划、谋划，讲究创意。

策划书是指针对各种商务活动、社会活动，为了达到一定的目的而制定的具有创意性、可行性的行动计划的应用文书。也称"策划方案""策划文案"等。

从策划的内容看：策划书主要有专题活动策划书和市场商务策划书两类。前者如庆典活动策划书、比赛项目策划书、公益活动策划书等；后者如营销策划书、广告策划书、新产品开发策划书。这里主要介绍的是专题活动策划书。

计划是策划书的先导，有了计划之后就可以锁定目标，然后就这个目标的实现进行策划。同样是对尚未开展的工作进行筹划和安排，策划书与计划书的区别在于：计划不需要批准即可执行，无须论证；策划书需要上报，对其可行性进行简要论证，并预测其风险，经正式讨论通过后方可执行。

二、策划书的结构与写法

策划书的写作没有一个统一而固定的格式，因为不同的策划内容有其各自的特点和专业性，较常见的结构和写法如下所述：

（一）标题

常见的写法是"活动单位＋活动名称＋文种"的形式，如《××职业技术学院纪念建党90周年演讲比赛策划书》。也可写成"活动名称＋文种"的形式，如《迎新晚会策划书》。还可以写成"正标题＋副标题"的形式，如《感恩与回报——××学院"母亲节"演讲比赛策划书》。标题不能只写文种名称。

(二)前言

简明扼要地介绍该项活动的背景情况,说明举办该项活动的意义,引出后面的具体策划内容。

(三)正文

正文是策划书的主体,应该包括以下内容:

1. 调查分析

在前期调查的基础上,对该项活动的必要性和可行性作出具体分析,明确工作的重点和方向。

2. 明确目标

目标是执行策划的动力。确立目标可以根据组织活动的具体情况选择,如将目标分成总目标与分目标等,还要考虑目标是否符合客观实际、是否符合活动对象需要等。

3. 主题说明

主题是整个策划的灵魂,是对活动内容的高度概括,统领整个活动,连接整个活动,连接各个项目及步骤。活动的主题表现是多样的,既可以是一句口号,也可以是陈述式表白。主题设计必须贴近受众心理。

4. 宣传媒介

策划书应当包括策划的方式方法。一个专题只有让活动对象充分了解活动内容和意义,才能使活动取得成功,所以,选择有针对性、可行性和有效性的宣传媒介非常重要。

5. 活动计划

活动计划是对具体活动的指导,应当周密具体,有可操作性,一般由活动的日期、地点和内容等构成。活动内容安排包括具体项目和要采取的措施、方法、步骤以及负责人等。

6. 经费预算

无论举办什么活动,都要考虑成本,都要有必需的经费保证,所以事先应估计可能需要的各种支出。

7. 效果评估

正确评估活动的效果,有助于组织者了解策划的实现程度,衡量活动的实际效果,调动活动成员的积极性。

(四)落款

最后,署上策划者的名称和策划书的写作时间。

内容比较复杂的策划书一般单独设计封面,封面上的主要文字内容包括标题、策划者名称、策划书的写作时间等,这样就可以省略落款项。

三、例文评析

××职业技术学院第四届"我与好书同行" 演讲比赛策划书	
【比赛目的和意义】 　　在飞速发展的现代社会,"树立终身学习的观念,适应时代发展的需要,培养优秀的、具有创新意识的人才"是学校面临的重要任务。而教育从本质上来说是对人的培养,一个人的阅读史,就是一个人的精神成长史,阅读在对人的培养中起着不可替代的作用。读书是一种更为主动、更为有效、也更具思考性的学习方式,改变着学生的成长方式。读书可以塑造一个人高尚的灵魂、健全的人格,可以构建一个学校良性的文化生态,可以影响一个社会的文明程度。本次比赛旨在倡导"我与好书同行"的思想,努力营造浓郁的校园文化氛围,努力打造书香校园,塑造内涵丰富、特色鲜明的校园文化,全面提高学生的综合素质,为学生未来的发展奠定坚实的基础。	标题:"活动单位＋活动名称＋文种"的形式。 从教育的本质入手,论述阅读对学生成长的重大意义,以简明扼要的文字论述本次比赛的目的。
【比赛主题】 　　"厚德育智十年搏,一路青春一路歌!"为迎接即将到来的学院十周年华诞,本届"我与好书同行"演讲比赛,以"阅读、悦心、约未来"为主题。帮助学生养成良好的读书习惯,多读书、读好书,提高读写能力,夯实文化底蕴,陶冶情操。让阅读成为同学们终身的生活习惯,为学生的幸福人生奠基。	标语式的主题高度概括,贴近受众心理。
【比赛形式及内容】 　　1.11月1日把比赛通知下发到各个系,由各系团总支学生会在11月15日之前组织各个系进行初赛,并推举前五名参加决赛。 　　2.对各系选拔出来的优秀选手进行汇总,由学院各文学性社团负责人进行评分筛选,根据实际情况,选出十名优异选手进行决赛,并邀请学院相关专业教师担任本次演讲比赛的决赛评委。 【比赛各环节安排】 　　1.宣传和扩大影响力:由社团联合会负责出3张海报、2条条幅。其中,海报于决赛前三天贴于校内人流量较多的地方;条幅悬挂于图书馆前和决赛大厅前。在决赛前三天,制作好比赛流程表和评分标准(份数以所邀请的评委和嘉宾人数为依据)。由读书俱乐部负责比赛现场拍照写稿,便于及时登于校园网。 　　2.礼仪小姐训练与安排:由女生部负责训练礼仪小姐4名,并负责准备绶带。礼仪小姐安排在学院学术报告厅前后入口处各2名,后入口的2名礼仪小姐负责迎接评委和嘉宾老师,并带领他们入席。前门入口的2名礼仪小姐负责比赛流程表和评分标准及饮料的分发。 　　3.选择主持人:主持人2名,要求形象气质佳,表达能力、组织能力、应变能力和责任心都较强的学生。 　　4.比赛场地负责人:某某	以上四个部分内容周密具体、可操作性强。
【比赛工作日程安排】 2010年11月"图书馆第四届优质服务月"期间 　初赛时间:2010年11月5—15日 　决赛时间:2010年11月22日 　比赛后宣传和总结:2010年11月23日	

	续表
【比赛地点】 　　　学院学术报告厅 【经费预算】(略) 【比赛的预期效果及展望】 　　"我与好书同行"演讲比赛历时多年,已成为展现我院"书香校园"建设成就的品牌活动。希望通过本届比赛,进一步培养学生良好的阅读习惯,全面提升学生的综合素质,塑造积极进取、内容丰富、特色鲜明的校园文化。 　　　　　　　　　　策划人:某某 　　　　　　　二○一○年十月二十五日	落款:策划人和策划书写作时间。

四、策划书的写作要求

(一)主题集中

一份专题活动策划书只能有一个主题,要选择一个针对所要达到目标的最合适的主题。专题活动策划书所涉及的具体活动,要紧紧围绕主题进行,尽量做到集中精简。太多的活动易造成主次不分,成本提高,执行不力。

(二)可操作性

一份策划书的活动安排应当周密具体,具有较强的可操作性。

(三)开支合理

经费预算要合理、全面、留有余地。

(四)保证效果

效果评估要依据目标,实事求是。

> **任务提示**
>
> 张晓丽秘书要拟写新产品发布会的活动策划书。首先,她要领会这次新产品发布会活动举办的目的和意义。其次,她要知道这次活动的规模并对受邀的来宾情况有所了解,她对新产品的性能、特点和功用等要知晓。熟练掌握活动策划书这一文种的格式与写作要求,同时要具备写作的基本知识。

任务四　述职报告

任务导入

为了促进和监督领导干部和高级管理人员忠于职守,提高其政治思想水平和业务能力,公司决定于近期召开一年一度的领导干部年终述职报告会,要求公司领导和各部门经理对自己工作岗位履行情况进行述职。公司总经理要求秘书张晓丽为他草拟一份述职报告。

知识准备

一、述职报告概述

述职报告是党政机关、社会团体、企事业单位的领导或工作人员,向所在单位的人事部门、主管领导、上级机关以及单位职工陈述自己在一定时间内履行岗位工作的成绩、问题等情况时使用的应用文书。

(一)述职报告的分类

根据不同标准,述职报告可以分为下列两种:

1. 晋职述职报告

即在晋升更高一级职务时,必须向主管部门和领导报告履行岗位工作情况使用的述职报告。

2. 例行述职报告

即担任一定岗位职务的人员,定期向有关组织和群众汇报工作情况,接受组织考核与监督时使用的述职报告。

(二)述职报告的特点

1. 自我评述

这是述职报告不同于一般工作总结、工作报告的显著特点。述职就是述说自己在任职的一定期限内履行岗位职责的情况,既要述(检查、总结自己的工作情况),又要评(解剖、评价自己的工作)。因此,写述职报告首先要把握好"自我"的特点,不能写成汇报整个单位或他人工作情况的工作总结或工作报告。

2. 内容确定

写述职报告,有一个客观标准,就是岗位职责和一定时期的目标任务,写述职报告要依据这个标准去评价自己的工作。具体地说,就是对任职期间的德、能、勤、绩四个方面,尤其是绩(政绩)进行评述。评述政绩时,要注意实事求是,既不能夸大,也不能因谦虚而缩小。

二、述职报告的基本写法

述职报告由标题、称谓、正文、落款组成。

(一)标题

标题有完全式或省略其中某些要素构成的不完全式两种。

完全式标题的要素包括单位名称、职务、姓名、年号和文种。如《××交通厅×××

任职期间的述职报告》《我的述职报告》《×××公司×××述职报告》《述职报告》等。

(二)称谓

即对听取述职报告的对象的称呼。

(三)正文

正文由前言、主体、结尾三部分组成。

1. 前言

陈述述职人的基本情况,包括职务、学历、政治面貌、任职时间、对自己政绩的评价等。

2. 主体

主要陈述自己的工作实绩,即德、勤、能、绩。其中,"绩"是报告的重点部分。

3. 结尾

这部分作适当的自我批评,指出今后的努力方向,即作自我评价,指出自己在工作中的失误和不足,今后将努力改正缺点,更好地履行本职工作。

(四)落款

在正文右下角写上述职人姓名及述职时间。

三、例文评析

【例文】

2012 年度述职报告	
各位领导、各位同志: 　　我是 2012 年 12 月调到工业局担任局长职务的。一年来,在县委、县政府的正确领导下,在全局系统干部职工的共同努力下,我局进一步加快了工业生产和经营的改革步伐,取得了一定成绩。现就我履行职责的情况报告如下: 　　主要目标的完成情况 　　工业生产提前三个月完成全年计划,销售提前两个月完成全年计划,预计今年可实现产值××亿元。 　　技术输入有了明显进展,局属主要企业技术改选工作稳步发展。 　　经济效益明显提高。去年全县工业系统亏损××万元,今年预计可实现利润×万元,一举扭亏为盈,增长幅度较大。 　　职工素质、业务水平有了提高。今年为局属企业创办了计算机、资料检测培训班共五项,并选派部分干部、职工到高等院校和上级主管部门接受业务培训,收到良好的效果。 　　一年来的工作回顾 　　观念不断更新。(略) 　　承包不断完善。(略) 　　合作不断扩大。(略)	标题:不完全式标题,由时限加文种构成。 称谓:述职报告的对象。 前言:写明述职人的基本情况及对自己工作的整体评价。 主体部分:分条列项具体阐述了自己任职期间所做的各项工作(政绩)。注意把集体实绩与个人政绩分开。层次分明,重点突出。

续表

我本人所做的几项工作 抓学习、贯彻党和政府的方针政策。（略） 抓目标管理。（略） 抓综合协调。（略） 存在问题和改进措施 　　由于年龄关系,本人工作能力较低,虽然平时尽心尽力,但有些工作仍然是没有想到或虽然想到了没有做到。今后要改进以下几方面工作： 　　进一步加强经营管理工作。（略） 　　进一步搞好调查研究。（略） 　　进一步加强局内建设。（略） 　　以上述职报告,请领导和同志们评议,欢迎对我的工作提出宝贵意见,借此机会,向工作中支持、帮助过我的各级领导和同志们表示诚挚的谢意。 　　　　　　　　　　述职人：××× 　　　　　　　　　二〇一二年×月×日	落款：述职人加上述职时间。 总评：这是一份年度述职报告。格式规范,结构完整,内容完善,条理清晰。语言朴实得体。

四、述职报告的写作要求

（一）遵循实事求是的原则

陈述工作实绩要一分为二,不要把述职报告写成经验总结,在肯定成绩的同时,也不能对不足避而不谈。

（二）要把集体的成绩与个人的成绩区分清楚

不要把个人的述职报告写成组织的工作报告。特别是领导干部,在个人述职时一定不要把集体的成绩和个人的作用混为一谈。

五、述职报告与总结的区别

述职报告类似于总结,但又有不同。

（一）述职的自我性

自我性即自我评述,这是述职报告与总结的显著区别。"述职"就是述说自己在任职期内履行岗位职责的情况,既要述（检查、总结自己的工作情况）,又要评（解剖、评价自己的工作）。所以,述职报告不能写成组织或自己的工作情况总结。

（二）论述的确定性

述职报告就是评述岗位职责和一定时期的目标任务,而工作总结的评价依据往往是上级部门的工作部署和基本要求。

（三）内容的规定性

总结的内容涉及面广,而述职报告目前主要是对德、能、勤、绩进行评述。

> **任务提示**
>
> 秘书张晓丽接到公司总经理要求为其拟写一份述职报告的任务。在拟写前,首先,张晓丽要全面了解掌握总经理这一年来的工作情况,重点是梳理总经理的工作实绩,分清总经理的工作在整个公司工作中所起作用和地位。另外,还要熟练掌握述职报告这一文种的格式与写作要求。

任务五　简　报

任务导入

为了及时全面了解、掌握公司各领域的运行状况,以便为公司的决策提供依据和参考,公司总经理要求办公室每周上报一份公司工作情况简报。办公室要求秘书张晓丽具体负责该项工作。

知识准备

一、简报概述

简报是机关、团体、企事业单位及时沟通思想、反映情况、汇报工作、交流经验、揭示问题的一种文书材料。概括地说,"简报"就是情况的简要报道。

简报是领导部门和领导同志及时掌握动态、了解下情的手段之一,它为领导决策提供重要依据。

本部门、本系统的各平行机关、单位间,通过简报可以互通情况,交流信息,介绍经验,探讨问题,协调工作。

下行简报,既可以传达、解释上级文件精神,指导下级工作,又可以在简报中直接提出意见和要求,供下级参照执行,还可以表彰先进,批评后进,运用典型推动工作。

简报是信息传递的工具,它的容量可大可小,篇幅可长可短,行文既庄重又和谐。通过它,可以宣传党和国家的方针、政策,可以传达各级领导的指示、讲话,甚至群众的呼声、意见。

简报可定期或不定期印发,并可根据其任务、性质冠以名称,如"情况反映""情况交流""内部参考""科技简讯""××动态"等。

二、简报的类型

根据内容,简报大体上可分为情况简报、经验简报和会议简报。

(一)情况简报

也称"动态简报"。它是反映思想新趋势、工作新动态、情况新变化的简报。这种简报要求反应快、内容新。

（二）经验简报

这类简报主要用来交流经验，介绍先进典型事迹。写这类简报，只是简明扼要地反映他们的一些做法，而不能像一般经验总结那样作详尽阐述。

（三）会议简报

会议简报是大型会议召开期间反映会议进程、交流代表意见、沟通各组情况、通报会议决议的简报。会议一旦结束，这种简报也就停办。

三、简报的特点

简报具有简、准、快、新、活等基本特点。

（一）简

简报的内容往往精简扼要。文字短，内容精，开门见山，直接叙事，一语中的，尽可能一事一议，少做综合报道，简报字数一般为几百字，至多不过千字。

（二）准

简报要求材料真实、准确，问题抓得准，语言表达准确恰当。

（三）快

简报具有新闻性，追求时效性，要求发现、汇集情况快，撰写成文快，编印制发快。

（四）新

简报要求内容新鲜，有新意。要善于捕捉工作、社会生活中的"新"，提出新情况、新问题，这样才能使简报具有更强的指导性和交流性。

（五）活

简报的形式较为灵活。单篇编写或多篇合编均可。

此外，有些简报用于单位内部交流，还有一定的机密性。

四、简报的基本写法

简报的结构由报头、本体、报尾三部分组成。

（一）报头

报头在首页上端，约占三分之一版面，共有五项内容：

1. 简报名称

居中排印，字要套红，如"简报""××简报"等。

2. 期号

标注于简报名称正下方，有的以年度为单位编号，有的则统编总期号。期号用圆括号括起。

3. 密级

有密级的简报，密级标注在简报名称左上方，如"内部刊物，注意保存"等。

4. 编发单位

顶格写于简报名称的左下方。

5. 印发日期

在简报名称的右下方写明印发简报的年、月、日,与编发单位位于同一水平线上。

(二)本体

它包括以下内容:

1. 按语

它写在"间隔线"的下方,顶格标明"按语"或"编者按"等字样。按语有三种写法:

(1)评介性按语,表明编者对简报的倾向性态度。

(2)说明性按语,介绍文章材料的来源、转发目的、转发范围。

(3)提示性按语。一般用来提示简报文章的内容,帮助读者加深对文章精神的理解。

按语不是简报必备的结构要素,有些简报可以不写按语。按语是代表编发简报机关的意见,而不是编者个人的观点。

2. 标题

标题要简明扼要地概括正文内容,编制方法类似于新闻标题。

3. 正文

简报的正文由导语、主体、结语三部分组成。

(1)导语。即首段,用极其简洁的语言,概写简报的主要内容。

(2)主体。它紧承导语,用典型材料把开头总提的内容或观点具体化。

(3)结语。结语是简报正文的结尾部分。多数简报没有专门的结语,有的简报在结语部分用一句话或一段话概括主题,对正文内容作一小结;或集中总结成绩,强调效果;或指出发展趋势,引人关注;或发出号召,推动工作;或补充未尽事宜等。

简报一般不具名,必要时可以在正文右下方加括号注明撰稿人姓名或供稿单位名称。

(三)报尾

报尾一般由"发送范围""印发份数"两项构成。左边写"发送范围"("报""送""发"),右边写"印刷份数"。

简报图示如下:

密级		
	简报名称	
	(期号)	
编发单位		印发日期
按语××××××××××××××××××		
标题		
正文		
		(×× 供稿)
报:××		
		(共印××份)

五、例文评析

【例文一】

简　报

第×期（总××期）

××学院　　　　　　　　　　　　　　　××年×月×日

××学院注重德育教育

××学院根据党的教育方针政策和江泽民同志关于把德育放在首位，坚持正确的政治方向的讲话精神，针对新时期学生思想道德的实际情况，从××年秋季开始，对学生进行了多层次、全方位的德育教育，已取得初步成效。该校的主要做法是：

一、分清层次、因人施教

对党团员、入党积极分子和学生干部，严格要求，积极鼓励他们帮助和带动后进生；对一般学生，系领导和教师们热情地和他们谈心交友，疏导育人；对道德基础较差的学生，安排专人负责帮助教育，使他们能尽快迎头赶上。

二、注意结合专业特点，利用课堂教学进行德育教育

该校注重在课堂教学中开展德育教育。在马克思主义哲学、邓小平理论等政治课教学中，教育学生实事求是，掌握和运用马克思主义、毛泽东思想、邓小平理论来分析问题，在专业教学中结合专业知识进行思想教育。

三、利用社会这所"大学校"，对学生进行德育教育

为了使学生走出课堂了解社会，去年5月份，学校组织30多名学生到偏僻穷困的××乡访贫问苦，同时带去了全校师生捐助给该乡的钱、衣物及学习用品。通过这次活动，学生们看到，在大部分人富裕起来的情况下，我国仍有部分地区还未解决温饱问题。回校后他们不再肆意浪费，随便乱倒饭菜了，对公物也注意爱护了。

四、注意充实和完善德育教育的内容

为改变过去那种只讲理论、不注重联系实际的德育教育方式，学校组织人员针对学生思想实际，专门编写了《大学生思想品德教育》补充教材，丰富了德育教育的内容，受到了学生的喜爱。

由于××学院注重德育教育，措施有力，工作扎实，校园中已形成了良好的教学"小气候"。

报：××　　　　　　　　　　　　　　　共印×份

标题：新闻式标题，准确概括了报道的中心内容。

开头：用导语形式概要介绍全文最重要的事实：××学院"对学生进行了多层次、全方位的德育教育，取得初步成效"。

主体：分四个方面介绍该校注重德育教育的具体做法：分清层次，因人施教；结合专业特点，利用课堂教学进行德育教育；充实和完善德育教育的内容；利用社会实践进行德育教育。在讲做法时，先用一句话作总概括，然后结合实例具体说明。既讲明了经验，又做到了简明扼要，符合简报的文体要求。

结尾：概括注重德育教育的成效，形成了良好的教学"小气候"。

总评：这是一篇经验性简报文章。本文的结构方式是"总分总"式。开头点明全文主旨，分段介绍做法，每段又有段旨，结尾概言成效，层次清楚，段落分明，内容简洁，条理清晰。

【例文二】

工作简报 第 10 期　　××年×月×日 ××市轻工业局 ××学院　　　　　　　　　　××年×月×日 **狠抓优质高产、修旧利废，市棉纺厂一季度盈利显著增加** 　　市棉纺厂认真贯彻五届人大会议精神，开展以优质、高产、低消耗为中心的社会主义劳动竞赛，取得了显著成绩。一季度实现利润170多万元。他们的具体做法是： 　　一、加强企业管理 　　1.抓节约生产。漂染车间改变过去布头满地扔的状况，做到了"寸布不落地"。织布、细纱车间也做到纱管、棉纱不落地，既节约了大量原材料，又保持了环境卫生。 　　2.抓"修旧利废"。对色布、绳子等进行回收…… 　　3.加强财务计划，减少非生产性开支…… 　　二、抓质量、攻关键 　　1.在职工中广泛宣传提高质量的重要性。认真分析坯布有毛病、印染配料不匀的原因。今年一季度色布入库一等品增加76.7%。 　　2.办夜校，提高职工生产知识和技术水平，还进行了技术考核和练兵。 　　3.抓重点项目…… 　　三、抓社会主义劳动竞赛…… 　　四、大搞革新挖潜…… 　　目前，棉纺厂广大职工、干部决心乘胜前进，把社会主义劳动竞赛更广泛地开展起来。他们的口号是："攻破质量关，利润再翻番"。	报头：内容混乱不清。删除"××学院"和"××年×月×日"，把"××学院"改为"××市轻工业局"。 报核：缺少"按语"。这样一份由市轻工业局编发的简报，报告的又是下属一个工厂的经验，显然目的在于宣传推广先进经验，需用转发式写法。即为了推动某项工作的开展，或为了介绍值得推广的经验，可用转发的形式把有关材料转登在简报上。在转登的材料前面，根据材料内容一般要写一篇编者按语，强调其转发的重要意义，或说明其参考价值，然后提出希望和要求。而本文的结尾没有提出希望和要求。这样的简报看了以后不知编发者的目的是什么，也就不能发挥其应有的作用。 报尾：缺少"发送范围"。

五、简报的写作要求

（一）真实性

简报必须绝对真实，不能夸大、歪曲和虚构事实。

（二）简明性

简报是"千字文"，文字要简明扼要、言约义丰。

（三）时效性

简报反映的情况必须及时、快捷、迅速。

(四)保密性

简报有程度不同的机密性,只供一定范围内的人阅读。

> **任务提示**
>
> 秘书张晓丽负责公司周简报工作的撰写。她要掌握公司每周的工作运行等一系列情况,特别是各部门的重大事件及典型事件,还要熟练掌握简报这一文种的格式与写作要求。按内容分,张晓丽撰写的简报属于工作简报。

任务六 会议记录

任务导入

为了及时掌握各部门的经营状况,公司每个月的月初都要例行召开部门经理会议。会上,各部门经理纷纷发言,汇报本部门的工作情况及工作中遇到的一些问题。总经理在会上对下个月的工作作总体部署。总经理秘书张晓丽作会议记录。

知识准备

一、会议记录概述

会议记录是把会议的情况和内容如实记录下来而形成的书面材料。

会议记录有着广泛的适用范围,有了会议记录,就可以照决议办事,可以随时检查决议的执行情况,还可以查考与会者的发言内容。有关政策、政治和业务学习的会议记录,可以作为学习研究的参考。因此,会议记录无论从近期功能还是从长远功效来看,都是一种极具价值的实用文书,而其价值集中体现在资料性上。

(一)会议记录的分类

会议记录一般可分为学习性会议记录、决议性会议记录、布置工作性会议记录和反映情况性会议记录。

学习性会议记录,是以学习为主要目的的会议记录。

决议性会议记录,是以单位领导层集体开会决定事项为主要内容的会议记录。

布置工作性会议记录,是以记录开会布置工作事项为主要内容的会议记录。

反映情况性会议记录,是以学术讨论会和座谈会为主要内容的会议记录。

(二)会议记录的特点

1. 语言的准确性

会议记录的文字要简明,忌重复、累赘、笼统和夸饰。

2. 条理的清楚性

会议记录的条目一定要清楚,层次要分清,条目不宜太多,要一目了然。

3. 行文的庄重性

记录的态度要严肃认真,内容真实无误,不能搞"合理想象",添枝加叶。

二、会议记录的基本写法

会议记录一般由会议的组织情况和会议的内容两部分组成。

(一)会议的组织情况

1. 会议名称

如《××学院第×次办公会议记录》。

2. 会议时间

3. 会议地点

4. 出席人

出席人数不多的,可以把出席人的姓名全部写上;出席人数比较多的,只写出席人数。有的会议,为了便于统计人数和日后查考,也可以请出席人在另外的簿子上签到。

5. 缺席人

如果是小型会议,只有个别人缺席,可以把缺席人的姓名写上,并注明缺席原因;如果是大型会议,缺席的人数比较多,缺席的原因也难以一下子查清楚,可以只写缺席人数。

6. 列席人

指不是正式的参会人员,但由于工作需要而参加会议的人员。

7. 主席或主持人

写上具体姓名及职务。

8. 记录人

写上具体姓名及职务。

9. 议题

指会议研究或讨论的问题。

××学院院长办公会议记录专用笺

会议名称:＿＿＿＿＿＿＿＿＿＿＿＿

开会时间:＿＿＿年＿＿＿月＿＿＿日＿＿＿时＿＿＿分

会议地点:＿＿＿＿＿＿＿＿＿＿＿＿

出 席 人:＿＿＿＿＿＿＿＿＿＿＿＿

列 席 人:＿＿＿＿＿＿＿＿＿＿＿＿

主 持 人:＿＿＿＿＿＿＿＿＿＿＿＿

记 录 人:＿＿＿＿＿＿＿＿＿＿＿＿

议　　题:＿＿＿＿＿＿＿＿＿＿＿＿

以上内容,通常是在会议主席或主持人宣布开会之前写好。

(二)会议的内容

这是会议记录的主要部分,记录方法有两种:

1. 摘要记录

只记会上报告了什么事情,讨论了什么问题,通过了什么决议,学习了什么文件等。

2. 详细记录

要把每个人的发言都记下来(有书面发言稿的除外)。

会议结束,记录完了,另起一行写"散会"两字。最后,在记录的右下方由主席或主持人和记录人签名。

三、例文评析

××学院学术委员会××年第二次会议记录 时间:××年×月×日 地点:院北二楼会议室 出席人:赵××、葛××、孙××、李××、王××、张××、潘××、包××、杨××、郭××、周××、钱×× 列席人:何××、倪××、陈××、金×× 缺席人:马××(公假) 主持人:骆××(主任委员、副院长) 记录人:寿×× 议题:一、学术委员会如何开展工作; 　　　二、学术委员会如何参与提升教授、副教授工作。 讨论:(按发言顺序摘要记录) 潘××:在参与提升教授、副教授的问题上,学术委员会只能做些审议工作,没有评定权和决定权。 张××:学术委员会对准备提升的教授、副教授,审议要慎重,实事求是地予以评价,切忌夸大和缩小。 包××:对教师学术水平的衡量、科研成果的鉴定、教学效果的结论,应由职称评定委员会决定。 周××:赞成老包同志的意见。对教师的职称评定,教授、副教授的晋升,也应由职称评定委员会决定。 王××:对目前我院一批拟提升教授、副教授人员的学术水平的审议,学术委员会应拟订一个工作方案。教学情况、科研成果,应先由本人写出材料,经所在系、室、所的负责人审议后,交学术委员会评定。 与会者:同意老王意见。 决议: (一)各系、各教研室拟提升教授、副教授的教学情况、科研成果,应先由本人写出材料,经所在系、室、所的负责人审议后,交学术委员会评定。	这是一份摘要式会议记录。 基本格式包括会议的组织情况和会议的内容两部分。

（二）各系、室、所对本单位提请学术委员会审议的人员，他们的教学科研成果，应先在本系、室、所组织初审，并作出审查鉴定意见。 （三）各系、室、所对本单位拟提升的教授、副教授的学术水平的审查、鉴定，应于3月15日前进行完毕，并将审议意见和教学科研成果报送学术委员会审议。 （四）学术委员会的日常事务工作，暂由教务处负责办理，科研所协助。 下午六时散会。 　　　　　　　　　　　　　主持人(签名)： 　　　　　　　　　　　　　记录人(签名)：	总评：这是一份决议性会议记录。结构完整，条理清楚，决议事项明确。

四、会议记录的写作要求

（一）真实准确

不论采用哪一种方法，会议记录都必须真实准确。记录一定要按会议的真实情况如实记下来，绝不能任意改变或增删，有些重要的发言，还应该尽可能把原话记下来，甚至要发言人签名确认。

（二）详略得当

这是要求在真实准确的前提下抓住要点。而做到这一点，就要求记录人一面仔细听，一面正确判断发言内容的轻重主次。重要的，把原话记录下来；次要的，或略记，或省略。

（三）整理待审

详细的记录，会后要加以整理。会后整理的记录，还应该由主席或主持人审阅，必要时须予以公布或印发。

能力巩固

一、知识训练

（一）填空题

1. 计划按表达形式分，有＿＿＿＿＿＿计划、＿＿＿＿＿＿计划和＿＿＿＿＿＿计划。
2. 完整的计划标题，包括＿＿＿＿＿、＿＿＿＿＿、＿＿＿＿＿、＿＿＿＿＿四要素。
3. 总结按内容分，有＿＿＿＿＿总结、思想总结、＿＿＿＿＿、生产总结等。
4. 简报的报头包括＿＿＿＿＿、期号、＿＿＿＿＿、编发单位、印发日期。
5. 会议记录的主要记录方法有：＿＿＿＿＿、＿＿＿＿＿。

（二）判断题

1. 总结是把别人的实践材料组成书面材料。　　　　　　　　　　　　（　　）

2. 写作总结时,可以引用别人的材料。   (   )
3. 所谓"证明性",就是用自己在实践中获得的材料,去证明自己的"判断"。 (   )
4. 为了使总结材料写得生动,可以适当用抒情。   (   )
5. 为了放大工作上的亮点,写总结时可以适当夸大成绩。   (   )
6. 述职报告只写成绩,不能写缺点。   (   )
7. 述职报告要多写成绩,少写缺点。   (   )
8. 述职报告就是经验总结。   (   )
9. 述职报告不能把集体的成绩,写成自己的成绩。   (   )
10. 议题就是会议的内容。   (   )
11. 列席人就是缺席人。   (   )
12. 会议记录就是简略的会议纪要。   (   )
13. 会议记录可以用自己的话去归纳发言人的话。   (   )
14. 会议记录可以摘要记录。   (   )
15. 简报可以没有结语,但不可没有导语。   (   )
16. 简报一般只报道成绩、经验。   (   )

二、实践训练

(一)修改题

1. 分析下面这份计划,指出它在内容和格式上存在哪些问题,并把它修改成规范的计划。

××汽车修配厂××年财务收支计划

××年就要过去了,今年在全厂职工的努力下,财务收支情况良好,各项计划任务得到全面完成,完成产值 11977 万元,收入 11416 万元,利润 2179 万元。

取得以上成绩是和广大干部职工的努力分不开的。今年我们主要抓了质量,加强了管理,降低了消耗,使产品成本比去年降低了 81%。

××年的计划产值 1318 万元,收入 1260 万元,利润 252 万元。

要完成以上计划,困难是很多的,我们计划仍在管理上下功夫,向管理要利润。

几项具体措施是:

减少干部人数,提高办公效率。

加强定额管理,提高工时利用率。

切实搞好第三产业。

堵塞开支中的漏洞。

各部门要结合本部门的实际工作,围绕全厂的收支计划,制定出本部门切实可行的工作计划。同时加强各部门之间的衔接,保证××年财务收支计划的完成。

2. 下面这份总结有不少毛病,请指出来,并加以修改。

上半年工作总结

半年来,本乡在精神文明和物质文明方面做了许多工作,取得了很大成绩。主要做了以下工作:动员组织乡村干部和广大群众学习中央一号文件;安排落实全年生产计划;

推行落实承包责任制;帮助农业户发展;修建乡村小学校舍;建乡食品厂方便面生产车间;推销乡办企业产品;为乡机械厂解决原料;美化环境;封山植树;举办果树技术培训班;健全乡政府机关,调整了工作人员,试行干部招聘制。

半年来,在头绪繁杂,工作多、干部少的情况下,能做这么多工作,主要原因是:

一、上下团结。乡领导和一般干部同甘共苦,劲往一处使。工作中有不同看法,当面讲共同协商。互相有意见就展开批评和自我批评,不犯自由主义。例如,经营科对乡长不同他们协商擅自改变果脯厂奖励办法,影响产量一事有意见,经当面提出,乡长接受,作了自我批评,并共同研究了新的奖励办法,使产量又有增加。

二、不怕困难。本乡企业刚刚起步,困难很多,技术力量弱,材料不足;产品销路没法打开等。为此,经营科的同志和全乡干部共同想办法,他们不怕跑路,利用自己的休息时间,忍饥受冻四处联系,终于解决了今年所需的原料,推销了一些产品。

三、领导带头。乡主要领导干部苦干实干。他们白天下去调查情况,晚上开会研究问题。领导干部在下面当场解决问题,夜以继日地苦干实干,带动了全乡的工作。

(二)写作题

1. 根据自己实际情况,写一份学习计划,500字左右。
2. 根据本系或班级某项工作或某项大型活动,以系团总支的名义编发一期简报。
3. 把下面的会议记录改写成会议简报。

××矿区行政办公会议记录

时间:××年×月×日

地点:矿区办公楼会议室

主持人:刘伟主任

出席人:矿区副主任张××、劳资科科长刘××、财务科科长赵××、安全科科长熊××、人事科科长李××、办公室主任田××。

会议议题:

1. 三季度奖金发放办法。
2. 自然减员招工方案。
3. 有关人员的调动问题。
4. 对违反劳动纪律人员的处理。

会议决定事项:

1. 矿区三季度奖金按照×××总公司××年×月制定的《奖金发放办法》办理。
2. 这次自然减员招工,招收××年以前参加工作的职工子女,并实行文化统考,择优录取。
3. 同意赵亮同志以父母身边无人照顾为理由,调往××容器厂工作。
4. 对矿工胡清无故旷工3天的行为,责成劳资科在全矿区给予通报批评,并扣发其3天工资及当月奖金。

××矿区办公室
××年×月×日

项目四 经济文书

知识目标	1. 认识经济文书的重要作用及种类。 2. 了解市场调查报告的内容结构、写作要求。 3. 了解经济合同、招标书、投标书、产品说明书及广告文案的格式和写作要求。
能力目标	1. 掌握市场调查常用的科学方法,并能够根据需要写作调查报告。 2. 掌握几种常见经济合同的形式,并能够进行简单的产品说明书以及广告文案的写作。
素质目标	学会运用分析、判断、研究等方法认识社会,提高市场意识、合同意识。

角色设定

张晓丽来到公司销售部做行政工作已经几个月了,几个月来在其努力和大家的帮助下,她进步很快,王经理也逐步让她接触与销售相关的业务了,但还是从相关文案开始。

任务导入

决定命运的调查报告
——职场白领故事

大学毕业后,我在报上看到一家著名的企业招聘销售主管的消息,便前去应聘。

来到现场,我看到已经有100多人在那里排队。我打听到他们以前都做过销售业务,有的还是业务经理级别的,只有我一个人什么经验都没有。我感觉自己的希望很渺茫,想打退堂鼓。但转而一想,既然来了,就应该尝试一下。于是我耐心地和他们一起站在那里等待主考官前来面试。经过一番面谈,最后有5人通过面试,我竟幸运地成为5人中的一个。主考官看着我们,笑着说:"你们回家好好准备一下,一个星期后,公司总经理将会亲自复试。"

回到家后,我很兴奋,同时又感到忐忑不安,不知道复试的结果最终会怎样。那天,我一个人在商场闲逛,突然看到我应聘的那家公司的产品,于是我走过去和业务员闲聊起来,从公司产品的销售情况,到消费者对产品是否认同,还需要作哪些改进,我们聊了很长时间,业务员把这些情况都详细跟我说了。接下来的几天,我又去了其他几家商场,把公司产品和其他公司的同类产品作了比较、了解。回到家后,我把自己调查的情况写了一份详细的市场调查报告。

复试那天,我们5个人如约来到公司。等到我和总经理面谈时,我将调查报告递交给他。总经理接过去仔细翻看了一遍,面带笑容地对我说:"很高兴通知你,你被我们公司录取了。"

听到总经理的话,其他4人一下都愣住了,一位复试时特别能说会道的女士说:"凭什么录取她?她一没有经验,二又不善言谈,这些都是做销售业务最忌讳的。"

总经理听了,不急不慢地说:"她在你们几个人当中是不算最优秀的,而且她面试时也没有你们准备得充分,比如你们穿了时髦的服装,掌握了娴熟的面试技巧,这些她都没有。但她比你们做得更加实际,她能在没来公司前,便对公司的产品作全面的市场调查和分析,并提出了产品改进的良好建议。这样的人,我们不录用,还能录用谁呢?"

听了总经理的话,我的脸上露出胜利的微笑。

故事中的"我"当然不全是靠一份调查报告获得这份工作的,但故事从一个侧面告诉我们:调查报告是市场营销人员做好工作的重要依据;现代企业经营、商品销售都离不开市场调查;会写并写好调查报告一类经济事务文书是各行业、各专业人员必备的应用写作能力。

经济文书是经济领域中经常使用的具有一定惯用格式的应用文体。作为应用文的一个重要分支,它广泛使用于经济领域,并形成自身的专业性、真实性、时效性、针对性等特点。市场调查报告、市场预测报告及经济活动分析报告等反映情况类的陈述性文体,及时为经济管理部门和各类企业的决策提供可靠的依据,这对发展生产、改进经营管理有着重要作用;经济合同则主要起着加强各行各业、各部门、各单位之间的协作,促进生产和经济发展的作用;招标书、投标书、广告、说明书等文体则间接起着促进经济发展的作用。随着我国经济的日益发展,经济文书将发挥更大的作用。

任务一　市场调查报告

任务导入

最近公司计划对主打产品进行全面改造,总经理亲自开会布置相关部门展开相应的市场调查,销售部也被要求从销售角度进行市场调查,王经理安排张晓丽和几个同事一起负责华东地区的销售市场调查。为了把这项工作做好,张晓丽又悄悄地温习了一下市场调查报告的写作知识。

知识准备

一、市场调查报告的概念

市场调查报告就是运用科学的方法,对市场的营销情况或重要的经济现象进行调查,经过认真分析、研究后写成的报告性文书。

市场调查报告的写作基础是市场调查。市场调查是以市场为对象的调查研究活动,是根据市场学的原理,运用科学的方法,有目的、有计划地对市场的供求情况、供求规律及影响其发展变化的诸因素进行调查。进行市场调查,目的在于获取商品信息,掌握产品的营销现状和发展态势,确保产品产销对路,使市场供求趋于平衡。

二、市场调查的基本内容

市场调查的范围比较广泛,内容也比较多,常见的有以下几种:

(一)有关产品情况的调查

这类调查的内容主要有:了解用户对企业产品的质量、性质、价格、售后服务等方面的意见和要求;产品的市场占有率;产品的包装、运输情况及厂牌商标的效果等。

(二)有关销售情况的调查

这类调查使用范围广、频率高、容量大。其内容包括销售状况、销售渠道、广告情况、营销情况、储运情况等。

(三)有关用户情况的调查

这类调查的内容包括:用户的数量、分布区域、经济状况;因用户年龄、职业、文化程度不同所形成的消费习惯的差异、消费水平的不同;用户的消费动机、消费数量、消费次数;用户的购买时间和购买地点等。

(四)有关市场需求的调查

这类调查包括现实需求和潜在需求。具体有市场需求容量、消费结构、市场环境对需求的影响、营销策略对需求的影响、潜在需求量及其投向、社会需求层次变化及不同消费者不同需要的调查等。

三、市场调查报告的特点

(一)针对性

市场调查报告的写作要有明确的目的性,针对性要强,或是推广某一典型经验,带动整体工作;或是对某一问题进行分析研究,为企业决策提供依据。在深入市场调查之前,目的越明确,针对性越强,产生的作用就越明显。

(二)真实性

市场调查报告的调查目的,主要是了解情况,为企业决策提供可靠的依据,因此必须如实反映。报告的内容要尊重客观事实,言之有据,准确无误。要运用科学的方法,采用真实、可靠的材料,确保市场调查报告的真实性。

(三)时效性

市场调查报告的撰写要迅速、及时。不能迅速、及时地反馈市场的信息,就不能及时准确地了解市场行情,就不能为有关企业和部门决策时提供参考意见,也就失去了市场调查报告的参考价值和指导意义。

四、市场调查报告的结构和写法

市场调查报告一般包括标题、正文、落款三个部分。

(一)标题

市场调查报告的标题,应根据市场调查的目的、内容、范围等来拟定。大体有以下两种形式:

一是公文式。由调查对象、内容、文种几个要素构成。如《国内彩电市场销售情况的调查》《儿童用品消费意向调查》。

二是新闻式。单标题,如《电动玩具为何如此畅销》;双标题,由正标题和副标题组成。正标题概括内容或揭示主旨,副标题则标明调查对象、内容或范围,如《"皇帝的女儿"也"愁嫁"——关于舟山鱼滞销情况的调查》。

无论采用什么样的标题,都要做到用词精确,醒目、简练。

(二)正文

正文一般由开头、主体、结尾三部分组成。

1. 开头

开头,又称为"引言""导语"或"前言",它是对市场调查的简单说明,前言是否得体,对整个市场调查报告起着重要作用。前言主要说明调查的目的、时间、地点、对象、范围,有时还要说明调查的主旨和采用的调查方法。前言须写得简明扼要,朴实严谨。

2. 主体

主体是市场调查报告的核心部分,一般包括下列内容:

(1)基本情况。通过市场调查所获得的各种资料,包括历史情况和现实情况。这些内容材料丰富,信息量大,既要有典型事例,又要有统计数据;既要有面上情况,又要有点上情况。这部分可以按时间顺序进行表述,也可以按问题的性质归纳成几类,用小标题分开表述。

(2)分析或预测。通过对资料的分析和研究,预测出今后市场发展变化的趋势,从而对市场前景作出正确的判断。

(3)对策和建议。根据分析或预测所得的结论,为企业提供针对性的建议,以便企业采取措施,作出决策。这是市场调查的落脚点。

市场调查报告的结构要根据调查的目的、内容、范围以及事情的繁简来决定。无论采用什么样的结构方式,都必须选取典型事例来支持作者的观点,力求使市场调查报告条理清晰,逻辑严密,观点鲜明,文字准确。

3. 结尾

这是全文的收束部分。在这里或是重申观点,或是加深认识,或是总括全文。无论采用哪种形式的结尾,都要写得简洁、有力,绝不可拖泥带水。也有的市场调查报告,主体写完即结束,不另加结尾。

(三)落款

落款,即署上作者的单位和姓名及写作时间。这部分有时也可省略。

> **小资料**
>
> 男人长胡子,因而要刮胡子;女人不长胡子,自然也就不必刮胡子。然而,美国的吉利公司却把"刮胡刀"推销给女人,居然大获成功。这一决策看似荒谬,却是建立在坚实可靠的市场调查的基础之上的。吉利公司先用1年的时间进行了周密的市场调查,发现美国30岁以上的妇女中,有65%的人为保持美好形象,要定期刮除腿毛和腋毛。这些妇女除使用电动刮胡刀和脱毛剂之外,主要靠购买各种男用刮胡刀来满足此需要,她们1年在这方面的花费高达7500万美元。相比之下,美国妇女1年花在眉笔和眼影上的钱仅有6300万美元,染发剂5500万美元。毫无疑问,这是一个极有潜力的市场。根据市场调查结果,吉利公司精心设计了新产品,它的刀头部分和男用刮胡刀并无两样,采用一次性使用的双层刀片,但是刀架则选用色彩鲜艳的塑料,并将握柄改为弧形以利于妇女使用,握柄上还印压了一朵雏菊图案,以此显示女性的特点。再加上广告宣传,结果,"雏菊"刮毛刀一炮打响,迅速畅销全球。这个案例说明,市场调查研究是经营决策的前提,只有充分认识市场,了解市场需求,对市场作出科学的分析判断,决策才具有针对性,从而拓展市场,使企业兴旺发达。

五、例文评析

中国手机市场调查报告	公文式标题,由调查对象、文种构成。
目前的移动电话市场,经过前几年的高速增长,已基本达到饱和状态。而在多次降价后,移动电话的价格也趋于稳定,消费者无疑是最大的受益对象。为了了解各个移动电话品牌的市场占有情况,以便能更准确地把握未来市场动向,新秦调查于2006年12月,在网络调查平台上进行了移动电话市场调查,本次调查共收集1800个有效样本,样本遍及全国各大城市。	正文的前言部分交代了调查目的、调查对象、调查背景,简明扼要。
一、城市居民移动电话拥有率基本达到100% 新秦调查所得数据显示,只有2.2%的被访者表示自己目前没有移动电话。在城市,移动电话的拥有率已达到97.8%,这当中有超过半数以上的人,甚至同时拥有2部以上的移动电话,"一人多机"的时代已经悄然来临。在城市,很多人往往都是手机+小灵通,这样一方面可以发挥小灵通话费低廉的特长,又不会因为其信号不好而影响自己与他人的联系。而另一部分人则是上班使用一部手机,下班又使用另外一部手机。鉴于目前的这种情况,如果手机话费能够降低到与小灵通一致的水平,那么,目前比较流行的"双模手机"定会有较为广阔的前景。	先概述城市居民移动电话的拥有和使用情况。

	续表
二、国产手机只占三成 　　尽管有数据表明,全球约有 1/3 的手机是在中国生产的,但是从国内手机市场的品牌占有状况看,国产品牌的手机只占 28.2%,中国的手机市场依然是海外品牌一统天下的局面。虽然诸如 NEC、松下等品牌已经退出中国市场,但是短期内改变目前这种局面的可能性不大。在国产品牌中,联想以 15.1% 的拥有率,占据第一的位置,波导则紧追不舍,这两个品牌占据第一集团的位置,夏新、TCL、海尔则排在第二集团。很显然,国产品牌中尚有很多市场占有率很低的小品牌,这些品牌一般都是在前两年手机井喷时期出现的,而随着市场发展趋于稳定,这些品牌都难以逃脱被淘汰的命运。海外品牌的手机中,诺基亚以 38.1% 的拥有率,远远地跑在第一;摩托罗拉、三星等也以较高的市场占有率,排在前列;松下、NEC 等品牌因其较低的市场占有率,则干脆退出了中国市场。可以看出,国产品牌虽然目前市场状况不容乐观,但是机遇也是存在的。 　　三、2000 元的手机成为市场主力 　　未来手机市场,应当以 2000 元以下的普通机型为主。在 1616 名打算在近期更换新手机的被访者中,有超过六成的人,打算购买的手机价格在 2000 元以内。可见,一方面,与前些年相比,手机的价格确实有很大下降,另一方面,消费者也变得越来越理性,不再一味追求各种具有新型功能的高档手机,目前手机的各种功能,已经能够满足多数人的基本需求。 　　四、3G 手机前景乐观 　　在问及 3G 手机上市后,自己是否会使用这个问题时,有 21% 的人直接表示"上市后就很想购买使用",而有 76% 的则表示虽有兴趣,但是要看上市后的情况来决定是否购买使用。这说明绝大多数人对 3G 手机还是有一定兴趣的,但是 3G 手机要想达到目前各种手机的市场状况,还有一段路要走。 　　（摘自《销售与管理》2007 年第 2 期）	接着用调查数据表明手机市场中,海外品牌占七成、国产品牌占三成的事实,说明了调查情况。 　　最后对手机理性消费给予预测,并对 3G 手机的乐观前景给予肯定。 　　文章观点鲜明、材料翔实,分析科学、客观,内容丰富,结论明确。

六、市场调查报告的写作要求

（一）要如实反映情况

市场调查报告要从客观实际出发,如实反映调查情况。内容应具体详细,真实可靠,结论必须建立在大量的第一手资料和辩证地分析研究的基础之上,表述准确严密,富于逻辑性,力避掺杂调查者的主观色彩。

（二）要详略得当

描述调查情况,不能平分笔墨,繁琐地罗列现象,而应选取最能说明问题的典型事例和有代表性的数据,既注意面上的情况,又突出点上的问题。阐述调查报告的观点结论,可以详说,也可以略写,甚至可以暗含于文章之中不特别明确指出来。不论采用哪种方法,市场调查报告都应该把点与面、事实与观点有机结合起来,该详处详,该略处略。

(三)要讲求时效

如今我们所处的信息时代,消费节奏在不断加快,产品更新周期也相应缩短,市场情况瞬息万变。因此,市场调查报告不可避免地具有很强的时效性。适时的市场调查报告可以带来良好的经济效益,反之则一钱不值,甚至造成经济损失。

任务二　经济合同

任务导入

由于生产了适销对路的产品,上半年销售部的销售情况良好。一些新来的销售员的销售业务能力很强,但在签合同的时候却出现了问题,王经理要求张晓丽好好准备一下,抽时间给这些新销售员讲讲经济合同的写作。张晓丽晚上回到家顾不上休息就开始作准备。

知识准备

一、经济合同的概念

《中华人民共和国合同法》(以下简称《合同法》)规定:"合同是平等主体的自然人、法人、其他组织之间设立、变更、终止民事权利义务关系的协议。"

经济合同是指在经济活动中,双方或多方当事人之间为实现各自的经济目的,按法律规定,通过平等协商,彼此明确权利和义务关系而共同订立和遵守的具有经济关系的协议。

二、经济合同的种类

按内容分,有购销合同、买卖合同、建设工程合同、承揽合同、运输合同、融资合同、仓储合同、保管合同、租赁合同、借款合同、技术合同、赠与合同、委托合同等。

按形式分,有条款式合同、表格式合同、条款和表格相结合的合同。

按时间分,有长期合同、中期合同、短期合同和临时合同。

按范围分,有国内合同和涉外合同。

三、经济合同的作用

(1)具有法律约束力,保护合同当事人的合法权益。

(2)有利于加强经济管理,维护社会经济秩序。

(3)促进当事人提高经济效益和社会效益。

(4)保证国家计划的执行,促进社会主义现代化建设的发展。

四、经济合同的特点

(一)内容的合法性

经济合同是具有法律效力的文书,其作用的发挥要以内容合法为前提,内容不合法,则会被视为无效合同。对于经济合同的订立和履行、变更和解除、违约责任的约定等内容,国家都以法规形式作出了明确规定,所以,经济合同的内容具有强制合法性的特点。

(二)效力的约束性

经济合同是双方当事人为了实现一定的经济目的而签订的,双方的权利和义务是明确的,合同一经签订,即具有法律效力,任何一方不得违约;否则,违约一方就要承担相应的法律责任。

(三)主体的平等性

经济合同是双方当事人在平等、协商、一致的前提下签订的,任何一方都不能以任何方式和手段把自己的意志强加给对方,合同双方的法律地位是平等的,双方必须遵循平等互利、协商一致的原则。

(四)措辞的严密性

经济合同的语言表达必须严密准确,不能模棱两可、含糊不清,对其字、词、句甚至标点都要仔细斟酌,避免因疏忽或不当造成不必要的经济损失和纠纷。

五、经济合同的格式和写法

合同的基本写作格式包括标题、当事人名称、正文和结尾四个部分。

(一)标题

合同的标题一般由合同的性质和文种组成,即标题要标明该合同是哪一类合同,如"购销合同""技术合同"等,有的标题中还可点明标的物,如"施工机械设备租赁合同"。为了方便合同登记,标题下还应写明合同的编号。

(二)当事人名称

当事人名称写在标题的下方,先顶格书写"订立合同单位"或"订立合同人",后面并列写上双方当事人的名称,要使用全称,再用括号注明规定的简称,如"以下简称甲方或供方""以下简称乙方或需方"。不论在什么情况下,合同中都不能用不定指代"你方""我方"来指称当事人。

(三)正文

正文是合同的主要内容,它分引言和主体两部分。引言先点明签订合同的目的、依据和签订过程、签订方式,通常的写法比较固定,比如:"为了……根据……经双方协商同意,特签订本合同,以资共同遵守。"

主体部分另起一段,逐条写明双方协议的具体条款。格式条款通常事先印好,条目比较固定,只要往里填充具体内容即可;非格式条款内容可多可少,根据需要而定。根据《合同法》的规定,合同内容主要包括:

1. 标的

合同的标的就是合同关系中确定的双方当事人权利和义务共同指向的对象。它可以是物,如购销合同中出售的商品;可以是行为,如运输合同中承运人将旅客和货物运达目的地的行为;还可以是技术和成果,如技术合同中的技术、出版合同中作者的作品。

2. 数量与质量

数量是标的在量的方面的限度,是标的的计量。合同中必须明确规定标的的数量、计量单位和计量方法。数量通常用数字和计量单位来表示,有时有的商品还应写明数量的正负尾差、合理磅差、自然减量和增量的计量方法。质量是标的在质的方面的规定,是标的的内在素质和外观形态的基本要求,即质的规定性。它不仅指标的物的优劣,还包括产品的品种、规格、型号等的标准。标的的质量标准力求规定详细、具体、明确。有规定标准的,如国际标准、国家标准等,按当事人双方认可的标准执行;没有规定标准的,由双方当事人协商确定。

3. 价款或酬金

价款或酬金,是标的的价值。价款是指商品交易中买方付给卖方的价格,包括单价和总金额,如购销合同中买卖商品的价款;酬金指接受服务一方付给提供服务一方的报酬,如雇佣合同中的劳动报酬。价款和酬金要合理公平,有政府规定价或指导价的,执行政府的规定价和市场价;没有政府规定价或指导价的,由双方当事人参照合同履行地的市场价格协商定价。

价款或酬金一般都用货币数量表示。合同中还要明确价款或酬金的给付方式、银行账号等。

4. 履行合同的期限、地点和方式

履行合同的期限是合同当事人实现权利、履行义务的时间界限,包括合同有效期限和履行期限。超过期限未能履行合同,就应当承担由此产生的后果。

履行合同的地点指合同履行时的具体地点,包括交货、验货或承建工程的具体地点,必须规定具体、明确,不能产生歧义。

履行合同的方式指当事人以什么方式来履行合同,包括时间方式和行为方式两方面。时间方式指的是一次性履行完毕还是分期履行；行为方式指当事人交付标的物的方式，如标的物的交付、运输、验收、价款结算等的方式。

5. 违约责任

违约责任是指当事人一方或双方因为自己的过错，造成合同不能履行或不能全部履行而应承担的责任。《合同法》规定，当事人不履行合同义务或者履行合同义务不符合约定的，应当承担继续履行、采取补救措施或赔偿损失等违约责任。违约责任的条款应先定义在合同履行中可能出现的违约情况，后写明发生了这种情况后，责任方承担什么责任的约定。承担违约责任的主要方式是支付违约金、赔偿金等。违约责任的追究是为了维护合同双方当事人的合法权益，标志合同的严肃性。

除以上五项主要条款以外，凡是法律规定的或按经济合同性质必须具备的条款，以及当事人任何一方要求必须规定的条款，也都可以是合同的条款，比如发生纠纷时解决争议的方法、双方交易过程中的一些特殊要求等。

总之，正文的主体部分是保证经济合同双方当事人合法权益的主要依据，必须明确讲清双方当事人需共同解决的问题、达到的目的以及由此而产生的各自的权利和义务。

（四）结尾

结尾包括署名和日期、附项。

1. 署名

签订合同的双方当事人单位名称、法定代表人的签名和单位盖章。用印要端正、清晰。如果需主管部门或公证机关审批、鉴证，则还需写上主管部门或公证机关的名称、意见、日期，经办人签名，并加盖公章。

2. 日期

以签订合同的日期为准。签约日期关系合同的效力，必须写清楚。

3. 附项

一般包括双方当事人的单位地址、电话号码、电报挂号、开户银行、银行账号、邮政编码等内容，也可以写明合同的有效期限、注明合同一式几份、归谁保管等内容。

小资料

合同中的"咬文嚼字"

1. 音同字不同："定金"是担保金，是《合同法》中的专有名词，按法律规定，收取定金的一方若不履行合同，应双倍返还定金。而"订金"是预付款，不存在双倍返还。

2. 字同音不同："还欠款捌万元。"既可以理解成已经还（huán）了钱，也可以理解还（hái）欠钱。

3. 字形相近：把"货到付款"写成"贷到付款"。

六、例文评析

购销合同

××购字××号

供方：××市××柴油机厂
需方：××市××汽车厂

经双方充分协商，特签订本合同，以资共同信守。

一、品名、规格、数量、金额、交货日期：

商标	品名	型号	单位	数量	单价	金额（万元）	分期交(提)货数量		
							二季	三季	四季
××	柴油机	Z-2型	台	560	15000	840	220	200	140
总计金额（大写）			捌佰肆拾万						

二、产品质量标准：按部颁标准执行。
三、产品原材料来源：由供方解决。
四、产品验收方法：由需方按质量标准验收。
五、产品包装要求：用木箱包装。
六、交(提)货方法、地点及运费：由供方托运到需方，运费由需方负责。
七、货款结算方法：通过工商银行托收。
八、违约责任：按《经济合同法》规定的原则执行。如供方因产品规格、质量不符合合同规定，供方负责包修、包换、包退，并承担因此支付的费用；因产品数量短少，不符合合同规定，供方应偿付需方以不能交货的货款总值的百分之五的罚金；因包装不符合要求造成的货物损失，应由供方负责赔偿；因交货日期不符合合同规定，比照人民银行延期付款的规定，多延期一天，按延期交货部分货款总值的万分之三偿付需方延期交货的罚金。如需方中途退货，由需方偿付退货部分货款总值百分之五的罚金；需方未按合同规定日期付款，比照人民银行延期付款规定偿付供方罚金。
九、供需双方由于人力不可抗拒和确非企业本身造成的原因而不能履行合同时，经双方协商和合同鉴证机关查实证明，可免予承担经济责任。
十、本合同自签订（或鉴证）日起生效，任何一方不得擅自修改或终止。需要修改或终止时，应经双方协商同意，签具修订撤销合同的协议书，并报告合同双方业务主管部门和鉴证机关备案。
十一、本合同正本两份，供需双方各执一份；副本四份，送供需双方业务主管部门、鉴证机关、工商银行各一份。
十二、本合同有效期到××年×月×日截止。

供　方：××市××柴油机厂　　　需　方：××市××汽车厂
负责人：×××（签章）　　　　　　负责人：×××（签章）
代表人：×××（签章）　　　　　　代表人：×××（签章）
电　话：××××××　　　　　　　电　话：××××××
账　号：××××××　　　　　　　账　号：××××××
地　址：××市×街×号　　　　　　地　址：××市×街×号
鉴证机关（签章）
鉴证时间：××年×月×日

评析：

合同的标题明确标明了合同的类型。标题下写明合同的编号。

双方当事人的全称名称写在标题的下面。

引言点明签订合同的依据。

本合同以条款的方式明确了各有关内容：标的的数量和质量交代清楚明确。

价格和总金额也以表格的形式标示清楚。

明确质量标准和材料方面的要求、验收方式、产品包装方式、履行合同的方式和地点。

违约责任的各种情况限定得非常清楚。违约责任的承担方式规定得细致明确。

交代发生意外情况时的处理办法。

写明合同的生效日期及修改或终止办法。

结尾写明合同的正、副本份数，有效期，订立合同的双方当事人的签章、地址、电话、账号、鉴证机关（签章）。

七、经济合同的写作要求

(一)要熟悉有关法律和法规

《合同法》是签订合同的根本依据。经济合同无论是在内容上还是在签订程序上,都不得与国家的法律、法规相违背,为了使合同的签订合法有效,要求合同的签订者在订立合同时应熟悉有关的法律、法规。

(二)必须坚持平等、自愿、公平和诚信的原则

合同当事人的法律地位平等,一方不得将自己的意志强加给另一方。当事人依法享有自愿订立合同的权利,任何单位和个人不得非法干预。当事人应遵循公平原则,确定各方的权利和义务,在享有权利、履行义务时,应当遵循诚实守信的原则。

(三)内容具体,格式规范

合同的内容是双方当事人履行合同的依据,为了使合同能够顺利履行,签订合同时,一定要做到内容具体明确,不能有半点疏漏,稍有差错就要承担经济责任乃至法律责任。同时,撰写时还需要采用规范格式,保证合同条款齐全。

(四)语言准确,表述清晰

签订合同时用词要严谨准确,表意明确,且合乎语法规范。所谓"一字千金",用在合同中非常恰当。另外,合同的书写要清晰工整,不能随意涂改。

任务三　招标书与投标书

任务导入

公司为了方便销售部开展工作,在市中心 CBD 新租了一个更大的办公场所,由于公司行政正忙于公司几个大型会议的筹备,新办公场地的装修、设备、办公家具的采购就交给销售部负责了。王经理要求张晓丽配合自己抓紧时间做好相关的招标工作,尽快将办公室装修好,以便开展工作。

知识准备

招标书

一、招标书的概念

招标书又称"招标说明书",是招标人为了征招承包者或合作者而对招标的有关事项和要求作出解释和说明,利用投标者之间的竞争而达到优选投标人目的的一种告知性文书。

二、招标书的特点

(一)公开性

招标书是在一定范围内向公众发布信息,除个别招标书是在内部发布外,更多的招标书是利用某种传播媒介向社会公开发布,让尽可能多的单位和个人知道招标项目的内容,因此具有公开性。

(二)具体性

为了帮助投标者详细、具体地了解投标项目的内容,招标书就要把招标的项目、要求、条件以及完成时间和招标时间等写得具体清晰,以使人们了解并有所准备。

(三)时限性

招标是有时间限制的,这里的时间限制一个是指招标时间,一个是指招标项目的完成时间,都必须明确写出来。

三、招标书的种类

招标书有各种不同的分类方法:按范围分类,有面向企业内部、系统内部的招标书和面向全社会的公开招标书,本地区招标书和外地招标书,非竞争性招标书和排他性招标书等;按计价方式分类,有固定总价项目招标书、单价不变项目招标书和成本加酬金项目招标书等;按性质和内容分类,有工程建设招标书、大宗商品交易招标书、选聘企业经营者招标书、企业承包招标书、企业租赁招标书、劳务招标书、科研课题招标书、技术引进或转让招标书等。

四、招投标的一般程序

(一)发布信息

一般通过"招标公告"或"招标邀请通知书"向外界发布需求信息及有关要求。

(二)出售标书

业主将自己制作的标书出售给前来投标者,并提供有关咨询服务。

(三)开标

由招标人在规定的日期和地点,邀集所有参与投标者,当众启封各个标书并宣读其内容。

(四)评标

由有关机构对各个标书进行综合考评。

(五)中标

通过评标,选出中标者。向中标者发出通知,同时告知其他未中标者。

(六)签订合同

业主(买主)与中标者签订合同,正式确立合作关系。

五、招标书的结构和写法

招标书的结构一般由标题、正文与结尾三部分组成。

（一）标题

通常由招标单位名称、招标项目名称和文种三部分构成，如《××大学修建图书馆楼的招标通告》。也有省略招标项目名称或只写文种的，例如，《××公司招标广告》或只写《招标公告》。

（二）正文

一般用条文式，有的也可用表格式写。对于招标的条件和要求、投标开标的日期等投标人应知事项，应简要概括，分条列出。商品招标书要求标明商品的名称、数量规格、价格等。科技项目招标书则要求写清招标原则、项目名称、任务由来、研究开发目标、研究开发内容、经济技术指标、研究开发的进度要求、成果要求、经费要求、承包单位的条件及要求等。

（三）结尾

要写清招标单位名称、法人代表、签署日期并加盖印章、联系人姓名、招标单位的地址、邮政编码、电话号码等，必要时还可写上开户银行及账号。

六、例文评析

××大学修建图书馆楼的招标通告	
××大学经上级主管部门批准，拟修建一座图书馆楼，从××年3月8日起开始建筑招标。现将具体事宜告知如下： 1. 工程名称：××大学图书馆楼。 2. 建筑面积：××××平方米。 3. 施工地址：××市××路××号。 4. 设计及要求：见附件。（略） 5. 材料中钢材、木材、水泥由招标单位供应，其余由投标人自行解决。所需材料见附表。（略） 6. 交工日期：××年×月。 7. 凡愿投标的国营、集体建筑企业，只要有主管部门和开户行认可，具有相应建筑施工能力者均可投标。 8. 投标人可来函或来人索取招标文件。 9. 投标人请将报价单、施工能力说明书、原材料来源说明书以及上级主管部门的有关签证等密封投寄或派人直送我校基建处招标办公室。 10. 招标截至××年4月8日止（寄信以邮戳为准）。4月10日，在我校办公楼会议室，在××市公证处公证下启封开标。 招标联系人：×××　　联系地址：××市×街×号 电报挂号：××××　　电话：××××××× 　　　　　　　　　　　　××大学基建处（印章） 　　　　　　　　　　　　××年二月十日	标题由招标单位名称、招标项目名称和文种组成。 前言简单交代建设项目内容和招标时间，并以过渡句引出主体部分。 主体部分用条款式交代有关具体内容及要求、投标方法、招标时限、对投标单位的要求和保证条件。 落款详细具体，便于联系。

七、招标书写作的注意事项

(一)内容合法合理,切实可行

招标书的要求和应知事项,要符合国家有关法律、法规、政策规定;技术质量标准要注明国际标准、国家标准、部颁标准或是企业标准;招标方案既要科学、先进,又要适度、可行。

(二)重点明确,内容周密

招标项目(即标的)是招标书的核心内容,对其有关情况、招标范围、具体要求,都要写清楚。如建设项目,应写明工程名称、数量、技术质量要求、进度要求,甚至建筑材料的要求等。该写的一定要写全,尽可能周到,让人无空可钻。

(三)语言表述应简明、准确

无论是定性还是定量说明,都应准确无误,没有歧义,尽可能使用精确语言而少用模糊语言。

投 标 书

一、投标书的概念

投标书又叫"标书""标函",指投标人根据招标公告以及其他招标文件的条件和要求而制作的递送给招标单位的文书。它作为对招标要约的一种承诺,是投标人为了中标而按照招标人的要求,具体地向招标人提出订立合同的建议,是提供给招标人的备选方案。

二、投标书的特点

(一)真实性

投标人对本单位基本情况的介绍要实事求是,不夸张、不虚报,投标方案具体可行。

(二)竞争性

凡参加竞标的单位,须在一种相对公平的条件下参与竞争,而自身的实力和标书的完成情况则成为竞争的唯一武器。通过公开、公平、公正的竞争,最终优胜劣汰,业主能够选中最佳方案、最佳承包者,以获得最佳经济效益。

(三)保密性

主要是开标前应对标底和标价进行保密。投标书必须密封后才能送招标单位,未密封的投标书无效。

三、投标书的种类

投标书有各种不同的分类:按投标方人员组成情况,可分为个人投标书、合伙投标书、集体投标书、全员投标书和企业(或企业联合体)投标书等;按性质和内容,可分为工程建设项目投标书、大宗商品交易投标书、选聘企业经营者投标书、企业承包投标书、企业租赁投标书、劳务投标书、科研课题投标书、技术引进或转让投标书等。

四、投标书的结构和写法

投标书的结构一般由标题与时间、正文、署名三部分组成。

（一）标题与时间

一般写上文种"投标书"即可。也可包括投标形式、投标内容和文种，如《租赁××市印刷厂的投标书》。投标的时间可写在标题的右下角，也可写在文末投标人的单位名称下面。

（二）正文

一般可分条列项（也可用表格式）写明投标的愿望、项目名称、数量、技术要求、商品价格和规格、交货日期等。承包经营项目的投标书，正文一般要阐述对投标项目基本状况的分析，找出优势和存在的问题；提出经营方针；说明承包目标、考核指标以及达到目标的可行性分析和拟采取的措施；对招标者提出的要求、条件的认可程度等。

正文部分引用的数据要准确、完整；论述要条理清楚，说理透彻；目标要明确可信；措施要切实可行。

（三）署名

要写清投标人的单位名称、法人代表及邮政编码、地址、电话号码、传真号码、电子邮箱等，以便联系。

有的投标书还要由上级业务主管部门和公证监督机关签名盖章。如有必要，还应附上担保单位的担保书及有关图纸、表格等。

五、例文评析

×××公司投标书	
××铁路总公司： 　　研究了招标文件IMLRC—LCB9001号，对集通铁路项目所需货物我们愿意投标，并授权下述签名人×××、×××，代表我们提交下列文件正本一份，副本四份。 　　1.投标报价表。 　　2.货物清单。 　　3.技术差异修订表。 　　4.资格审查文件。 　　5.××银行开具的金额为××的投标保函。 　　6.开标一览表。 　　签名兹宣布同意下列各点： 　　1.所附投标报价表所列拟供货物的投标总价为人民币×××元整。 　　2.投标人将根据招标文件的规定履行合同的责任和义务。	标题由投标单位和文种组成。 前言言简意赅地交代投标依据和态度。写出授权人的姓名，显示严肃性。

	续表
3.投标人已详细审查了全部招标文件的内容,包括修改条款和所有供参阅的资料及附件。投标人放弃要求对招标文件作进一步解释的权利。 4.本标书自开标之日起90天内有效。 5.如果在开标之后的投标有效期撤标,则投标保证金将被贵公司没收。 6.我们理解你们并不限于接受最低价和你们可以接受任何标书。 　　　　　　　　　　投标单位:中国沈阳××公司 　　　　　　　　　　地　　址:中国沈阳×区×街×号 　　　　　　　　　　电　　话:024-××××××× 　　　　　　　　　　授权代表姓名:××× 　　　　　　　　　　　　　　　　　(公章) 　　　　　　　　　　　　　　××年×月×日	主体部分:一层是投标书的重要内容、各种报价表及其他文件。 　　二层表明态度,同意招标文件的各项内容并作出相关保证。 落款完整、详细。

六、投标书写作的注意事项

(一)要实事求是

投标方必须在认真研究招标书的基础上,客观估计自己的技术、经济实力和相应的赔偿能力,经过专家充分论证,再决定是否投标,并实事求是地填写标单和撰写投标书,切不可妄加许诺,不可徇私舞弊,弄虚作假,害人害己。因为一旦中标,就要在规定期限内与招标方签订合同,按合同办事。如不实事求是,将给国家、招标单位和本单位造成严重的经济损失,或因违约、毁约而使自己承担法律责任。

(二)内容要明确具体

对于投标书的具体内容,如目标、造价、技术、设备、质量等级、安全措施、进度等,都要详细写明,力求具体、明确、一目了然。如果交代不清,笼统含糊,无法使招标单位认可,那是难以中标的。

(三)要讲究时效性

招标单位之所以招标,旨在利用招标人之间的竞争来达到优选买主或承包、租赁、合作的目的。招标都规定了明确的时限,过期不候,所以,投标一定要讲究时效性,要在规定时限内写好并送出投标书,才有中标的可能。

任务四　产品说明书

任务导入

公司开发了一款新的厨房料理机,销售部在销售过程中发现消费者反映产品说明书比较难懂,问题被反馈到王经理那里,王经理让张晓丽将这款产品的说明书拿来仔细研究,并提出修改意见,然后交公司有关部门重新印制。张晓丽认真研究了产品说明书后发现了存在的问题,在向王经理汇报后,她拿出了修改后的产品说明书,修改后的产品说明书在消费者那里得到了好评。

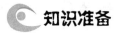 知识准备

一、产品说明书的概念及作用

产品说明书是厂家或商家向消费者解释和说明产品性能、成分、效用、构造、特点、规格、用途、保管保养方法、注意事项等有关产品知识和使用须知的书面文字。

作为一种使用频率高、实用性强的应用文体,产品说明书在产品和顾客之间起着"桥梁"和"媒介"作用。具体说来,一是介绍商品,指导消费,方便大众;二是推销商品,扩大销售,激发用户购买欲望。

二、产品说明书的特点

(一)客观性

客观性也称"科学性"。产品说明书必须客观、准确、恰当地介绍产品的实际情况。要求数据无误,用语规范,概念确切,使用程序的说明要合乎事理。

(二)实用性

说明书是使产品最大限度地实现使用价值的保证。根据消费者的需要,对产品的基本情况、使用方法、保养维修等方面的知识进行具体、详细的说明。

(三)条理性

正因为说明书的实用性很强,所以表述时要特别注意表达的顺序,做到条理清楚,层次分明,一目了然。只有遵循事物本身的规律和操作的顺序由表及里地说明,才能方便阅读,有利于消费者理解。

三、产品说明书的种类

由于目的不同、方式各异,产品说明书的种类也不一样。大致有以下四种:

(一)说明型

目前,我们所见到的产品说明书大多是说明型的,因为许多产品的构造、用途等并不为消费者所熟悉,使用和保管方法也得分别向消费者介绍,用户才能认识产品、掌握产品的性能和用法。

(二)梗概型

常见且常用、操作简单的产品,无需细说,就用梗概型。有些产品,比如饮料、食品等的说明书,不需要说明它们的性质和功能,只要作简单概括的说明便可以使消费者读懂会用。

(三)描述型

为了吸引消费者,产品说明书还借用形象的艺术方法。尤其对有特殊功用的产品来

说,为了突出其与其他同类产品的不同,就用描述型来吸引顾客。

(四)析疑型

有些新产品刚刚问世,尚未被人们所认识,特别是人们对它们的性能、功用等还有疑惑,产品说明书则必须有目的地对产品加以解释。比如"螺旋藻""活性钙"等。

> **温馨提示**
>
> 　　说明书和广告都要对产品的名称、产地和有关知识进行说明,都有传递信息、促进销售的作用。其区别是:(1)目的不同。广告的目的是宣传产品,促进销售,主观色彩浓厚,追求鼓动性和感染力;说明书则在于介绍产品知识,要求客观冷静,讲究科学性、知识性。(2)内容不同。广告强调宣传主题,对产品的介绍是概括性的;说明书则要把产品的详细内容一一介绍出来。(3)表现手法不同。广告借助多种手法,更具形象性和诱惑力;说明书则以说明为主要表达方式,更具实用性。

四、产品说明书的结构和写法

产品说明书的结构一般包括标题、正文和落款三部分。

(一)标题

产品说明书常见的标题有四种:

(1)直接以文种作标题。如《产品说明书》《使用指南》等。

(2)以产品名称作标题。如《活性钙片》《金嗓子喉宝》等。

(3)以产品名称和文种作标题。如《维生素 E 胶丸说明书》《新科 DVD 说明书》等。

(4)在产品名称前加修饰、限制性词语。如《茶中奇秀南岩铁观音》《止咳佳品梨膏糖》等。

(二)正文

正文是产品说明书的主体部分。它要求详细深入地介绍产品的有关事项,如产地、原料、性能、特点、原理、用途、使用方法、保养维修、有效期和企业承诺等内容,除文字说明外,还可穿插些图片及表格。因说明对象、目的和采用的形式不同,所写项目也有所不同。写作时,应从实际出发,酌情增减项目。产品说明书往往按人们认识事物的先后顺序或者事物特征的内在联系来安排结构。

正文的结构形式多种多样,一般可采用条款式、短文式、综合式三种。

1. 条款式

条款式是对要说明的内容分条列款逐一说明的方式。它的特点是层次分明,条理清晰,要点明确。

2. 短文式

即采用概括和叙述的方式把要说明的内容以简洁的文字形式表达出来,形成一篇结构完整的短文。它的特点是内容完整,意思连贯,信息量大。

3. 综合式

即短文式和条款式的结合。它的特点是清楚、周密,实用性强。

(三)落款

落款要写明厂家名称、地址、电话、联系人、邮政编码、电报挂号及产品的批号、生产日期、优质级别等。

五、例文评析

三角牌 SYL 型保温式自动电饭锅说明书	标题由产品名称加文种组成。
产品简介: 三角牌 SYL 型保温式自动电饭锅是根据并符合我国轻工业部 C371-84 标准设计和制造的,其中关键部件从国外引进。除煮饭外,该电饭锅还可炖补品、煲汤及煮粥等。它不仅外观美观新颖,而且结构精密,光洁度好,坚固耐用。 本饭锅采用永磁性调节方式,所以使用方便,内锅保温效果好,能节约用电;外壳温度比其他型号明显降低。	先用短文式简单介绍产品的性能。
使用说明: 1. 内锅精密加工,与电热板接触良好,从而获得最佳煮饭及烹调效果。 2. 煮饭米与水的比例以 1∶1.5 为宜。洗净的米及水放入锅后,把内锅放入里层,并左右转动数次,使它与电热板接触良好,这是煮得又快又好的关键。反之,不但效果不好,还会损坏电器部件。 3. 接上电源,红指示灯亮,并要按下电键,才进入正常工作。饭熟时,红色指示灯自动熄灭,黄色指示灯亮,此时不要揭开锅盖,要焖饭 10 分钟左右方可食用。 4. 红色指示灯熄灭后,黄色指示灯亮,饭的温度降至60℃－80℃时,红色复亮表示自动保温。 5. 如烹调其他物品,达到适合时间,便可把电键拔起,否则要待锅内水煮干,才能自动跳掣。 注意事项: 1. 除按操作顺序使用外,内锅的外壳及底部、电热板表面要保持清洁,不能附有水点、饭粒及其他食物,否则会导致内锅与电热板接触不良,烧坏电器部件。 2. 锅的外壳切忌水浸或用水淋洗,玷污时,可用柔软棉布(拧干水)抹净,锅内可用水洗涤。 3. 电饭锅不宜煮酸、碱类食物,不要放在有腐蚀性气体及潮湿的地方。 4. 内锅放好后才接上电源,拿出内锅时先把电源插头拔出,这样更为安全。 5. 本饭锅带有超温熔断器,如遇到特别事故可自动切断电源,待故障排除后,重新换上熔断器方可继续使用。	正文采用条款式,着重从使用方法和注意事项两方面进行介绍。使用方法的介绍分步骤、有条理;注意事项的介绍则周全、细致。 整体来看,语言准确明白,浅显易懂。
电饭锅基本规格:(略) 企业名称:××××××　　厂　址:××××××× 电　话:×××××××　　电　挂:××××	落款部分给消费者提供有关购买的信息,内容详尽,无遗漏。

六、产品说明书的写作要求

（一）抓住重点，写出个性

产品种类繁多，性能各异。因此，写作时必须根据产品的特性来确定说明的重点，写出个性来。如药品类产品要着重介绍其成分、效用及服法；家用电器类产品要着重说明其性能和使用方法；食品类产品则重在介绍其成分和食用方法。总之，只有说出自己的产品"新"在何处、"特"在哪里，才能吸引消费者购买并使用。

（二）实事求是，科学实用

本着对消费者负责的精神，产品说明书的写作应实事求是。所写内容不能太空泛、华而不实，要科学、具体地对产品的有关知识进行介绍，让用户看完说明书就能自己使用和操作。

（三）语言简洁，通俗易记

产品说明书是为广大消费者服务的。因此，在科学、精确表达的同时，更要注重语言的通俗易懂，以便使各个文化层次的消费者一读就懂，懂了会用。说明书还可以把文字说明与插图结合起来，把产品的外观、构造等内容直观地展现给消费者，让消费者更轻松、快捷地了解并掌握产品特性。

任务五　广告文案

任务导入

经过努力，张晓丽已完全能胜任销售部的行政工作，她的文书工作成绩更为突出，在整个公司都有了些声誉。这不，公司新推出的产品在商量广告文案时，分管销售的李副总亲自点名让王经理带张晓丽一起参与讨论。那么，广告文案是什么样的呢？

知识准备

一、广告和广告文案的概念

广告的含义是广而告之，有狭义和广义之分。广义的广告包括商业广告和公益广告。狭义的广告仅指商业广告，又称"经济广告"。它是以盈利为目的，通过各种媒介，向公众宣传商品知识、报道服务内容、促进商品流通，为生产和消费服务的一种专用文体。

广告文案就是广告的语言文字部分，它是广告创意的基础，也是广告内容的语言文字载体。它包括两类：一是诉诸听觉的有声语言形式的广告文案；二是诉诸视觉的书面语言形式的广告文案。无论哪一种媒介的广告,可以没有图画,可以没有声音,但是不能没有文字。即使广告中没有直接的文字表达,或没有声音的直接传递,但广告的创意和设计仍然需要以一定的文案为基础。可以说,无论采取哪种媒介传播广告信息,一旦离开文字就寸步难行。

二、广告文案的作用

第一,传播信息,服务于社会。

第二,沟通产销渠道,促进商品销售。

第三,指导消费,活跃市场。

第四,促进竞争,塑造企业形象和产品品牌。

三、广告文案的特点

(一)真实性

真实是广告的生命,广告必须遵循诚实守信的原则,不可弄虚作假,哗众取宠。欺骗消费者的虚假广告是达不到树立企业形象、提高经济效益的目的的。

(二)传播性

广告通过各种大众传播媒介达到"广而告之"的目的。广告本身是直接为推销商品服务的,只有传播的广泛,才能最大限度地销售商品。没有传播性,广告也就失去了存在的价值。

(三)简明性

要想在有限的时间、空间内取得最佳、最快的传播效果,广告的主题必须单一突出,语言简洁明快。这样才能引起人们注意,并给人留下深刻的印象。

(四)艺术性

广告是一门综合艺术。它经常利用形象的文字、精美的图像、动听的声音等多种传播方式来传播商品信息,通过运用各种艺术手段来突出商品的特点,通过新颖的广告创意来达到宣传的目的。因此,好的广告既传播了信息,又给人以精神上和视觉上的艺术享受。

> **小故事**
>
> 据说,我国最早的广告起源于春秋末期的燕国。《战国策·燕二》记载:人有卖骏马者,比三旦立市,人莫之知。往见伯乐,曰:"臣有骏马,欲卖之,比三旦立于市,人莫与言。愿子还而视之,去而顾之,臣请献一朝之贾。"伯乐乃还而视之,去而顾之。一旦而马价十倍。这就是现代所谓的名人效应广告。

四、广告文案的结构和写法

广告文案的写作格式包括标题、正文、随文、广告标语四部分。

(一)标题

标题即广告的题目,它是广告给人的第一印象,是广告内容的凝聚和提炼,能突出广告的主题,新颖别致,给人以强大的吸引力和感染力。它有以下三种形式:

1. 直接标题

直截了当地用商品的名称、品牌等作为广告标题的核心内容,直接表明广告的主题和销售重点。它的特点是简洁明了、一目了然。比如"六神特效花露水"的标题——"六神有主,一家无忧"。

2. 间接标题

它是采用暗示、诱导的方式,以引起消费者阅读正文的兴趣。这种标题富有暗示性、诱导性、趣味性、哲理性,并常常与图片、美术等艺术形式结合起来。如台湾一种牙刷的广告标题——"一毛不拔"、武汉一家打火机的广告标题——"不打不相识"。

3. 复合标题

它是对直接标题和间接标题的综合运用,往往采用正标题和副标题两部分,有的还可以采用加引题的方式。复合标题的特点是结合以上两种标题的长处,更具吸引力和感染力,运用起来更灵活、更全面。比如"独领风骚——泸州老窖""你按快门,其余的事我来做——柯达全自动相机"。

(二)正文

正文是广告文案的核心,起着介绍商品、灌输知识、增进了解并最终实现广告促销的作用,要求更深入、更透彻地表现广告的主旨和内容。一般应写明商品的名称、用途、规格、特点、产地、性能、价格、出售方式、出售时间、地点等内容。

广告正文是广告文案的主导内容,因而其结构、内涵、技巧多种多样。从形式结构上说,一般分为开头、中心段和结尾三部分;从内容上说,可以多方面实现消费者对商品的诉求,如表明主题、提供证明、鼓励行动等。因为广告的目的是引起消费者对商品的兴趣,使之产生购买的欲望,所以广告更要在技巧上下功夫,要求写作者有扎实的语言功底和较高的文字修养。比如:

1. 直述式

直接介绍商品情况,这种方法自然朴实、清楚明白。比如,广西永福制药厂的广告:"永福县是名贵特产罗汉果之乡,罗汉果味甜、性凉,具有清热润肺、止咳化痰、生津止渴、润肠通便、益肝健脾以及促进肠胃机能、降低血压等功效。"

2. 问答式

通过一问一答的形式,说出产品的特点,针对性强,通过激发人们的好奇心,达到宣传商品的目的。这种方式形式活泼,有亲切感。比如后面的例文二。

3. 证书式

借助商品或企业所荣获的各种证书、奖章或消费者对商品或企业的赞誉来证明其质量上乘、服务一流,这种方法有令人信服的力量。比如,山东兰陵美酒,曾荣获1915年巴拿马国际博览会金质奖章,1980年获山东优质产品证书,1987年获"中国第一届黄酒节"一等奖。

4. 描述式

对商品或企业的局部或全部进行描写,这种方法能够对产品的特点进行渲染,给人以鲜明印象。比如,日立电视广告:"只要是日立的彩电,您尽可放心地去欣赏那美丽鲜艳的图像,因为在它的背后,是一个一丝不苟严格检验的世界。在日立的生产工厂里,首先要对所有用于彩电生产的零件进行严格筛选,挑选出其中质量最好的加以使用。当电视的各个部分形成之后,再进行一次检验,合格之后方可用于组装,从零件的筛选算起,一共要经过20道检验程序,一台电视机才诞生。日立的目的就是向广大顾客提供最高质量的产品。"

5. 幽默式

用幽默诙谐的笔调和语言,在轻松愉快的气氛中宣传商品和企业,这种方法引人入胜,使人经久不忘。比如,伦敦地铁广告:"如果您无票乘车,那么,请在伦敦治安法院下车。"再如,一抽油烟机的广告:"专食人间烟火。"

此外,还可采用布告式、目录式、论说式、对比式、象征式等手法。由于广告正文是广告的主体,消费者对商品信息的获得主要来自这里,所以广告正文的写作必须要注意内容的可信性、可证性和可比性,材料安排要得体。

(三)随文

随文又称"附文",它的内容一般包括企业名称、通讯地址、电话号码、电报挂号、传真、银行账号及联系人等。随文是整个广告文案的有机组成部分,写作一定要核对准确,为广大消费者提供必要的线索、资料,起指导购买的作用。

(四)广告标语

广告标语又叫"广告口号",是文案的重要组成部分,也可单独使用。广告标语的目的是使消费者建立一种理念,用以指引消费者选购商品或劳务。

广告标语是广告文案创作中最富创意的部分,它要求在遣词造句上应简洁精练,在功能上应富有鼓动性,在表现形式上应灵活多样,富于变化。广告创意既要突出主题,又要富有情趣,既要简洁明白,又要朗朗上口。

常见的形式从宣传对象看分为:①产品形象口号,如"输入千言万语,打出一片深情"(四通打字机);②品牌形象口号,如"新鲜常在香雪海"(香雪海电器);③企业口号,如"真诚到永远"(海尔公司)。

从写作内容及心理效应分为:①赞扬型,如"滴滴香浓,意犹未尽"(麦氏咖啡);②号召型,如"趁早下斑,请勿痘留"(某化妆品);③情感型,如"原来生活可以更美的"(美的空调)。

从创意手法上分为：①联想创意，如"太平洋保险保太平"（太平洋保险）；②拆嵌创意，如"百里挑一，盛情满怀"（上海百盛商厦）；③谐音创意，如"最好试一试"（414 毛巾）。

温馨提示

广告标题经常一次性使用，广告标语则要不断反复刺激以加深印象，达到效果。多变的标题加不变的口号，才是广告成功的秘诀。

五、例文评析

【例文一】

浓情魅力　非凡品质	间接标题，强调中心的同时又以情动人。
拥有 120 年历史的立邦漆，始终以创造人类与自然的和谐为己任，一贯积极倡导环境保护，不断美化和保护着人们的生活。在技术上，立邦漆更是以卓越的防腐、耐用及环保性能傲视群雄。立邦漆的产品系列广泛，包括建筑漆、汽车漆、汽车表面处理剂、海事用漆、家电用漆和电脑部件漆等。1992 年，立邦漆来到中国，成功地引领了内外墙乳胶漆消费潮流。	产品的高贵品质——环保。 广泛的产品系列。
立邦漆经国家环境分析测试中心检测：不含氯化物、铅、汞等重金属，对人体无害，立邦漆经中国预防医学科学院卫生检测所检测证实，属实际无毒级。	产品安全性的权威论证。 采用直述体，层次清晰、语言精练。
随文（略）	

【例文二】

美国一家电话公司的广告	直接式标题，对话体广告。
电视画面：傍晚，一对老年夫妇正在餐厅里用餐，电话铃响，老妇人起身接电话，一会儿，老妇人回到餐桌旁。 　　老先生：谁的电话？ 　　老妇人：是女儿打来的。 　　老先生：有什么事？ 　　老妇人：没事。 　　老先生：没事？几千里地打来电话？ 　　老妇人：（呜咽）她说她爱我们。 　　（两位老人相视无言，激动不已） 　　旁白：用电话传递你的爱吧！	正文描绘了一幅普通的生活画面，蕴含着深切的亲情与挚爱，强烈的感情诉求画龙点睛地揭示了广告的主旨，使人恍然大悟，感染力强。

六、广告文案的写作要求

(一)内容真实,文字准确

真实、准确是广告文案的基本要求,也是经济广告的生命。它首先是指广告内容必须真实,实事求是,不弄虚作假,欺骗消费者;其次是要求用词贴切,对产品的介绍或评论要恰到好处。

(二)主题突出,新颖别致

选择广告主题,一定要针对广告对象,只突出一个重点,并让人感到十分可信。主题越单一,商品特点就越突出,消费者就易读、易懂、易记。在突出主题的同时,还要强调立意新颖、出奇制胜。因为只有不断发展和创新,才能不落俗套,给人耳目一新的感觉,瞬间吸引消费者,增强广告的效果。

(三)形式多样,语言精妙

广告文案既要通俗易懂,又要生动有趣。广告语言在诚实的基础上适当多一些风趣幽默,会引起人们的好奇心,激发其购买欲望。使广告生动有趣的方法很多,常见的有:①巧用谐音法,如"默默无'蚊'的奉献"(蚊香的广告);②比拟法,如"蒂花之秀,青春好朋友"(洗发水广告);③语义双关法,如"伴您步上新高度"(某电梯广告);④对偶法,如"小店名气大,老酒醉人多"。此外,对比、强调、反复、排比等手法都能在广告文案中广泛应用。

能力巩固

一、知识训练

(一)填空题

1. 合同的标的是指_____。
2. 产品说明书的主要特点是_____、_____和_____。
3. 招标书的标题,通常由_____、_____和_____三部分构成。
4. 中标和签订合同,要以_____为依据。
5. 广告文案的主要特点是_____、_____、_____和_____。

(二)判断题

1. 经济文书的固定格式,是人们在长期的写作交往实践中约定俗成的,写作时应该共同遵守,但也可以随意更改。 (   )
2. 合同双方或多方当事人的法律地位可以不平等。 (   )
3. 签订合同的双方或多方当事人的意思表示首先必须符合双方的利益,并且不损害

社会公共利益。 （   ）

4. 经济合同一经依法签订，就具有法律效力。 （   ）

5. 立合同双方的名称应按照其法定核准的名称写简称。 （   ）

6. 广告标语是广告标题，一般写在广告文案的第一行。 （   ）

7. 采取欺诈、胁迫等手段所签订的经济合同，是无效合同。 （   ）

8. 合同如有错误或遇到特殊情况确需修改时，应将双方同意的意见改写在合同上。 （   ）

9. 经济合同的语义应准确，但有时也可使用"希望""尽可能""争取"等模糊性用语。 （   ）

10. 前言是招标书的核心，通常采用横式并列结构，逐条写明招标的有关内容，力求详尽、具体、准确。 （   ）

(三)选择题

1. 合同的标题一般是由（   ）
   A. 名称加合同两字组成   B. 事由加合同两字组成
   C. 时间加合同两字组成   D. 价款加合同两字组成

2. 合同的开头一般表述为（   ）
   A. 根据……××方与××方……为明确双方责任，经充分协商，特订立本合同，以资共同遵守
   B. "你方""我方"为明确双方责任，经充分协商，特订立本合同，以资共同遵守
   C. 根据……特订立本合同，以资共同遵守
   D. 根据……明确双方责任

3. 经济合同最重要的部分是（   ）
   A. 标题   B. 开头   C. 主体   D. 违约责任

4. 经济合同中不可抗拒力条款、解决争议的方式、附件说明、合同的有效期限、合同文本份数及其保存等内容一般写在（   ）
   A. 开头   B. 主体   C. 结尾   D. 落款

5. 合同当事人一方或双方因过错造成合同不能履行或不能完全履行时所承担的经济和法律责任的条款是（   ）
   A. 标题   B. 标的   C. 合同落款   D. 违约责任

6. 企业名称、通讯地址、电话号码、电报挂号、传真、银行账号及联系人等信息应该写在广告的（   ）
   A. 开头   B. 正文   C. 随文   D. 广告口号

7. 招标书主要指（   ）
   A. 招标申请书   B. 招标公告或招标通告
   C. 招标说明书   D. 招标邀请通知书

二、能力训练

（一）改错题

1. 下面是一份合同，请指出其错误之处。

经济合同

立合同人：

××化工厂第二车间（甲方）

××市第二建筑公司生产科（乙方）

为建筑××化工厂第二车间东厂房，经双方协商，订立本合同。

甲方委托乙方建造东厂房一座，由乙方全面负责建造。

全部建筑费（包括材料、人工）壹拾叁万元。

××化工厂在订立合同后先交一部分建筑费，其余在东厂房建成后抓紧归还所欠部分。

工期待乙方筹备就绪后立即开始，力争三月中旬开工，争取十一月左右交活。

建筑材料由乙方全面负责筹备。

本合同一式二份，双方各执一份。

立合同人：

××化工厂第二车间（公章）

主　　任：×××（私章）

××市第二建筑公司生产科（公章）

科　　长：×××（私章）

××年×月×日

2. 下面是一则说明书，请指出其不足之处。

××口服胶囊是最新出产的广谱抗菌药。本产品疗效好，使用方便，无毒副作用。

使用方法：成人口服每次 150mg，每日两次。20—40kg 的儿童每次 100mg，每日两次。12—20kg 的儿童每次 50mg，每日两次。

产品规格：150mg/粒。

产品有效期：有效期暂定 1 年半。

生产厂家：××××制药厂

地　　址：××市××街××号

电　　话：××××××××

3. 指出下列两则广告文案的毛病。

①有一则柴油机的广告这样写道：本产品设计合理，外形美观，结构紧凑，性能优良，价格低廉，欢迎选购，代办托运，实行三包。

②××公司的广告这样写道：××公司是××专业生产公司，具有××年历史，管理先进，设备齐全，技术力量雄厚，产品质量可靠，广泛应用于××，畅销全国××个省、市、自治区，深受用户好评。欢迎来函订购。

(二)写作题

1. 请为你家乡的某种土特产写一则广告词。

2. 根据下面的材料写一份合同。

百佳商场法人代表李天民与秀丽服装厂的法人代表王利建于2010年3月20日签订了一份合同,具体货物是桑蚕丝女式长袖绣花衬衫,数量为1000件,每件单价180元,2010年6月1日之前由服装厂直接运往商场,运费由服装厂自行负责。商场收到货品并验收合格后,于收货15天内通过银行转账一次性付清货款。如果延期交货或付款,则每延期一天,延期的一方必须付给另一方货款总价万分之二的滞纳金。如果数量不足,则按不足部分的货款赔付20%的赔偿金。如果质量不符合议定标准,则重新酌价。本合同由××市工商行政管理局鉴证后生效。合同正本一式两份,双方各执一份。百佳商场的地址是××省永德市××路××号,开户银行是永德市工商银行,账号××,电话××××,秀丽服装厂的地址是杭州市××路××号,开户银行为杭州市工商银行,账号××,电话××××。

项目五

社交文书写作

知识目标 1. 了解欢迎词、欢送词与答谢词在人际交往中的沟通交流作用。掌握迎送致辞的写作体式和要求。
2. 学习求职信、推荐信、履历的写作技巧。
3. 学习请柬、聘书的写作格式、内容要求。

能力目标 培养学生实际写作社交礼仪文书的能力。

素质目标 使学生能根据不同的对象、环境、场合,灵活贴切地表情达意。

角色设定

安徽长江商贸有限公司是一家以分销、物流为主的大型多元化集团公司,经营范围涉及饮料、食品、日用百货、电器、服装、皮具、物业管理、实业投资等多个领域,是华东地区乃至全国分销物流行业的领军企业之一。张晓丽是公司总经理办公室秘书,在公司的商务往来中少不了要处理社交礼仪文书。

任务一　欢迎词　答谢词

任务导入

随着业务的发展,越来越多的企业与安徽长江商贸有限公司进行合作。近日,北京新能投资有限公司要来与公司商洽新业务并交流,秘书张晓丽奉命为北京新能投资有限公司的到来撰写一篇欢迎词。

知识准备

致辞除适用于外交场合之外,也常用于一般人际交往,同其他社交礼仪文书一样,发挥着重要的沟通交流作用。因此,我们应该掌握各类公关礼仪文书的写作方法。

一、欢迎词、答谢词的使用范围

欢迎词、答谢词均是在迎接宾客的仪式上用于礼节、应酬讲话的文稿。主人对来宾表示欢迎,用欢迎词;宾客感谢主人的热情款待,则用答谢词。如果欢迎的仪式是通过宴会的形式进行的,那么欢迎词、答谢词也是祝酒词。

二、欢迎词、答谢词的种类

(一)欢迎词、答谢词从表达方式上可分为

1. 现场讲演的欢迎词、答谢词

此类欢迎词一般指欢迎人在被欢迎人到达时在欢迎现场口头发表的欢迎稿。被欢迎人在随后的活动中的合适场合,如座谈会、欢送会、答谢宴会上所致辞为答谢词。

2. 报刊发表的欢迎词、答谢词

此类欢迎词是发表在报刊或公开发行刊物之上的欢迎稿,它一般在客人到达前后发表。客人离开后,也可能通过报刊等媒体,公开发表答谢词。

(二)欢迎词、答谢词从社交的公关性质上可分为

1. 私人交往欢迎词、答谢词

私人交往欢迎词、答谢词一般是在个人举行的较大型的宴会、聚会、茶会、舞会、讨论会等非官方场合使用的,通常要在正式活动开始前后进行。私人交往欢迎词、答谢词往往具有较强的即时性、现场性。

2. 公事往来欢迎词、答谢词

这样的欢迎词、答谢词一般在较庄重的公共事务中使用。要有事先准备好的得体的书面稿,文字措辞上的要求较私人交往的欢迎词、答谢词正式和严格。

三、欢迎词、答谢词的特点

它们的共同特点是篇幅短小,注重宾主的背景介绍,突出强调二者的合作关系及合作前途;注重礼貌热情,使用尊称、全名,不使用省称、代称;表达委婉适度。

四、欢迎词、答谢词的写作

这两种文稿名称虽然不一样,但是写作方法大致相同。

(一)标题

标题有两种写法:一是只写"欢迎词"或"答谢词";二是在"欢迎词"和"答谢词"前边加修饰、限定性词语。这种修饰、限定性词语,往往由致辞人姓名、职务和欢迎或欢送会议名称组成,如《胡锦涛主席在欢迎塞拉利昂总统科罗马访华仪式上的讲话》。

(二)称谓

标题下行顶格写出席者的称谓,后加冒号。称呼要友好热情,可以加上头衔或表示亲切、尊重的词语,并注意称呼的准确性和包容性。

(三)正文

写欢迎词时应对前来的宾客表示欢迎或感谢;回顾主客间的交往与友谊,阐述宾客来访或有关活动的作用、意义,表明进一步加强交往的意愿等;对有关人员和活动表示各种祝愿。写答谢词应首先对主人的热情款待表示感谢;表明自己的来访所取得的成果及目睹双方合作的良好关系及前景;向对方介绍或汇报情况;展望和预示双方新的更广阔的合作前景。

(四)落款

报刊上发表的欢迎词、答谢词在落款处要署上致辞的单位名称,致辞者的身份、姓名,并署上成文日期。

五、例文评析

【例文一】

湘潭师范学院在新生开学典礼上的欢迎词

各位老师、各位同学：

你们好！

首先，我谨代表全院教职员工，请新朋友们猜个谜语。谜底嘛，是一件大家非常熟悉、一辈子都离不开的东西。再穷的人家也至少"拥有一个它"，每天少不得几十次上百次地同它打交道。但是，人们往往对它漠然置之，熟视无睹。请问：这是什么？很遗憾，大家都没有猜中，只好由我自己亮谜底，这就是——门！不是吗？再穷的人家至少拥有一扇门。世界上最有名的门是法国的凯旋门，中国最有名的门是天安门。我们今天不讲凯旋门，不讲天安门，只说一说咱湘潭师范学院的大门。这道门线条流畅，姿态优雅，造型别致新颖，号称"湖南高校第一门"。那么它的造型有何深刻的寓意？我院10个教学系的教授都有不同的看法，请为诸位指点——

中文系：汉语教授——这个造型代表"湘潭师范学院"第一个字"湘"的汉语拼音第一个字"X"。它表示，当你踏进这扇大门，你就成为湘潭师范学院的一员，成为一名光荣的大学生。在此，我代表全院1015名教职员工对1200名新同学表示最热烈的欢迎！文学教授——校门的上半部分是浪漫主义的诗歌，下半部分是现实主义的散文，因此，它是革命的浪漫主义与现实主义结合的产物！

数学系：代数教授——字母"X"。在数学王国里，X代表未知数，昭示着我们要不断探索，对社会、对科学、对人生各种各样的方程式去求解求根，但永远不能生成。它告诉我们，科学与真理没有终点，因此，要不断地攀登，不懈地追求！

物理系：力学教授——这是一条抛物线。它的寓意是：学如逆水行舟，不进则退。声学教授——声波震动示意图。它的寓意是：人生如波如潮，有起有落，胜不骄、败不馁，才算真英雄。

化学系：无机化学教授——这是最新合成的第109号化学元素的原子结构原型。有机化学教授——这是酒精灯与烧瓶的模型，正在做有机物的化合与分解反应实验。

外语系：英语教授——这是由两个英文字母"S"组成的图案，S是英文"科学"（赛因斯）的第一个字母，说明这是一座科学的大门。俄语教授——它是俄语单词"哈拉索"的第一个字母"X"，"哈拉索"是好的意思，它告诉你湘潭师院天好地好环境好，山好水好人更好！

政治系：哲学教授——它代表哲学上一分为二与合二为一两种理论命题的探讨。经济学教授——一高一低，代表工农业产品的价格剪刀差。

历史系：中国史教授——这是两件著名的出土青铜器模型的组合。上半截是四羊方尊，下半截是司母戊大方鼎。世界史教授——这是一座凯旋门，祝贺你们，高考战场的凯旋英雄！

每年新生入校，作为校方代表都要在开学典礼上向新生致欢迎词并对学校作出简要介绍。千篇一律，众口一词无疑是欢迎词的败笔，起不到给宾客——新生留下深刻的印象及激发其好奇与激情的作用，会得不到尊重与重视。

这篇欢迎词的独特之处就在于发言人避开简单的说教，先向师生问好，而后用热情、友好、温和的语言从猜谜开始引出"门"这个主题，并从10个教学系的教授不同的见解出发来阐述"门"，顺便言简意赅地介绍了学校各院系的情况。可谓是匠心独运、别具一格。这就激发了新生的兴趣并且从寓意深刻的"门"中认清了自己的使命、目标。

续表

地理系：自然地理教授——这是地球结构的剖面图，高的是喜马拉雅山，低的是马里亚纳海沟，中间是地壳，底下车水马龙人来人往是岩浆涌动的地心。经济地理教授——像稻穗，像鱼跃，说明湖南是鱼米之乡。 艺术系：美术教授——这是一件抽象派的艺术雕塑。音乐教授——这是五线谱中的一个标识符号。 生物系：植物学教授——细胞一分为二。动物学教授——像只老母鸡在下蛋，也像蛋壳里孵出小鸡。它代表生物学上一个永恒争论的话题，世界上到底是鸡先生蛋，还是蛋先生鸡？ 咱们的校大门寓意深邃，真可谓仁者见仁，智者见智。这是一扇幸运之门，这是一扇光荣之门，这是一扇科学之门。你们从三湘四水踏进这扇校门，你们是时代的骄子、社会的宠儿；未来你们步出校门奔向五湖四海，你们将是社会的栋梁、中国的希望！希望你们在门内的四年勤奋刻苦，门门功课优秀，为校大门添砖加瓦；跨出校门后献身科学，献身教育，争当中国的爱因斯坦、门捷列夫，为校大门增色添彩！谢谢大家！	最后发言人再次致谢。这篇欢迎词给人以愉快及机警的感受，给人留下了深刻的印象。

【例文二】

在毕业典礼上的答谢词	
各位领导、各位老师、各位同学： 　　今天我怀着十分激动的心情参加2009届同学毕业典礼。首先，我代表全校805名毕业生，向四年来亲切关怀我们学习、生活、成长的校系各级领导、各位师长以及广大的后勤工作人员，致以最崇高的敬意和最衷心的感谢！感谢你们无私传我们知识，感谢你们谆谆教导我们做人，感谢母校带给我们四年难忘的大学时光。	开篇直接进入主题，表达谢意。
大学是梦开始的地方，让我们脚踏实地地努力着拼搏我们的未来，曾经有过辗转于各教学楼教室上课的平凡与琐碎，也有过纵情高歌狂欢的酣畅淋漓。我们也记得在系里的辩论赛上，大家初露锋芒，一场场的唇枪舌剑吸引着每个同学的注意力。我们更记得联欢会上同学们的精彩表现、运动会比赛场上大家的齐心协力。我们忘不了期末考试前的挑灯夜战。 　　现在，我们即将离开，让我们认真保存好每张合影，把我们的笑容定格在记忆中。让我们用力拥抱陪伴我们四年的舍友们，让我们感谢并拥抱所有那些帮助我们的人，因为很多人，此生将很难重逢！ 　　让我们对曾经起过争执冲突的人说声"对不起"，不再追究谁对谁错，让我们对那些指责我们过错的人说声"谢谢"，因为是他们发现了我们的不足，我们才得以改正，成就我们的今天，不要让友情的缺憾带入今后的生活。 　　让我们再对每位老师，对校内各岗位上的工作人员说声"谢谢"，因为你们的辛勤工作，我们才能舒适地生活、学习，你们给我们提供了安全舒适的学习生活环境，你们传授给我们丰富的知识，你们让我们深刻地感受到关怀与温馨！	回首大学四年难忘时光，再次表达谢意。
在这里，我们共同祝愿母校的明天更加美好，衷心祝愿每一位老师身体健康、工作顺利，祝学弟学妹们继续开创属于自己的美好幸福的未来！ 　　谢谢！	最后展望未来，表达对母校的良好祝愿。

任务二　欢送词

任务导入

思密斯夫妇是安徽长江商贸有限公司的外籍专家,他们在华工作期间认真严谨、一丝不苟,还以手把手带徒弟的方式为安徽长江商贸有限公司培养了多名优秀的年轻工程师。现在他们合约期满即将回国,临行前公司决定召开隆重的欢送会为他们送行,秘书张晓丽奉命拟写一篇宴会欢送词。

知识准备

一、欢送词的概念、适用范围

欢送词是行政机关、企事业单位、社会团体或个人在公共场合欢送友好团体回归或亲友出行时致辞的讲话稿。

二、欢送词的分类

欢送词同欢迎词在分类上大体一样,这里不详加说明,只作一些简单列举。

按表达方式来划分,可分为现场讲演的欢送词和报刊发表的欢送词两种。

按社交的公关性质来划分,可分为私人交往欢送词和公事往来欢送词两种。

三、欢送词的特点

(一)惜别性

"相见时难别亦难",中国人重情谊这一千古不变的民族传统精神在今天更显得珍贵。欢送词要表达亲朋远行时的感受,使依依惜别之情溢于言表。格调不可低沉,尤其在公共事务的交往中更应把握好分别时所用言辞的分寸。

(二)口语性

同欢迎词一样,口语性也是欢送词的显著特点之一。欢送词的遣词造句应注意使用生活化的语言,使送别既富有情趣又自然得体。

四、欢送词的写作格式

同欢迎词一样,欢送词也由标题、称呼、正文和落款组成。

(一)标题

标题的写法一般有两种:

单独以文种命名。如《欢送词》。

由活动内容和文种名共同构成。如《在××研讨会结束典礼上的讲话》。

（二）称呼

称呼要求写在开头顶格处。要写出宾客的姓名。如"尊敬的各位女士们、先生们""亲爱的×××大学各位同仁"。

（三）正文

欢送词的正文一般由开头、中段和结尾三部分构成。

1. 开头

开头通常应说明举行何种欢送仪式，发言人是以什么身份代表哪些人向宾客表示欢迎的。

2. 中段

这一部分要回顾和阐述双方在合作或访问期间就哪些问题和项目达成了一致意见、取得了哪些有突破性的进展，陈述本次合作交流中双方的合作和交流给双方所带来的益处，阐述其深远的历史意义。对于私人欢送词还应注意表达双方在共事合作期间彼此友谊的增进以及分别之后的想念之情。若为朋友送行，还要加上一些勉励的话。

3. 结尾

通常在结尾处应再次向来宾表示真挚的欢送之情，并表达期待再次合作的心愿。亲朋远行尤其要表达希望早日团聚的惜别之情。

（四）落款

欢送词在落款处要署上致辞的单位名称，致辞者的身份、姓名，并署上成文日期。

五、例文评析

毕业生欢送词	
亲爱的××届毕业生同学们： 　　葳蕤生光月亮岛，碧波荡漾滆水河。时光匆匆，岁月悠悠，又迎来了一年一度的欢送季节。充满青春活力、结满累累硕果的你们，将要告别美丽的湖中学府，走出诗画的岛上校园，奔赴全国各地，踏上人生新程。此时此刻，全校领导老师和师弟学妹们百感交集，依恋难舍，万语千言化作一句话：母校是你们人生航程的起点，也是你们强健身心的基地，更是你们规避风浪的港湾。 　　踏沙行歌，青春浩荡。回首过去，你们专心致志，勤奋学习；你们团结互爱，奋进拼搏。各类丰富多彩的素拓活动，展示着你们充满青春活力的风采；各式林林总总的奖状奖杯，镌刻着你们才华出众的优胜；晨曦夕晖映照的林荫大道，铺满着你们思索探求的足印……你们在学校发展的历史画卷上又增添了可歌可赞的崭新一页。 　　登高伤远别，鸿雁几行飞。话别今天，执手已凝语，冰心在玉壶。告别母校，希望你们鼓起昂扬斗志，更加自信自立，更加勇敢坚强，积极面对	这是一篇毕业生欢送词。

到来的困难;告别母校,希望你们领悟珍惜和感激,珍惜师生情、朋友情、同学情,感激父母以及所有对你有帮助的人,做传播爱与文明的使者;告别母校,希望你们正确处理好就业、择业和创业的关系,脚踏实地走好每一步。通向成功的路有千万条,俯下身去,凝视脚下的大地,你们会感到今天的世界充满多少关爱!昂起首来,仰望头上的星空,你会发现明天的人生充满何等希望!相信吧,你们的未来一定会更加灿烂辉煌!

别浦盈盈永又波,凭栏渺渺思如何?展望未来,我们深情伫望,伫望你们张开隐形的翅膀,翱翔蓝天,放飞梦想;我们热切期待,期待你们面带成功的欣喜,荣归母校,畅叙情怀。

祝你们一帆风顺,一路欢歌,早日实现宏图大志,拥有更加美好的未来!

| 告别同窗师友,步入大千世界,每一个毕业生都会感慨良多。作为毕业典礼的欢送词,它情真意切,昂扬向上,肯定同学们的成绩与才能,激励同学们为明天的辉煌拼搏奋进,恰到好处的致辞表达出真挚诚恳的感情与心愿。 |

六、欢迎词、答谢词与欢送词的写作要求

第一,称呼用尊称,注意宾客身份,致辞要恰到好处,感情要真挚、诚恳而且要健康。

第二,措辞要慎重,既要保持友好关系,又要坚持原则立场;既要尊重对方的风俗习惯,也要维护自身的人格尊严。

第三,语言要精确、热情、友好、温和、礼貌。

第四,要言简意赅,篇幅控制在3—8分钟。欢送词也是一种礼节性的社交公关辞令,篇幅短小精悍,这样更宜于表达主人对客人的尊重。

任务三 请柬 聘书

任务导入

安徽长江商贸有限公司随着业务的发展,将于上海成立安徽长江商贸上海投资有限公司,现拟于6月6日星期六上午9点举行开业剪彩仪式。秘书张晓丽奉命为参加开业剪彩仪式的各位嘉宾制作请柬并及时发出。

知识准备

请 柬

一、请柬的适用范围

请柬又称"请帖",是人们在节日和各种喜事时请客用的一种简便邀请信,是邀请宾客参加某一活动时所使用的一种书面形式的通知。一般用于联谊会、友好交往的各种纪

念活动、婚宴、诞辰或重要会议等,发送请柬既是为了表示对客人的尊重,又是为了表示活动举行的隆重。

> **小知识**
>
> 　　请柬通常也称作"请帖"。在古代,"柬"与"帖"有一定的区别。请柬的"柬"字,本为"简"。造纸术发明以前,简一般是较普遍的写作材料。简是将木材或竹木经过加工后制成的狭长的片。简一般指竹简,木制的写作材料古人称"牍"。人们把文字刻在简上用来记事,由于书写面积有限,篆刻也有些难度,所以用简书写文字容量是较小的。人们把简连缀在一起而成"册"。到魏晋时代,"简"就专门用来指一种短小的信札,这一说法沿用至今。

二、请柬的种类

按其形式分,有横式请柬和竖式请柬。

按其目的分,有会议请柬、仪式请柬、参展请柬、宴会请柬、婚礼请柬等。

三、请柬的写作格式

1. 在封面上写"请柬"(请帖)二字

2. 抬头写被邀请者(个人的姓名或单位)名称

3. 交代活动内容

如开座谈会、联欢晚会、过生日等;交代举行活动的时间和地点,如果是请看戏或其他表演还应将入场券附上。

4. 结尾

如"致以敬礼""顺致崇高的敬意"等。

5. 落款

署明邀请者(个人、单位)的名称和发出请柬的时间。

四、例文评析

【例文一】

| ×××同志:
　　兹定于11月1日(星期二)上午9时,在本市中山会堂隆重举行××大学建校50周年纪念大会。敬请光临指导。
　　此致
敬礼!
　　　　　　　　　　　　　　××大学
　　　　　　　　　　　　　二〇一〇年十月二十八日

　　　　1960—2010
　　纪念××大学建校50周年

　　　　　请　柬 | 　　这是一则邀请有关人士出席校庆纪念大会的请柬,措辞文雅,时间、地点和具体内容用短短的一句话全部表达出来,简洁明确。
　　同时将请柬封面一并刊出,在购买已印制好的请柬时,可根据具体情况选择合适的请柬版式。另外,在书写请柬时,还应注意字体的大小疏密、排列等问题,务必做到美观大方。 |

【例文二】

请　柬 尊敬的×××老师： 　　兹定于12月30日晚6:30—9:00在学院艺术活动中心小礼堂举行旅游管理系2015年元旦联欢晚会，届时敬请光临。 　　此致 敬礼！ 　　　　　　　　　　　　　　旅游管理系 　　　　　　　　　　　　二〇一五年十二月二十六日	这则请柬语言简洁明了，格式规范，语气诚恳恭敬，表现出对被邀请者的尊重。

【例文三】

请　柬 送呈：×××先生台启 　　谨定于2015年公历5月23日（星期六）农历四月初六为×××先生 ××女士举行结婚典礼，敬备喜筵，恭请×××携家人光临。 　　××敬邀 　　席设：×××酒店××厅 　　时间：5月18日18时18分	结婚请柬是专门邀请亲友前来参加婚礼、婚宴的请柬，是目前民间社交中运用最广、覆盖面最大的一种请柬，文字较讲究，文言色彩较浓，且须根据邀请者与被邀请者的各种不同关系，采用不同的语词。写作时婚礼的具体时间、地点一定要写清楚，便于被邀请者顺利如约。

【例文四】

请　柬 ×××同学： 　　兹定于2015年3月6日上午9时到校医院看望病重的××老师，届时请准时到校医院指导。 　　　　　　　　　　　　　　　　××班委 　　　　　　　　　　　　　二〇一五年三月四日	本请柬有以下几个方面的问题： 　　（一）参加人不是客人，不用发请柬。 　　（二）到医院看病人非隆重喜庆之事，不可发请柬。 　　（三）看医问药治疗事宜乃医生之事，"请准时到校医院指导"，措辞不妥，违背常理。

五、请柬的写作要求

第一,请柬不同于一般书信。一般书信都是因双方不便或不宜直接交谈而采用的交际方式。请柬却不同,即使被请者近在咫尺,也须送请柬,这是为了表示对客人的尊敬,也表明邀请者对此事的郑重态度。

第二,语言上除要求简洁、明确外,还要措辞文雅、大方和热情。

聘 书

任务导入

安徽长江商贸有限公司因业务发展需要,上月进行了一次面向全国范围的招聘,经过多轮面试,现确定了五位最终录用人员,秘书张晓丽奉命为这五位录用人员制作聘书。

知识准备

一、聘书的适用范围

聘书,也称"聘请书"。它一般指机关、团体、企事业单位聘请某些有专业特长或有威望的人完成某项任务或担任某项职务时所发的邀请性质的专用书信。

二、聘书的作用

近些年,聘书使用很多,招聘制作为现今用人制度的主要形式,为聘书的使用提供了广阔的市场。聘书在今天人们的生活中起着重要作用。

(一)加强协作的纽带

聘书把人才和用人单位很好地联系起来。一个单位在承担了某项任务后,或在开展某项工作的时候,为了聘请到一些本单位缺乏的人才时,就需要用聘书。聘书不仅把个人同用人单位联系起来,而且加强了不同单位之间的合作,使它们可以互通有无,互相支援,起着不可替代的纽带作用。

(二)加强应聘者的责任感、荣誉感和促进人才交流

应聘者接受聘书就等于愿意对自己应聘的职务、工作负责任,尽力做好自己的工作。因为聘书是出于对受聘人极大的信任和尊重才发出的,这无形中增强了受聘人的责任感。同时受聘人往往是在某方面确有专长或能作出特殊贡献的人,所以聘书的授予也促进了人才的交流,可以较充分地发挥受聘人的聪明才智。

(三)表示郑重其事、信任和守约

聘书使受聘人才与用人单位之间的合作关系更加规范、郑重,增强了相互间的信任,可以促进合作期间双方合法守约地履行自己的责任和义务。

三、聘书的格式和写法

聘书一般已按照书信格式印制好,中心内容由发文者填写即可。

完整的聘书格式一般由以下几部分构成:

(一)标题

聘书往往在正中写上"聘书"或"聘请书"字样,有的聘书也可以不写标题。已印制好的聘书标题常有烫金或大写的"聘书"或"聘请书"字样。

(二)称谓

聘请书上被聘者的姓名称呼可以开头顶格写,然后再加冒号;也可以在正文中写明受聘人的姓名称呼。常见的印制好的聘书大多在第一行空两格写"兹聘请××……"

(三)正文

首先,交代聘请的原因和工作或要去担任的职务。

其次,写明聘任期限。如"聘期两年""聘期自 2010 年 2 月 20 日至 2015 年 2 月 20 日"。

再次,聘任待遇。聘任待遇可直接写在聘书之上,也可另附详尽的聘约或公函写明具体待遇,这视情况而定。

另外,正文还要写上对被聘者的希望。这一点一般可以写在聘书上,但也可以不写,而通过其他途径使受聘人切实明白自己的职责。

(四)结尾

聘书的结尾一般写上表示敬意和祝颂的结束用语。如"此致、敬礼""此聘"等。

(五)落款

落款要署上发文单位名称或单位领导的姓名、职务,并署上发文日期,同时加盖公章。

四、例文评析

【例文一】

聘请书	
兹聘请××老师为我校 2015 级法律硕士研究生实习指导老师,对学生进行法律职业技能、职业道德和准则的培训,并指导学生参加有关的法律实践工作。聘期 3 个月,自 2015 年 4 月 20 日至 2015 年 6 月 20 日。 　　此聘 　　　　　　　　　　　××大学(盖章) 　　　　　　　　　　二〇一五年四月十五日	该聘书清楚明确地交代了被聘请者所承担的职责和所需要做的工作,让人一目了然。

项目五　社交文书写作

【例文二】

聘　书 　　兹聘请赵××同志为××家电集团维修部总工程师、主任，聘期自××年×月×日至××年×月×日，聘任期间享受集团高级工程师全额工资待遇。 　　此聘 　　　　　　　　　　××家电集团(公章) 　　　　　　　　　　××年×月×日	这是公司企业聘用专业人才以利于公司企业发展的聘书。这则聘书是由常见的印制好的聘书格式填写中心内容而形成。正中"聘书"字样为标题，正文是聘书的核心内容，交代受聘者担任的职务，其次写明聘任期限；最后写上聘任待遇。落款署上发文单位名称并加盖公章，落款日期。该文短小精悍，语言简洁明了、准确流畅，同时体现出发文者郑重严肃、谦虚诚恳的态度。

【例文三】

聘请书 　　为提高我院的科研水平，本院成立了科研项目评估委员会，特聘请×××教授为我委员会学术顾问，指导我院的科研工作。 　　此致 　　敬礼！ 　　　　　　　　　　××市社会科学院(盖章) 　　　　　　　　　　院长：×××(盖章) 　　　　　　　　　　××年×月×日	该聘书开门见山地交代了聘请原因和聘请内容，并在聘书结尾写上表示敬意和祝颂的结束用语以表诚恳之意。

【例文四】

李××先生： 　　我厂为增加产品品种，提高设计质量，特聘请你为总设计师，聘期暂定 2 年，月薪暂定 5000 元，奖金按效益情况发给。 　　此聘 　　　　　　　　　　××嘉陵制衣厂 　　　　　　　　　　××年×月×日	这则聘书写作上存在不少问题：一是缺标题"聘书"；二是聘书为正式聘用文书，聘期和待遇应确切，聘期应写明从××年×月×日到××年×月×日，奖金按同等人员待遇；三是未加盖单位公章。

五、聘书写作的注意事项

第一,聘书要郑重、严肃,对有关招聘的内容要交代清楚。同时,聘书的书写要整洁、大方、美观。

第二,聘书一般要短小精悍,不可篇幅太长,语言要简洁明了、准确流畅,态度要谦虚诚恳。

第三,聘书是以单位名义发出的,所以一定得加盖公章,方视为有效。

任务四　求职信　推荐信　履历

任务导入

秘书张晓丽进入安徽长江商贸有限公司已有四年时间,在这四年时间里,她各方面专业知识和技能都得到充分的锻炼和提高,现在世界五百强企业美国思密斯公司驻上海分公司对外招募行政总裁秘书的职位,这份工作的发展前景非常好,张晓丽想要抓住这次机会,她根据自身的情况、特点和优势,准备给美国思密斯公司驻上海分公司写一份求职信。

知识准备

小知识

> 书信古称"鱼素""双鲤""鸿雁""雁札""雁足"等。汉乐府诗中有记载:"客从远方来,遗我双鲤鱼。呼儿烹鲤鱼,中有尺素书。长跪读素书,书中竟如何?上言加餐食,下言长相忆。"
>
> 《古诗十九首》中有:"尺素在鱼肠,寸心凭雁足。""鸿雁"典故出自苏武出使匈奴,被扣于北海,汉使假借鸿雁传书救出苏武的故事。
>
> 书信的作用:
>
> "烽火连三月,家书抵万金。"(杜甫)
>
> "相见无期,惟是书疏可以当面。"(蔡邕)
>
> "尺牍书疏,千里面目。"(《颜氏家训》)

我国历史上还有许多像这样因书信的作用而改变局势,甚至改写历史的成功范例,如战国末期齐人鲁仲连用一封绑在箭上的书信,攻克聊城,一书抵万军;秦国客卿李斯的《谏逐客书》帮助秦王广纳贤才,最终秦国并吞六国,统一天下。现代社会人际间的交流沟通更加重要,需要我们掌握信函的写作技巧,增强交流沟通的效果。

求职信

一、求职信的适用范围

求职信是指求职者向欲谋求职业的单位介绍自己的基本情况,提出供职请求的书信。

一般来说,求职信可以分为应聘书和自荐信两种类型。

用人单位由于工作需要,面向社会公开招聘新的职工或负责人,欲应聘的人员可根据用人单位发布的用人信息,对照自己的能力和特长向该单位提出申请。因而,所写求职信往往目的性强,只要符合条件均可前往应聘。该类求职信就是应聘信。

求职者无明确的用人单位,只是根据自己的特长而求职的,该类求职信即自荐信。

二、求职信的种类

从求职者有无实践经验的角度分,求职有毕业求职(初次就业)与重新求职(跳槽或再就业)两种情况。与此相应的求职信也有毕业求职信与重新求职信两种类别。前者指刚从大中专院校毕业或即将毕业的初次求职者写的求职信;而后者则是指在职者打算"跳槽"或失业下岗者欲谋求新职时所写的求职信。

三、求职信的特点和作用

求职信主要有以下两个特点:

(一)自我推荐的特性

求职信是写给可能招收自己成为其中一员的单位的,其目的就是推荐自己,以期成功地得到自己想要的工作岗位。所以从这一角度讲,求职信与推荐信是相同的,那就是要阐明自己的专长和技能,向用人单位推荐自己。

(二)个人对单位、组织的行文关系

求职是面对集体、单位的,它不是个人与个人的书信往来。所以,求职信是个人向单位"发文"的一种专用书信。这也是求职信的另一个显著特点。

求职信的三大作用:

(1)求职者向招聘单位推荐自己。

(2)使招聘单位感受到求职者的诚意。

(3)增加获得面试的机会。

四、求职信的结构和写法

(一)标题

首页第一行居中位置写明"求职信""自荐信"或"应聘信"三个字。

(二)称谓

求职信若是写给国有企事业单位,通常称谓写单位名称或单位的人事处(组织人事

部).若是写给民营、私营或合资独资企业,称谓则一般写公司老板或人事部负责人。称谓语应在标题之下另起一行顶格书写。

(三)正文

1. 导言

写求职、应聘的缘由。也有的求职信不写导言。

2. 主体

这是求职信的重点部分。写作内容通常包括:

(1)个人的学历、年龄、专长、经历、业绩。

(2)个人的志向、兴趣、性格。

(3)求聘的工种、职位。

(4)待遇要求(也可不写)。

(5)通讯地址、电话、电子邮箱等。

3. 结尾

以诚恳的态度表达自己希望被录用的愿望,如"希望领导给我一次面试的机会"或表达自己如果能得到这个职位后的决心。结尾可与主体衔接在一起写,也可另起一段。最后写上附件名称。附件一般是证书和有关材料的复印件等。

(四)敬语

按信函的格式写"此致""敬礼"一类敬语。敬语一般由两部分组成。如"此致""敬礼",前一部分"此致"二字有两种书写形式:一是直接跟在结尾语后,不再另起一行;一是不跟结尾语,而是另起一行,空两格书写。"敬礼"二字则需要另起一行,顶格书写。

(五)落款

按信函格式写上个人姓名、日期。

五、例文评析

【例文一】

求职信	
尊敬的美国思密斯公司驻上海分公司总经理: 　　您好! 　　近阅《××杂志》上贵公司所登招聘启事,获悉贵公司需一名行政总裁秘书,我非常高兴,真心希望能成为贵公司的一员,尽自己的微薄之力。 　　我叫张晓丽,女,1986 年 2 月 18 日出生,是××工业大学管理专业 2011 级研究生。我现在是安徽长江商贸有限公司的在职秘书,从 2011 年获得硕士学位至今,一直在公司担任秘书工作。4 年以来,对秘书的工作已经相当了解和熟悉。经过之前在公司的正规培训和 4 年丰富工作经验的积累,我相信我有能力担当贵公司所要求的行政总裁秘书这份工作。	这是一份写得颇为成功的求职信。

在技术实践方面,圆满地完成公司布置的各项任务,工作中本人的文笔得到锻炼,很多领导优秀的文稿都是由我撰写的;良好的沟通能力,帮助我们原先的部门工作更加团结;清晰的头脑和缜密的逻辑思维能力使我面对一些意外事件能在最快的时间内理清思路,并作出正确的判断;统筹全局的观念,使我能够很好地安排领导的行程。无论从主观角度还是从客观角度来说我都非常适合这份工作。 　　我非常喜欢秘书这份工作,并有浓厚的兴趣。兴趣是最好的老师,会让我尽自己最大的努力去更好地完成每一件事。作为一名管理专业的毕业生,同时作为一名在秘书岗位工作多年的人,我平时注意对管理学书籍的学习,我具备作为一名管理者的基本素质。 　　我相信贵公司这份工作能给予我很多,对我将来的职业发展有着重要的推动作用。即使贵公司认为我还不符合你们的条件,我也将一如既往地关注贵公司的发展,并在此致以最诚挚的祝愿。 　　盼望您能给我一次面试的机会。祈盼佳音。 　　谨祝 顺达! 　　　　　　　　　　　　　　　　　　求职人:张晓丽 　　　　　　　　　　　　　　　　　　二〇一五年五月二十日 联系地址:××邮电学院男生公寓311室 邮政编码:×××××× 电话:×××××× E-mail:××××××	优点有三: 　　一是格式正确、完整、规范,内容体现了简要性、目的性和虔诚性。 　　二是详略得当,重点突出,投其所需。求职者重点突出自己在前一个岗位上的专业实践能力和职业能力拓展情况,给求职单位以求职者既有理论水平,又具实践操作能力的印象。 　　三是层次分明,语言得体。结构安排井然有序,行文流畅简练,语气不卑不亢。

【例文二】

自荐信	
尊敬的领导: 　　您好! 　　首先衷心感谢您在百忙之中浏览我的自荐信,为一位满腔热情的大学生开启一扇希望之门。 　　我叫××,是上海金融学院会计系会计电算化专业的一名学生,即将毕业。借此择业之际,我怀着一颗赤诚的心和对事业的执著追求,真诚地推荐自己应聘贵单位的会计岗位。 　　三年来,在师友的严格教益及个人的努力下,我具备扎实的专业基础知识,系统地掌握了基础、财务、成本、税务等会计学以及经济法等有关专业学科的理论知识,掌握了会计电算化操作;具备较好的英语听、说、读、写、译等能力,参加并通过了大学英语六级考试;能熟练操作计算机办公软件,达到上海市计算机一级水平。同时,我利用课余时间参加了上海财经大学会计专业的自学考试,不但充实了自己,也培养了自己多方面的技能。更重要的是,严谨的学风和端正的学习态度塑造了我朴实、稳重、创新的性格特点。	这封自荐信主体分为三部分: 　　第一部分介绍自己的学业情况,重点介绍了自己的学习成绩和自学能力。

此外,我还积极地参加各种社会活动:参加税法比赛,并有不错的表现;利用暑期较宽裕的时间去体验工作生活,当过资料输入员、到会计事务所见习;同时还与同学做过自主社会实践项目,得到了学院的认可。我抓住每一个机会,锻炼自己。大学三年,我深深感受到,与优秀学生共事,使我在竞争中获益;向实际困难挑战,让我在挫折中成长。祖辈们教我勤奋、尽责、善良、正直;上海金融学院培养了我实事求是、开拓进取的作风。 　　我坚信,勤奋才是真实的内涵。只要勤奋努力,我相信自己能够很快适应工作环境,熟悉业务,并且在实际工作中不断学习,不断完善自己,做好本职工作。我热爱贵单位所从事的事业,殷切地期望能够在您的领导下,为这一光荣的事业添砖加瓦;并且在实践中不断学习、进步。 　　感谢您百忙中能够阅读我的自荐信。期待您的回复!随信附上简历、英语等级证书、获奖证书等。 　　此致 敬礼! 　　　　　　　　　　　　　　　　　　　　××× 　　　　　　　　　　　　　　　　　　××年×月×日 联系地址:×××××××× 邮政编码:×××××× 电　　话:×××××× E-mail:×××××× 附　　件:××××××	第二部分突出写自己注重参加社会实践,特别突出了自己责任感强和求实奋进精神。 　　第三部分用恳切的言辞表达了自己的求职愿望和决心。附件为信函提供了旁证。全文情辞恳切,谦恭得体,不卑不亢。

【例文三】

应聘函 ××经理: 　　我从《××日报》上的招聘广告中获悉贵酒店欲招聘一名经理秘书,特冒昧写信应聘。 　　两个月后,我将从工商学院酒店物业管理系毕业。身高1.65cm,相貌端庄,气质颇佳。在校期间,我系统地学习了现代管理概论、社会心理学、酒店管理概论、酒店财务会计、酒店客房管理、酒店餐饮管理、酒店前厅管理、酒店营销、酒店物业管理、物业管理学、住宅小区物业管理、应用文写作、礼仪学、专业英语等课程。成绩优秀,曾发表论文多篇。熟悉电脑操作,英语通过国家四级考试,英语口语流利,略懂日语、粤语,普通话运用自如。 　　去年下半学期,我曾在×××五星级酒店客房实习半个月,积累了一些实际工作经验。我热爱酒店管理工作,希望能成为贵酒店的一员,和大家一起为促进酒店发展竭尽全力,做好工作。 　　如能给我面谈的机会,我将不胜荣幸。 　　此致 敬礼! 　　　　　　　　　　　　　　　　　　　求职人:××× 　　　　　　　　　　　　　　　　　　　××年×月×日	这是一封毕业求职信。整体内容框架正确,但存在三处错误: 　　一是介绍自身教育背景时针对性不强,几乎将所有学过的课程都写进信中,不仅没给对方留下学识丰富的印象,也没能突出自身文秘方面的专长。 　　二是求职职位意向不明确,仅"希望能成为贵酒店的一员",实习经历介绍中也未侧重文秘技能,没有明确表露求职岗位。 　　三是没有留下联系方式,即使对方有意聘用,也因无法联系而无果。

六、求职信的写作要求

第一，多写自己的优势，展示自己的业绩和能力。可适当说明自己求职注重的是某个职位更适合发挥个人的才能，为单位的发展作出贡献，而不只是考虑经济上的收入。少谈报酬，骑马找马。

第二，如果是应聘式求职函，则应严格依据招聘条件，有针对性地逐条如实表述自己的优势。

第三，善用期请用语，态度自信，言辞恳切，尊重对方，礼貌周到，不卑不亢。

第四，留下联系方式，便于联系。开头结尾表达谢意。

推荐信

任务导入

秘书张晓丽的研究生导师刘老师了解到张晓丽的求职意向后，为了帮助她获得美国思密斯公司驻上海分公司的青睐，特意为张晓丽撰写了一份推荐信。

知识准备

近年来，随着改革开放进程的加快，留学深造、进入外企工作、申报科研项目等活动日渐增多。按照申请程序，申请者需要提供一份或多份推荐信，以便对方更全面地了解自己。这就要求我们掌握推荐信的写作常识。

一、推荐信的适用范围

推荐信是推荐人对求职者能力、素质等个人情况的客观评价和介绍，是求职时有力的支持文件，是到国外企业、国内外资企业或中外合资企业求职的必备材料之一。其作用是让用人单位更客观、更全面地了解求职者的有关情况。

二、推荐信的格式

推荐信一般由标题、称呼、正文和落款四部分组成。

（一）标题

推荐信的标题一般由文种名构成，即在第一行正中写上"推荐信"三个字。有的推荐信由于写推荐信的人同收推荐信的人较熟悉则可以不要标题。

（二）称呼

推荐信要在第二行顶格写上收信方领导的姓名和称呼或只写对方领导的职务，如"尊敬的××局局长"。

如果推荐人同收推荐信的人是熟人、朋友，也可以用常见的私人信件一样的称呼，如"英华兄"。

(三)正文

推荐信的正文可以概括为开头、中段和结尾三部分。

1. 开头

推荐信的开头既可以先问候一下对方,略叙思念之情,也可以开门见山直说其事,这要视和对方的关系而定。假如和对方见面较多,关系较为密切,就无须太多客套话了。要在开头介绍自己(或被推荐人)的身份,以及自己同被推荐人之间的关系。同时说明写此信的意图。

2. 中段

中段是推荐信的展开部分,要针对用人单位的情况需要,介绍被推荐人的一些情况,如学历学位、专业特长、外语水平、业务能力及其他能力,以使对方通过推荐信对被推荐人产生好感,从而达到推荐人才的目的。

3. 结尾

再次表达自己希望能办成此事的愿望,恳请领导给予被推荐人工作或晋升机会,并向对方致以感激祝福之情。结尾处也可附上一些被推荐人业绩方面的有关材料。

(四)落款

推荐信的落款要在正文右下方署上推荐者的姓名以及成文日期。

有些推荐信还可以注明自己的详细通讯地址,以备以后必要时联系之用。

三、例文评析

推 荐 信	
尊敬的美国思密斯公司驻上海分公司行政总裁: 　　您好! 　　首先感谢您在百忙之中抽出时间来阅读我学生的推荐信! 　　张晓丽是××工业大学管理学院2015级硕士研究生。该生是我在2009年招收的本硕连读的硕士研究生,2011年6月她顺利毕业并获得硕士学位。 　　大学期间,该生在各方面都能严格要求自己,积极要求上进。在专业学习过程中,学习态度端正,学习踏实努力,专业成绩优异,多次获得校级奖学金。 　　该生业务能力强。在之前所在的公司,她已取得该公司董事会秘书任职资格证书,熟悉秘书的相关业务、法规,能够胜任该公司秘书的工作,同时在该公司工作期间,一直表现良好,并实际参与公司的各种经营业务,相对比较全面。 　　总之,我愿意推荐张晓丽到贵公司工作,同时,我也相信她能胜任以后的工作岗位! 　　此致 敬礼! 　　　　　　××工业大学管理学院 ××教授 　　　　　　　　　二〇一五年四月二十五日	这是一份推荐毕业生就业的推荐信。 　　开头介绍被推荐人的基本情况,说明自己同被推荐人之间的关系。 　　中段着重对被推荐人的专业基础、理论水平、实践经验、工作能力进行中肯的评价,说明被推荐人可较好地胜任工作。 　　结尾则表明乐于举荐之意。

四、推荐信的写作要求

(1) 推荐人的选择。推荐人由求职者自己选择,一般是学术水平高、社会影响大的原任课教师、系主任或单位领导。有些公司为了更全面地了解应聘者的情况,会要求提供2—3份推荐信。

(2) 有些企业设计了统一的推荐信格式,大部分用人单位不统一设计,由推荐人自行决定,一般与普通信件格式类似。称呼要注意以下两点:

第一,用于非特定单位和无特定阅信人的推荐信,其称呼可通用"先生/女士"或"致有关人士",这也是国际上流行的称呼方法。这种推荐信具有普遍意义,使用范围广,可复印多份用于不同的用人单位。

第二,对于事先已知道的用人单位和阅信人,或回复用人单位的询问而写给特定阅信人的推荐信,其称呼必须是特定阅信人。如"×××经理""×××主任"等。这种推荐信经被推荐人阅读同意后,由推荐人直接邮寄给用人单位,而不能由被推荐人面交对方。

(3) 表明自己的态度。说明自己乐意推荐某人,也可以同时说明与被推荐人的关系。如师生关系就可写为:"我极为高兴地推荐我的学生×××进入贵公司担任×××职务。"以上内容可作为推荐信的开头。介绍被推荐人的人品、能力、性格特点等。这是推荐信的重点内容,要表述得精练、客观、准确,同时体现出推荐人的个人倾向。这是推荐信的正文。

(4) 正文末段建议用人单位对被推荐人的申请予以重点考虑或聘用被推荐人,并对用人单位接受自己的推荐表示谢意。签名并注明自己的职称或职务。

(5) 推荐信的篇幅不要过长,一般不超过一页。内容要以写被推荐人的优点、优势为主,但必须实事求是,真实可靠。绝不能无中生有,过分夸张。

履 历

为了使求职信取得显著效果,大多数求职者在求职信后面都会附上一份自己的履历。

一、履历表的基本架构

(一) 基本数据

把个人基本资料和求职意向放在最前头,有利于人事主管一眼就看到。

(二) 学历栏

在个人基本资料之后,一般都接着写学历,但是如果学历不是你的优势,建议可以摆在工作经验后再写,学历的写法只需要写较高的几项学历即可,并注明修得学位的日期或另类专长。如可以从高中、大学写起,且通常是由后向前推,因为最近的学习、工作经历对你的工作能力影响最大。如果有商业培训或专业技术的执照也可以写在学历之中。

(三) 工作经验栏

这部分是履历中最重要的部分,也是人事主管审核履历时最注重的一栏,因此,值得多花一点时间和心血。一般人容易花太多时间交代过去的工作内容,如杂志社编辑:编写杂志内容，负责每期杂志如期出书。这样只是陈述一段经历，没有将你的成果展现出来，若改为：在编辑任内，出版过多期畅销的杂志，其中曾参与内文的企划、制作、撰写，这样会比原先的内容更吸引人。

如果完全没有工作经验，就把社团经历写上。写出的社团必须是自己曾参与过的，如果不是就不列出，以免主管询问时自曝其短。

（四）履历照片

一般多以黑白学生照为履历上的照片，如果用彩色照片，则拍照片时，必须注意穿着。例如：男士要穿西装打领带，头发梳理整洁；女生最好化淡妆，穿正式一点的服装。

（五）兴趣爱好

这部分内容可写可不写。如果你的业余爱好与应聘职位有明显的相关性，那么将其写上，无疑会增加你的赢面。比如，你可以将马拉松的爱好写上，因为它告诉公司，你有坚强的意志力和严格的纪律性。

履历模版如下：

个人简历（模板）

个人概况：
求职意向：____ 姓　　名：____ 性　　别：____
出生年月：____年____月____日
学　　历：____ 专　　业：____ 婚姻状况：____
联系方式：
电　　话：____ 手　　机：____ E-mail：____
地址、邮编：____
教育背景：
最高学历：_____ 最高学历学校：_____
专　　业：_____
时　　间：____年____月至____年____月
第二学历：_____ 第二学历学校：_____
专　　业：_____
时　　间：____年____月至____年____月
教育情况描述：_____
外语能力：
外语一：基本技能：_____ 通过标准测试：_____
外语二：基本技能：_____ 通过标准测试：_____
其　　他：_____
工作经历：
____年____月——____年____月 ____公司 ____部门 ____工作
____年____月——____年____月 ____公司 ____部门 ____工作
个人能力：
（如电脑能力、组织协调能力或其他）____
个人爱好：____
其他说明：____

个人基本资料和求职意向放在最前头，有利于人事主管一眼就看到。

教育背景概括，可按从后往前的顺序排列自己的教育经历。如：
　　____年____月——____年____月
　　××大学
　　____年____月——____年____月
　　××中学

教育情况描述可注明：所修课程、在学校所参加的组织活动、担任职务、获奖情况、发表的文章等，依据个人情况可酌情增减。

工作经历应为整篇简历的核心内容，应着重叙述此项，并根据个人工作情况而突出说明工作具体内容，尤其是与求职目标相关的工作经历；写出最主要、最有说服力的工作经历和最具证明性的为公司获取的利润和相关成绩。说明的语气要坚定、积极、有力；写工作经验时，一般是先写近期的，然后按照年代顺序依次写出。最近的工作经验是很重要的。

个人能力部分注意不要过多提及个人的需求、理想等。

个人爱好部分突出自己的个性、工作态度或他人对自己的评价等，如获奖情况等。

为了更有效地推介自己,引起注意,还可在简历前后加上独具特色的寄语、尾声。

二、例文评析

个人简历	
• 个人概况 　　求职意向:语文教师、新闻记者、报社杂志社编辑 　　姓名:张媛媛　性别:女 　　出生年月:1987年2月　民族:汉族 　　毕业学校:××师范大学　学历:本科 　　专业:汉语言文学　政治面貌:党员 　　联系电话:135××××××× 　　电子邮箱:××××××@163.com 　　联系地址:××市××师范大学×××校区×号楼××室 　　邮编:×××××× • 教育背景 　　2006.9—2010.6　××师范大学汉语言文学专业本科 　　班级排名:前20% 　　教育情况描述: 　　曾在《杭州日报》《新民晚报》上发表多篇文章(可附作品); 　　2008.12 获××师范大学书法大赛一等奖(仅1人,参赛选手共250人)。 　　2006—2007学年　获××师范大学二等奖学金(获奖比例6%,专业第2名) 　　2007—2008学年　获××师范大学三等奖学金(获奖比例30%,专业第9名) • 实习经历 　　2008.7—2008.12　上海东方语林汉语学习中心 对外汉语教师 　　负责教授该中心2名韩国学员的汉语; 　　编制教学计划,针对不同汉语水平的学员,研究出中英互补、语境设定、肢体语言相结合的独特汉语教学方法; 　　指导的2名韩国学员分别通过了HSK9级和HSK3级考试。 　　2007.7—2007.8　《杭州日报》社实习记者 　　负责《杭州日报》民生版面新闻的选题策划、采访、组稿、编辑及撰写; 　　通过电话、上门拜访等多种沟通方式,采访不同职业阶层的新闻人物; 　　采访过包括企业家、在读大学生、交通警察、普通市民、修鞋匠等20多个新闻人物,并汇编相关的采访稿; 　　独立采编、发表的新闻稿共计6篇,累计达8000多字(可附作品)。	格式规范 自我介绍全面

• 社会实践 　2007.9—2008.6　××师范大学校学生会 组织部副部长 　负责组织、执行学校的各类主题活动； 　策划开展大学团日活动,丰富学生的课余生活； 　开办团学干部培训班,组织团学讲座,参与的学生人数超过 600 人； 　制定学生会干部考评表,并负责学生会干部工作的绩效考评。 　2007.7—2007.8　2007 年世界特殊奥林匹克运动会志愿者 　使用中、英两种语言,向游客销售印有 Q 版姚明、刘翔形象的 T 恤； 　一周内个人累计销售 29 件 T 恤,所在销售小组累计售出 86 件, 个人销售量位列所在销售小组第 1 名。 　2006.9—2009.6　××师范大学汉语言文学基地班　学习委员 　成功策划、组织 3 次班级所有同学参与的大型户外活动。 • 个人技能 　普通话水平测试：二级甲等 　已参加教师资格考试,将于 2010 年 6 月获教师资格证； 　英语：CET-6,具备良好的听说读写能力,能用英语自由交流； 　计算机：熟练运用 Word、Excel 等 Office 办公软件； 　毛笔、钢笔书法均达到专业六级（最高为九级）； 　电子琴专业六级。

三、履历表的撰写技巧

想在几百个条件相当,甚至比你优秀的竞争者中脱颖而出,你必须让履历表的表现形式看起来生动活泼,这就需要特别注意几项技巧：

（一）明确"你是谁"

以明确的求职目标或工作摘要开始,可以让整个履历表焦点集中、方向明确。将姓名字体放大或明显标示,让雇主清楚看到"谁"是求职者。

（二）清晰的联络方式

在履历表中一定要附上详细的联络方式,包括电话、地址、传真、E-mail 等资料,雇主才能在最短的时间内联络到你。简短、用词明确,直接切入重点,会比长篇大论容易受到重视。

（三）多用肯定语气

多用肯定、正面的语气,使用代表积极性的动词,会让履历表突出。例如：完成、达成、改革、创造等。用黑体或斜体字强调相关技巧及责任,并明确指出过去达成的目标及贡献。多用详细的数字或百分比说明过去完成工作的成就及绩效,会获得更多的面试机会。

（四）消灭错误

仔细检查、校对你的履历表,避免出现错字。一旦发现错字,会让雇主觉得你是个粗心、没有责任心的人。

任务五　演讲稿

任务导入

经过应聘,张晓丽成功进入美国思密斯公司驻上海分公司任行政总裁秘书一职。她凭着自身扎实的专业技能和良好的适应能力,迅速融入该公司。近期,公司将举办一次演讲比赛,张晓丽也积极报名参加了比赛。比赛规则要求每位参赛人员自定范围,自拟题目,准备一篇演讲稿,每个人的比赛时长不超过15分钟。

知识准备

演讲稿也叫"演说辞",它是在较为隆重的仪式上和某些公众场所发表的讲话文稿。演讲稿是进行演讲的依据。

一、演讲稿的适用范围

演讲稿是人们在工作和社会生活中经常使用的一种文体。它可以用来交流思想、感情,表达主张、见解;也可以用来介绍自己的学习、工作情况和经验。演讲稿具有宣传、鼓动、教育和欣赏等作用,它可以把演讲者的观点、主张与思想感情传达给听众以及读者,使他们信服并在思想感情上产生共鸣。所以,为演讲准备的稿子就具有以下三个特点:

(一)针对性

演讲是一种社会活动,是用于公众场合的宣传形式。为了以思想、感情、事例和理论来晓谕听众、打动听众,演讲稿必须要有现实的针对性。所谓"针对性",首先是作者提出的问题是听众所关心的问题,评论和论辩要有雄辩的逻辑力量,要能为听众所接受并心悦诚服,这样,才能达到应有的社会效果。其次是要懂得听众有不同的对象和不同的层次。而"公众场合"也有不同的类型,如党团集会、专业性会议、服务性俱乐部、学校、社会团体、宗教团体、各类竞赛、竞聘场合。写作时要根据不同的对象和不同的场合,为听众设计不同的演讲内容。

(二)可讲性

演讲的本质在于"讲",而不在于"演",它以"讲"为主,以"演"为辅。由于演讲要诉诸口头,拟稿时必须以易说能讲为前提。如果说,有些文章和作品主要通过阅读欣赏,领略其中意义和情味,那么,演讲稿的要求则是"上口入耳"。一篇好的演讲稿对演讲者来说要可讲,对听讲者来说应好听。因此,演讲稿写成之后,作者最好能通过试讲或默念加以检查,凡试讲不顺口或听不清楚之处(如句子过长),均应修改与调整。

(三)鼓动性

演讲是一门艺术。好的演讲有激发听众情绪、赢得好感的鼓动性。要做到这一点,只有依靠演讲稿思想内容的丰富深刻、见解的精辟独到、发人深省,语言的形象生动、富感染力。如果演讲稿写得平淡无味,毫无新意,即使现场"演"得再卖力,效果也不会好。

二、演讲稿的结构和基本写法

演讲稿的结构分开头、主体、结尾三个部分,其结构与一般文章的结构大致一样。但是,由于演讲是具有时间性和空间性的活动,因而演讲稿的结构还具有其自身特点,尤其是它的开头和结尾有特殊的要求。

(一)开头要抓住听众,引人入胜

演讲稿的开头,也叫"开场白"。它在演讲稿的结构中处于显要位置。瑞士作家温克勒说:"开场白有两项任务:一是建立说者与听者的同感;二是如字义所释,打开场面,引入正题。"好的演讲稿,一开头就应该用最简洁的语言、最经济的时间,把听众的注意力和兴奋点吸引过来,这样才能达到出奇制胜的效果。

开场白的技巧主要有:

(1)楔子。用几句诚恳的话同听众建立个人间的关系,赢得听众的好感和信任。

(2)衔接。常用个人经历、轶事传闻、一个比喻或一句出人意料的提问,将主要演讲内容衔接起来。

(3)激发。可以提出一些激发听众思维的问题,把听众的注意力集中到演讲上来。

(4)触题。一开始就告诉听众自己将要讲些什么。世界上许多著名的政治家、作家和国家领导人的演讲都是这样的。

演讲稿的开头有多种方法,常用的主要有:

(1)开门见山,提示主题。这种开头是一开讲就进入正题,直接提示演讲的中心。例如,宋庆龄在《在接受加拿大维多利亚大学荣誉法学博士学位仪式上的讲话》的开头:"我为接受加拿大维多利亚大学荣誉法学博士学位感到荣幸。"运用这种方法,必须先明晰地把握演讲的中心,把要向听众提示的论点摆出来,使听众一听就知道讲的中心是什么,注意力马上集中起来。

(2)介绍情况,说明根由。这种开头可以迅速缩短与听众的距离,使听众急于了解下文。例如,恩格斯在1881年12月5日发表的《在燕妮·马克思墓前的讲话》的开头:"我们现在安葬的这位品德崇高的女性,在1814年生于萨尔茨维德尔。她的父亲冯·威斯特华伦男爵在特利尔城时和马克思一家很亲近;两家人的孩子在一块长大。当马克思进大学的时候,他和自己未来的妻子已经知道他们的生命将永远地连接在一起了。"这个开头对发生的事情、人物对象作出必要的介绍和说明,为进一步向听众提示论题作了铺垫。

(3)提出问题,引起关注。这种方法是根据听众的特点和演讲的内容,提出一些激发听众思考的问题,以引起听众的注意。例如,弗雷德里克·道格拉斯1854年7月4日在美国纽约州罗彻斯特市举行的国庆大会上发表的《谴责奴隶制的演说》,一开讲就引发听众积极思考,把人们带到一种愤怒而深沉的情境中:"公民们,请恕我问一问,今天为什么邀我在这儿发言?我,或者我所代表的奴隶们,同你们的国庆节有什么相干?《独立宣言》中阐明的政治自由和生来平等的原则难道也普降到我们的头上?因而要我来向国家的祭坛奉献上我们卑微的贡品,承认我们得到并为你们的独立带给我们的恩典而表达虔诚的谢意么?"

(二)主体要环环相扣,层层深入

这是演讲稿的主要部分。在行文的过程中,要处理好层次、节奏和衔接等几个问题。

1. 层次

层次是演讲稿思想内容的表现次序,它体现演讲者思路展开的步骤,也反映了演讲者对客观事物的认识过程。演讲稿结构的层次是根据演讲的时空特点对演讲材料加以选取和组合而形成的。由于演讲是直接面对听众的活动,所以演讲稿的结构层次是听众无法凭借视觉加以把握的,而听觉对层次的把握又受限于演讲的时间。

怎样才能使演讲稿结构的层次清晰明了呢?根据听众以听觉把握层次的特点,显示演讲稿结构层次的基本方法就是在演讲中树立明显的有声语言标志,以此适时诉诸听众的听觉,从而达到层次清晰的效果。演讲者在演讲中反复设问,并根据设问来阐述自己的观点,就能在结构上环环相扣,层层深入。此外,演讲稿用过渡词句,或用"首先""其次""然后"等语词来区别层次,也是使层次清晰的有效方法。

2. 节奏

节奏,是指演讲内容在结构安排上表现出的张弛起伏。演讲稿结构的节奏,主要是通过演讲内容的变换来实现的。演讲内容的变换,是在一个主题思想所统领的内容中,适当地插入幽默、诗文、逸事等内容,以便听众既能保持注意力的高度集中而又不因高度集中而产生兴奋性抑制。优秀的演说家几乎没有一个不长于使用这种方法。演讲稿结构的节奏既要鲜明,又要适度。平铺直叙,呆板沉滞,固然会使听众紧张疲劳,内容变换过于频繁,也会导致听众注意力涣散。所以,插入的内容应该为实现演讲意图服务,而节奏的频率也应该根据听众的心理特征来确定。

3. 衔接

衔接是指把演讲中的各个内容层次联结起来,使之具有浑然一体的整体感。由于演讲节奏的需要须适时变换演讲内容,也就容易使演讲稿结构显得零散。衔接是对结构松紧、疏密的一种弥补,它使各个内容层次的变换更为巧妙和自然,使演讲稿富于整体感,有助于演讲主题深入人心。演讲稿结构衔接的方法主要是运用同两段内容、两个层次有联系的过渡段或过渡句。

(三)结尾要简洁有力,余音绕梁

结尾是演讲内容的自然收束。言简意赅、余音绕梁的结尾能够使听众精神振奋,并促使听众不断思考和回味,那么怎样才能给听众留下深刻的印象呢?美国作家约翰·沃尔夫说:"演讲最好在听众兴趣到高潮时果断收束,未尽时戛然而止。"这是演讲稿结尾最为有效的方法。如果在这种状态中突然收束演讲,那么,保留在听众大脑中的最后印象就特别深刻。演讲稿的结尾没有固定的格式,或对演讲全文要点进行简明扼要的小结,或以号召性、鼓动性的话收束,或以诗文名言、幽默俏皮的话结尾。但一般原则是要给听众留下深刻的印象。

三、例文评析

【例文一】

心怀一粒树的种子
蒋 雪 倪媛媛

不知道大家可曾去过黄山,又是否记得黄山上那高耸入云的迎客松呢?它们生长在悬崖峭壁之上,而那里低温、缺水、缺氧。我想,如果我是那粒树的种子,我或许会选择那风和日丽的平原。也许,是一阵无奈的山风,也许,是一只无意的飞鸟,将这颗种子带到了这里。于是,它拼命地伸着根须找水,挥着枝叶追日,吮吸天地间的精华,它一天天长大,一年年成熟,一百年一百年地伟岸。夏雨冬雪、禽虫鱼兽、烈日寒风、云卷云舒。它身边有的生灵在这严酷的环境中,一个个成过眼烟云,脆弱了,消失了。唯独这粒与峭崖不期而遇的种子,长成了参天大树,傲然着气势磅礴,飘逸着铮铮铁骨,令人敬仰,让人感动。或许,就像俞敏洪老师所说的那样,只要心怀一粒树的种子,即便被踩在泥土中间,你依然可以成长起来!

环顾四周,有人说当代青年身上缺少这种磨砺,缺少这种经历。确实,我们生活的年代比起父辈确实衣食无忧,无须栉风沐雨,但我们心中有信念,胸中有楷模。曾经,被这样一些人深深感动过、激励过。有些名字更是长久地铭刻在我的心中:纵凯、单子龙、青素萍,残奥会上,他们傲视群雄;钱学森、陈生弟、王文焰,科学领域中他们独占鳌头;马云、李彦宏、周厚健,经济发展中他们各领风骚……

张九精,这位如同曾经感动中国的洪战辉一样自立自强的贫困大学生,现如今同样感动了我们,作为海南师范大学的"校园十大感动人物"之一,他谢绝任何资助,毅然选择自己打工挣钱,来偿还欠学校的学费。同学们默默地帮他积攒废品,可他和父亲把卖废品的钱全部放进了班费,为了院系的学生会工作,他放弃了许多挣学费的机会。然而,对于学习成绩优秀的他来说,奖学金仍不能解决他所有的学费问题,于是他向学校提出了休学的请求:"我欠学费太多了,我不想给学校和系里的老师添麻烦。我自己有能力攒足了学费再复学。""天行健,君子以自强不息"。张九精用实际行动向我们展示了当代大学生的自立自强。

这是2009年安徽省第二届"自强自立 励志成才 报效祖国"大学生演讲比赛一等奖作品。

演讲稿全篇设喻,将家境贫寒而又自强不息、逆境中成长的大学生比作峭崖上坚劲的黄山松,入题奇巧,比喻贴切。

中部点面结合,列举了各行各业励志成才的代表人物,并结合大学生实际,详述了张九精自强自立的学习、成长经历。主题需要实例来支撑,翔实的事例比口号更具感染力。顺承黄山松的喻义,演讲稿用阳光、雨露比喻贫困大学生得到的各项帮扶政策的资助。数据是最有说服力的材料,以一管见全豹,足以彰显青年成长过程中国家所给予的帮扶和关注。

	续表
黄山松的身上蕴含着我们民族的精神：坚韧、自立，黄山松也带给我们青年这样的思考：青年的成长与青松一样，艰辛是成长的动力，经历了磨砺才具有更强的生命力。 　　坚韧自立的黄山松比起平原的夹岸桃柳，更需要阳光、更需要雨露，自强自立的贫困大学生，同样得到国家和学校帮扶政策的关心与援助。针对贫困生的实际情况，国家教委出台了贫困大学新生入学绿色通道、国家助学贷款、减免学费、国家奖学金、励志奖学金等资助政策。 　　为此，省财政每年要从财政预算中划拨专项经费。以我校为例，2008—2009 年度，有 8 人获得每人 8000 元的国家奖学金，152 人获得共 76 万元的国家励志奖学金，1414 人获 254.4 万元的国家助学金，162 人得到共 80 万的国家助学贷款。除了国家资助，学院还设有学院奖学金、学院助学金，并为贫困生提供了 150 个勤工助学的岗位，为经济困难和震区学生减免学费 3.1 万元。 　　"贫困生"，准确地应表述为"家境暂时贫困的学生"。这里明确了两层含义：第一是家庭贫困，而不是自身的贫困，家庭贫困并不能阻止你成为知识与精神的富有者。第二暂时贫困不是永远贫困。知识改变命运，学习成就未来。他们就像绝壁峭崖上的黄山松一样，比别的孩子更早地在体味人世间的酸甜苦辣，更早地在用心思考人生，更早地在自觉接受生活的磨炼。因为心怀一粒树的种子，他们终将长成参天大树。 　　你可能要说，我们只是芸芸众生，既没有张九精那样贫寒曲折的经历，更没有爱国先驱那样为祖国抛头颅、洒热血的机会。我们总是被那浓浓的爱国情怀所打动，但又不知怎样表达自己心中的爱国之情。 　　那么，珍惜你宝贵的青春年华吧，珍惜大学时代的每一个晨跑与早读的清晨，好好把握那些徜徉于街头、流连于游戏的傍晚吧！莫让岁月从凝然的双眼前溜走，莫让年华付水东流。现在的爱国已不再是为国捐躯，因为时代赋予了它新的含义。它要求我们大学生，珍惜学习时光，自立自强，励志成才就是报效祖国的最好行动，而那些付出了汗水和艰辛的日子，是能够让我们珍藏的日子成为你我心中永恒的光荣。 　　只要你心怀一粒树的种子，只要生命有清水般灵动，那一粒树的种子必将在阳光雨水的浸润中生根发芽，年轻的生命必将绽放出最为夺目的光彩。 　　让我们珍惜宝贵的青春年华，发奋读书，自强不息！ 　　让我们心怀一粒树的种子，像黄山松一样，励志成才！ 　　因为回报大地母亲最好的礼物是漫山遍地、木枝扶疏的绿荫。 　　因为报效祖国，回报社会最好的方式就是青年学子今天桃李芬芳，明日成为社会的栋梁。 　　Yes，we can.	尾部将报效祖国的热情落实到青年成长的每一个清晨和傍晚，点明"珍惜学习时光，自立自强，励志成才就是报效祖国的最好行动"，主题凸显，水到渠成。 　　结尾采用排比、类比手法，点明题旨"让我们心怀一粒树的种子，像黄山松一样，励志成才！""Yes，we can."源自奥巴马的演讲，这里移用过来，增强现场表现效果。

【例文二】

记　忆
——华中科技大学校长李培根在2010届毕业典礼上的演讲

亲爱的2010届毕业生同学们：

你们好！

首先，为你们完成学业并即将踏上新的征途送上最美好的祝愿。

同学们，在华中科技大学的这几年里，你们一定有很多珍贵的记忆！

你们真幸运，国家的盛世如此集中相伴在你们大学的记忆中。2008奥运留下的记忆，不仅是金牌数的第一，不仅是开幕式的华丽，更是中华文化的魅力和民族向心力的显示；60年大庆留下的记忆，不仅是领袖的挥手，不仅是自主研制的先进武器，不仅是女兵的微笑，不仅是队伍的威武整齐，更是改革开放的历史和旗帜的威力；世博会留下的记忆，不仅是世博之夜水火相容的神奇，不仅是中国馆的宏伟，不仅是异国场馆的浪漫，更是中华的崛起，世界的惊异；你们一定记得某国总统的傲慢与无礼，你们也让他记忆了你们的不屑与蔑视；同学们，伴随着你们大学记忆的一定还有"什锦八宝饭"等新词，它将永远成为世界新的记忆。

> 这是华中科技大学校长李培根院士在2010届本科生毕业典礼上所作的题为《记忆》的演讲。

近几年，国家频发的灾难一定给你们留下深刻的记忆。汶川的颤抖，没能抖落中国人民的坚强与刚毅；玉树的摇动，没能撼动汉藏人民的齐心与合力。留给你们记忆的不仅是大悲的哭泣，更是大爱的洗礼；西南的干旱或许使你们一样感受渴与饥，留给你们记忆的，不仅是大地的喘息，更是自然需要和谐、发展需要科学的道理。

在华中大的这几年，你们会留下一生中特殊的记忆。你一定记得刚进大学的那几分稚气，父母亲人送你报到时的历历情景；你或许记得"考前突击而带着忐忑不安的心情走向考场时的悲壮"，你也会记得取得好成绩时的欣喜；你或许记得这所并无悠久历史的学校不断追求卓越的故事；你或许记得裘法祖院士所代表的同济传奇以及大师离去时同济校园中弥漫的悲痛与凝重气息；你或许记得人文素质讲堂的拥挤，也记得在社团中的奔放与随意；你一定记得骑车登上"绝望坡"的喘息与快意；你也许记得青年园中令你陶醉的发香和桂香，眼睛湖畔令你流连忘返的圣洁或妖娆；你或许记得"向喜欢的女孩表白被拒时内心的煎熬"，也一定记得那初吻时的如醉如痴。

可是，你是否还记得强磁场和光电国家实验室的建立？是否记得创新研究院和启明学院的耸起？是否记得为你们领航的党旗？是否记得人文讲坛上精神矍铄的先生叔子？是否记得倾听你们诉说的在线"张妈妈"？是否记得告诉你们捡起路上树枝的刘玉老师？是否记得应立新老师为你们修改过的简历，但愿它能成为你们进入职场的最初记忆。同学们，华中大校园里，太多的人和事需要你们记忆。

> 演讲以"平民化"的叙述方式，娓娓道来，以匠心独运、情真意切、文风清新吸引人，感动人，让人如沐春风。

请相信我，日后你们或许会改变今天的某些记忆。瑜园的梧桐，年年飞絮成"雨"，今天或许让你觉得如淫雨霏霏，使你心情烦躁、郁闷。日后，你会觉得如果没有梧桐之"雨"，瑜园将缺少滋润，若没有梧桐的遮盖，华中大似乎缺少前辈的庇荫，更少了历史的沉积。你们一定还记得，学校的排名下降使你们生气，未来或许你会觉得"不为排名所累"更体现华中大的自信与定力。

	续表
我知道,你们还有一些特别的记忆。你们一定记住了"俯卧撑""躲猫猫""喝开水",从热闹和愚蠢中,你们记忆了正义;你们记住了"打酱油"和"妈妈喊你回家吃饭",从麻木和好笑中,你们记忆了责任和良知;你们一定记住了姐的狂放,哥的犀利。未来有一天,或许当年的记忆会让你们问自己,曾经是姐的娱乐,还是哥的寂寞?	
亲爱的同学们,你们在华中科技大学的几年给我留下了永恒的记忆。我记得你们为烈士寻亲千里,记得你们在公德长征路上的经历;我记得你们在各种社团的骄人成绩;我记得你们时而感到"无语"时而表现的焦虑,我记得你们为中国的"常青藤"学校中无华中大一席而灰心丧气;我记得某些同学为"学位门"、为光谷同济医院的选址而愤激;我记得你们刚刚对我的呼喊:"根叔,你为我们做了什么?"——是啊,我也得时时拷问自己的良心,到底为你们做了什么?还能为华中大学子做什么?	演讲紧扣主题"记忆",在材料选择和语言运用上极具新意,时代气息浓烈。在演讲稿中,李培根把4年来的国家大事、学校大事、身边人物、网络热词等融合在一起。借"俯卧撑""躲猫猫""打酱油""妈妈喊你回家吃饭""蜗居""蚁族""被就业""被坚强"等社会热词发微见著,没有套话、空话、假话、大话,不掩饰,不做作,不哗众取宠。
我记得,你们都是小青年。我记得"吉丫头",那么平凡,却格外美丽;我记得你们中间的胡政在国际权威期刊上发表多篇高水平论文,创造了本科生参与研究的奇迹;我记得"校歌男",记得"选修课王子",同样是可爱的孩子。我记得沉迷于网络游戏甚至濒临退学的学生与我聊天时目光中透出的茫然与无助,他们还是华中大的孩子,他们更成为我心中抹不去的记忆。	
我记得你们的自行车和热水瓶常常被偷,记得你们为抢占座位而付出的艰辛;记得你们在寒冷的冬天手脚冰凉,记得你们在炎热的夏季彻夜难眠;记得食堂常常让你们生气,我当然更记得自己说过的话:"我们绝不赚学生一分钱。"也记得你们对此言并不满意;但愿华中大尤其要有关于校园丑陋的记忆。	
只要我们共同记忆那些丑陋,总有一天,我们能将丑陋转化成美丽。	
同学们,你们中的大多数人,即将背上你们的行李,甚至远离。请记住,最好不要再让你们的父母为你们送行。"面对岁月的侵蚀,你们的烦恼可能会越来越多,考虑的问题也可能会越来越现实,角色的转换可能会让你们感觉到有些措手不及"。也许你会选择"胶囊公寓",或者不得不蜗居,成为蚁族之一员。没关系,成功更容易光顾磨难和艰辛,正如只有经过泥泞的道路才会留下脚印。请记住,未来你们大概不再有批评上级的随意,同事之间大概也不会有如同学之间简单的关系;请记住,别太多地抱怨,成功永远不属于整天抱怨的人,抱怨也无济于事;请记住,别沉迷于世界的虚拟,还得回到社会的现实;请记住,"敢于竞争,善于转化",这是华中大的精神风貌,也可能是你们未来成功的真谛;请记住,华中大,你的母校。"什么是母校?就是那个你一天骂她八遍却不许别人骂的地方"。	演讲者用真实亲切的方式与学生进行心贴心式的交流,寄予学生最诚挚的祝愿。
亲爱的同学们,也许你们难以有那么多的记忆。如果问你们关于一个字的记忆,那一定是"被"。我知道,你们不喜欢"被就业""被坚强",那就挺直你们的脊梁,挺起你们的胸膛,自己去就业,坚强而勇敢地到社会中去闯荡。	该演讲以其穿透人心的力量,引起所有学生强烈的思想共鸣。
亲爱的同学们,也许你们难以有那么多的记忆,也许你们很快就会忘记根叔的唠叨与琐细。尽管你们不喜欢"被",根叔还是想强加给你们一个"被":你们的未来"被"华中大记忆!	

四、演讲稿的写作要求

(一)了解对象,有的放矢

演讲稿是讲给人听的,因此,写演讲稿首先要了解听众对象:了解他们的思想状况、文化程度、职业状况如何;了解他们所关心和迫切需要解决的问题是什么,等等。否则,不看对象,演讲稿写得再花功夫,说得再天花乱坠,听众也会感到索然无味,无动于衷,也就达不到宣传、鼓动、教育和欣赏的目的。

(二)观点鲜明,感情真挚

演讲稿观点鲜明,显示着演讲者对一种理性认识的肯定,显示着演讲者对客观事物见解的透辟程度,能给人以可信性和可靠感。演讲稿还要有真挚的感情,才能打动人、感染人,把说理和抒情结合起来。既有冷静的分析,又有热情的鼓动;既有所怒,又有所喜;既有所憎,又有所爱。当然,这种深厚动人的感情不应是"挤"出来的,而要发自肺腑,就像泉水喷涌而出一样。

(三)行文变化,有张有弛

演讲稿要写得有波澜,主要不是靠声调的高低,而是靠内容的有起有伏,有强调,有反复,有比较,有照应。

(四)控制篇幅,掌握时间

一般来说,演讲时间控制在3—8分钟,演讲效果较好。演讲需听众注意力高度集中地倾听,有时还需要互动,时间过长或过短,都会影响演讲的表达效果。

能力巩固

一、知识训练

(一)填空题

1. 欢送词从表达方式上可分为_____欢送词和_____欢送词。
2. 欢迎词的结尾一般是再次对来客表示_____和_____。
3. 请柬的正文要求写明活动_____、_____和_____等。
4. 聘书是以单位名义发出,一定要_____,方视为有效。
5. 求职信就是求职者用来_____写给用人单位的书信。
6. 根据听众以听觉把握层次的特点,显示演讲稿结构层次的基本方法就是在演讲中树立明显的_____。
7. 推荐信的篇幅不要过长,一般不超过_____。内容要以写被推荐人的_____为主,但必须实事求是,真实可靠。

8.演讲稿是一种实用性比较强的文体,主要有_____、_____和_____的特点。

(二)判断题

1.请柬尽量多用文言,以体现高雅凝练的特征。如用文言,也应注意准确,并让被邀请者理解。(　　)

2.欢送词结尾以坚定的语气发号召、提希望、表祝愿,最后宣布会议闭幕。(　　)

3.开宗明义式的演讲开头,就是在演讲的开头直截了当地提出问题,将演讲者的意图和盘托出,不绕任何圈子。(　　)

4.在特定的礼仪场合,答谢词十分讲究必要的客套话的使用,对主人的热情款待和众多关照表示答礼、谢意和感激之情的语言热情洋溢、充满真情。(　　)

5.求职信的署名可以龙飞凤舞,尽显个性。(　　)

6.一般来说,履历不需要文学性的修饰。(　　)

7.所有求职类文体在写作上都要求实事求是,不能夸大或缩小,因此,在履历上也必须把负面的内容写进去。(　　)

8.致欢迎词,情感要真挚,心情要欢愉。(　　)

(三)选择题

1.演讲稿用华丽的辞藻和澎湃的激情,以类似诗歌或散文的形式开场,以引导听众进入美的意境。这种开头的方式叫(　　)

　　A.抒情式　　　　B.幽默式　　　　C.悬念式　　　　D.开拓式

2.欢送词核心部分的内容包括(　　)

　　A.回顾和阐述双方在合作或访问期间的基本情况

　　B.双方的合作和交流的重要性和深远意义

　　C.双方的合作和交流者对合作事项的意见分歧及领导的态度

　　D.向来宾表达今后增进友谊、加强合作的愿望

3.请柬的写作要注意(　　)

　　A.真实具体的地点、时间　　　　B.文字简洁明了

　　C.版式规范　　　　D.要求人们参加活动

4.欢送词是行政机关、企事业单位、社会团体或个人、国家机关或单位在公共场合欢送友好团体或亲友出行时致辞的讲话稿,所以它具有(　　)

　　A.计划性　　　　B.总结性　　　　C.口语性　　　　D.确指性

5.同请柬的写法和作用相似的文种是(　　)

　　A.邀请书　　　　B.感谢信　　　　C.通知　　　　D.欢迎词

6.请柬的制作要求(　　)

　　A.庄重典雅　　　　B.朴实大方　　　　C.精美典雅　　　　D.庄重朴实

7.求职信的开头有各种写法,试比较以下三封求职信,说明它们各采用了什么开头方法。

A. 颂扬对方　　　B. 交代求职缘由　　　C. 介绍自我

D. 概括总起　　　E. 诉说心愿

(1)我是一名在读高职生,将于××年×月毕业。贵公司优越的经营业绩和管理水平,我早有所闻,心窃美之,慕名求职。(　　)

(2)我叫×××,女,今年30岁。我于××年毕业于××大学新闻学专业,同年赴美国攻读西方文化史,××年获硕士学位并翻译出版了《西方文化史话》《西方新闻学》等新闻、文艺理论书籍三本,××年至今在美国加州××××公司企划部工作。(　　)

(3)读3月20日《深圳特区报》上贵公司的招聘广告,得悉贵公司拟招聘公关部经理一名,本人很感兴趣,特此应征。(　　)

8.演讲稿的开头部分应该先声夺人,抓住听众,分析下列演讲各采用了什么开头方法。

A. 交流情感,沟通心灵　　　B. 设问开头,激发兴味

C. 开门见山,直接点题　　　D. 开宗明义,直扑主题

(1)同学们,当前我们大学生求职出现了前所未有的困难,原因是什么呢?是我们国家的人才太多了吗?是我们学的东西过时了吗?还是我们眼光不再符合社会需求了呢?面对这么多的问题,我们这些即将走出校门的大学生又如何应对这一现象呢?(　　)

(2)奥运精神是什么?奥运精神是"更快、更高、更强"。支撑和造就"更快、更高、更强"的是什么?是"自信、自强、自尊"。这既是奥运精神的原动力,更是奥运精神的境界升华。我今天演讲的题目是《自信、自强、自尊》。(　　)

(3)同学们,今天我来到警官学院,我一上台就发现了一个秘密。你们想过没有,全国13亿人,只有谁有权利在头顶的帽子上缀上我们神圣的国徽呢?你们!只有你们!人民的卫士!(　　)

(4)人的一生,每时每刻都站在一个选择点上,都面临着选择,都进行着选择。选择是人的权利和自由,但我想说的是,在包罗万象、形形色色的选择中,什么是对于我们的人生最重要、最有价值的。毫无疑问,它应该是信仰和追求,是选择什么样的道路,成为什么人的问题。(　　)

二、能力训练

1.修改下面这份欢迎词,并说明修改的理由。

××学院旅游管理系的部分师生去慈湖宾馆参观学习,宾馆总经理在欢迎仪式上致辞。欢迎词如下:

欢迎词

尊敬的各位教师、各位同学们:

在此谨代表本宾馆的全体员工欢迎阁下同志们光临慈湖宾馆。

慈湖宾馆坐落于风景秀丽的东湖岸边,三面环水,环境幽雅。具有岛国风情,是岳川市委、市政府接待和开放的窗口。希望我们的服务能够让阁下有宾至如归的感觉,在此将宾馆内设备及服务向你们作一介绍。

我们将忠诚地为阁下服务效劳,并希望你们能够提出宝贵意见。

慈湖宾馆　总经理谨致

2. 下面这份请束有毛病,请予以修改。

```
        兹定于二零零×年×月×日上午×时,为犬子×××举行隆重
    的婚礼,届时敬请光临。

        敬启
  恭请
                              ×××同志
```

3. 根据你所学专业和理想,结合个人的专业学习、在校表现及参加社会实践活动的情况等,给某公司或某单位负责人写一封求职信,并附履历一份。

4. ××大学刚成立了校报编辑部,特聘请刘××老师为该编辑部的校外顾问,请代写一份聘书。

5. 王孝椿准备6月16日在阳光饭店为爸爸过70岁生日,想请爸爸的老战友刘妙山夫妇那天中午12点来一起吃饭。请以王孝椿的名义给刘妙山夫妇写一份请束。要求称呼得体,表述简明,措辞文雅。(不超过40个字)

6. 为下面竞聘演讲稿补足所缺内容。

大家好:

自我介绍一下,我叫××,来自××系××班,现任团支部书记。

拿破仑有句名言(　　　　　　　　),凭着七年班长与三年团支书的工作经验,我来竞选校学生会主席。

我要对各位说:"我没有什么值得夸耀,有的,是热血、辛劳和汗水。"

我认为,学生会主席不只是个称号,不只是个光环,它背后有实质性的内容,与数千位校友息息相关。所以,假若我当选,我不会让这个"主席"成为一个虚名。

此刻,在我面前的是高手如林的竞争,在各位参与竞选者身后的是4700多位校友的校园生活。我,正是为丰富我们的校园生活而来。有人问:"你的(　　　)是什么?"我要说:"我的施政纲领就是用我全部的能力,用各位给我的全力支持,用我所具有的所有力量来改善、丰富我们的校园生活;集合各位的愿望与要求,组织开展一系列富有年青一代个性与特色的文体活动。"有人问:"你的(　　　)是什么?"我可以用五个字回答:"(　　　)——不惜付出,去赢得你们的认可;无论多么困难,无论付出多少努力和汗水,

也要赢得你们的认可!"

　　我没有拖沓繁复的规划,我的所有计划都会从实际着手。我承诺得不多,但是我所说的一切,我都会尽力去做。我可以许诺:此刻,我所说的一切永远都不会只是一张空头支票。

　　此时此刻,我觉得我可以要求各位的支持,我要说:"来吧,让我们并肩携手,一同努力!"

　　如果您觉得××值得信赖,请(　　　　　　　)。

7.请以"我的职业观"为题写作一篇演讲稿。

项目六

宣传事务文书

知识目标	知道消息、通讯的特点、类别以及写作的基本要求。
能力目标	掌握消息的基本构成和写法,掌握通讯的写法。
素质目标	理解宣传事务文书在日常生活中的作用。

角色设定

山里红大别山旅游服务有限公司是一家集大别山特色土特产营销、大别山旅游项目开发与服务及旅游环保产品开发的明星企业。王丽是一名土生土长的大别山人,在公司主要负责宣传工作。

任务一 消 息

任务导入

某日,省里一位领导到公司视察调研,公司通知王丽参加接待并全程陪同领导调研,一方面做好服务工作,另一方面做好宣传报道,写好新闻通稿,提供给有关新闻媒体。

知识准备

一、消息的概念和特点

消息又称"新闻"。新闻,是对新近发生的、具有一定社会意义的事实的及时报道。它有广义与狭义之分。广义的"新闻"是指各种新闻体裁的统称,如消息、通讯、报告文学、调查报告等;狭义的"新闻"指的就是消息。

消息是指用简洁明快的语言迅速及时报道新近发生的、具有社会意义的事实或者人物的一种新闻体裁。它是传播新闻的主要形式,使用量大,频率高。

消息主要有以下特点:

(一)客观真实

客观真实是新闻写作的基本原则,要求消息中涉及的人物、地点、时间、事件(起因、经过、结果)等必须准确无误;消息中引用的资料、数据、引语等必须确凿无疑。

(二)迅速及时

迅速及时是指内容报道的及时性,应该在事件发生后最短时间里见诸报刊等新闻媒体。1981年美国总统里根遇刺,美国广播公司在事件发生后7分钟,就播出了这则新闻。新闻如果过了一定的时间,就失去了存在的价值。

（三）短小精悍

消息的篇幅短小精悍。多则几百字、上千字，少则百余字、几十字，甚至浓缩为一句话。

（四）寓理于事

消息是事实的综合。事实胜于雄辩，用事实说话，是消息写作的一大特点。记者往往很少直接流露自己的观点和看法。

二、消息的种类

按照一般的看法，消息主要分为以下四类：

（一）动态消息

动态消息以迅速简洁地报道新近发生的事件、反映事物发展过程中的新动态为基本特征。其特点是内容集中单一，一般一事一报，简明扼要，时效性强。动态新闻一般三五百字，具备新闻六要素（何时、何地、何人、何事、何因、如何）。动态新闻中的"简讯"（简明新闻），则仅用一两句话交代新闻事件的概况，一般不交代事情的发生过程和背景情况。

（二）综合消息

综合消息指的是对同类事物或一事物的多侧面的归纳综合报道。主要用以反映动向、成就、问题等。在写作上要做到点面结合，既有面上情况的概括叙述，又有点上细节材料的具体呈现，切忌空泛的议论。

（三）经验性消息

经验性消息也称"典型性新闻"或者"典型性报道"，它是通过反映具有代表性的人或事，总结归纳出典型的经验或做法，借此来指导工作，教育读者和警示社会。

（四）述评性消息

述评性消息是一种边叙边评、夹叙夹议的消息类型，它介于新闻和评论之间，既报道新闻事实，在报道的同时又对新闻事实的性质、特点、发展前景等作出分析、解释和评价。

小资料

> 短讯，又称"简讯"，或者一句话新闻。是新闻报道中最简短、迅捷的一种体裁。要求以最快的速度、最精简的文字将事件简要地报道出去。每篇通常仅十余字，至多百字。

新闻通稿，原本是一些新闻通讯社的"专利"。通讯社在采访到一些重要新闻以后，会以一种统一的稿件方式发给全国需要稿件的媒体，这就叫做"通稿"。后来，很多企业在对外发布新闻的时候，为了统一宣传口径，也会组织新闻通稿，以提供给需要的新闻媒体。

三、消息的基本构成和写法

一则消息一般由新闻标题、消息头、新闻导语、新闻主体、新闻背景、结尾及署名部分组成,其基本格式如下:

```
                    ××××××(标题)
  本报讯(署名)××××××××××××××××××××××××××××
×××××××××××××××。(导语)
      ×××××××××××××××××××××××××××××××××
×××××××××××。(新闻主体)
      ×××××××××××××××××××××××××××××××××
××××××××××。(背景)
      ×××××××××××××××××××××××××××××××××
×××××。(结尾)
```

(一)新闻标题

新闻标题就是新闻的题目,它是新闻内容的概括。其表现形式有以下三种:

1. 单行标题

单行标题指只有正题的标题。这种标题要求精练、简明、一语中的。如:

青海:"生态优先"保卫绿色高原

再如:

家长"高考膜拜":烧的是香还是焦虑

2. 双标题

双标题,一般有"引题+主标题"或"主标题+副题"两种。双主标题的情况偶尔也会出现。如:

  一边是大学生就业难,一边是企业急缺技工　　　　　　(引)
  ——当就业难遭遇用工荒　　　　　　　　　　　　　　(主)

再如:

  居民"不懂"　行业"不爱"　　　　　　　　　　　　　(主)
  ——绿色建筑本土化离我们有多远　　　　　　　　　　(副)

3. 多行标题

多行标题,是引题+主标题+副题的组合形式,引题主要介绍背景,烘托气氛,引出主标题。主标题点明新闻的主要内容和核心思想。副题主要是补充正题,点明意义或指出结果等。如:

  泄露国家重要机密受巨贿　　　　　　　　　　　　　　(引)
  张常胜伏法　　　　　　　　　　　　　　　　　　　　(主)
  叶之枫下狱　　　　　　　　　　　　　　　　　　　　(副)

消息标题写作的基本要领可以概括为:

(1)概括出主要新闻要素。一语中的使人望题而知文意,便于读者选择阅读。

(2)侧重于标出动态,告诉读者发生或正在进行一件什么事情。

(3)新颖独特。要善于突出新事物、新方向,抓住最具新闻价值的事实。

消息标题写作的基本要求是:

第一,要贴切鲜明。俗话说:"看书先看皮,看报先看题。"因此,消息的标题要力求生动鲜明,要运用多种表现手法、修辞手法,把标题写得形象直观。

第二,要准确凝练。消息的标题的最基本要求就是准确,即要准确体现消息的内涵;凝练就是要简洁明了地传达消息的内涵,避免大话空话,尽量做到言简义丰。

(二)消息头

消息头是消息的标志,其表现形式为"本报讯"或"本报×地×月×日电"的字样。

消息头的表现形式主要分"讯"和"电"两大类。

"讯"主要是指通过邮寄或书面递交的形式向报社传递的新闻报道。如"本报合肥5月7日讯"。

"电"主要是指通过电报、电传、电子邮件、传真或电话等形式向报社传递的新闻报道。如"新华社上海4月20日电"。

消息头的作用如下:

第一,交代新闻来源,便于读者判断。消息头上标明了播发新闻的单位名称,这为读者判断新闻的真实性和权威性提供了方便。

第二,体现"版权所有"。消息一旦标明"本报讯",就表示此消息是该报独家采集的新闻,并拥有此消息的版权。

第三,使消息区别于其他新闻体裁。为了不使虚构的文学创作、其他新闻体裁与消息相混淆,新闻界特意规定把消息头作为消息的标志,这样,很容易把消息和其他文体区别开来。

(三)新闻导语

导语是紧接消息头的第一句话或第一段文字。其作用在于用省俭的笔墨将消息中最新鲜、最重要的信息或基于新闻事实最精确的议论呈现给读者,吸引读者注意,激发进一步阅读的兴趣。

根据导语的写法,新闻导语主要有以下几种类型:

1. 叙述式导语

这是使用最多的导语类型。它是把最具新闻价值的事实高度概括地叙述出来。如:

本报北京4月28日讯(记者汪瑞林) 记者今天从教育部获悉,教育部、人力资源和社会保障部联合出台《国家促进普通高校毕业生就业政策百问》,对毕业生关心的政策问题作了详细全面的解答。(2009年4月29日《中国教育报》)

2. 描写式导语

将新闻事实中的生动形象、特色个性、鲜明色彩等特征简洁、传神地勾勒出来，使读者如临其境，如见其人。如：

据新华社杭州5月1日电（记者冯源） 22名专家教授被兴冲冲赶来的老板们"一抢而空"，请到各家的企业里"望闻问切"去了。（2009年5月2日《中国教育报》）

3. 评述式导语

夹叙夹议，有述有评的导语，称为"评述式导语"。主要有引语式、设问式、评论式数种。如：

"现在，我们家每年的收入达25万元；过去，一年只有四五千元。我们终于摆脱了贫困，家里的生活一天天好起来了。"目前，在自家核桃园里，新疆阿克苏地区乌什县奥特贝希乡土敦其格村的安尼瓦尔·艾买提对记者说，他用从职业学校学到的技术改良了自己的核桃树。（引语式）（2009年4月30日《中国教育报》）

新闻导语写作的基本原则：

虽然新闻导语在写法上千变万化，但是也有一些公认的基本要求，主要表现为：

第一，突出最有价值的一个或几个新闻要素。

第二，要抓住事件的核心和精华，突出新闻自身的特点。

第三，突出最新的内容和最新的时间要素。

第四，要言不烦，言简意赅。

在写作导语时，有以下几方面需要注意：

(1)导语中要突出主要事实，少写附属内容或琐碎细节。

(2)一定要删去那些华而不实的套话、官话，使导语精练实在。

(3)引语不要太长，要精辟，且所引用的话要忠于原意。

(4)导语中涉及的人名头衔、单位名称、专用名词不宜过多，否则会分散读者的注意力。

（四）新闻主体

新闻主体，也称"新闻躯干"。它是新闻的主干部分，紧承导语之后，利用充分的、具体的事实材料对新闻事实作全面的阐述，是导语的补充和深化。

新闻主体的结构一般有以下几种：

第一，以时间为序安排结构。就是按照新闻事件（事实）发生、发展的顺序组织材料，安排层次。这种结构可以使读者对事件（事实）始末有一个完整、清晰的印象。如《湖北省委书记省长亲赴石首市平息群体事件》，人民网对石首市发生的群体事件的报道就是以时间为序来安排材料的。

第二,按逻辑关系安排结构。根据材料之间的内在联系或逻辑关系,如因果关系、由表及里的关系、并列关系等组织安排层次。这种结构可以使读者了解新闻事件(事实)发生的根源及材料间的相互关系。如例文一:《汽车消费税9月1日起调整》。

第三,以时间和逻辑的顺序安排结构。两者兼有的结构使新闻躯干部分的结构更严谨,对新闻主体的阐述更加细致、明确。

新闻主体写作的基本原则:

(1)叙事要尽量具体、充实,使读者对新闻人物和事件有完整清晰的了解。

(2)叙述生动,行文有波澜,保持读者的兴趣。新闻主体部分要保持读者的兴趣,须做到以下几点:

第一,提供与新闻事实有关的新闻细节。新闻细节是对新闻导语的补充,也是主要新闻事实的展开和延伸,提供新闻细节会增加对读者的吸引力。

第二,利用视角的变化去报道同一新闻事实,增加新闻的深度和广度。如报道一起重大交通事故的新闻,主体新闻要从目击者、交管部门、事故的影响等方面予以报道。这样,新闻主体传递的信息就比较丰富,读者对主体部分的关注度也会随之提高。

第三,可以采用叙述、描写、引语等多种表现手法并举的方法,使主体部分的行文生动活泼,富于变化。

(3)紧紧围绕一个主题取材。新闻主体部分所涉及的内容较多,要紧紧围绕新闻导语中所确立的主题,选择和运用材料。与主题无关的材料最好删去。

(4)层次段落要分明,起承转合要自然。新闻主体表述时一定要注意材料安排的顺序,力求层次分明,思路清晰。

(五)新闻背景

与新闻人物或新闻事件发生、发展过程有关联的环境和历史材料就是新闻背景材料。

新闻稿中的新闻背景材料有三种类型:

1. 对比衬托性材料

对人物或事物的正反、今昔进行对比,在比较中突出其重要意义。当然,突出的意义必须与新闻主题相契合。如:

据介绍,此次活动2008年4月启动,截至今年2月底,共收到来自全国350多所学校近3万篇稿件。与第一届征文活动相比,参与的学校及单位增加了4倍多,稿件总数增加了10倍。

2. 说明性材料

说明性背景材料,往往用来点明新闻事实产生的原因、条件和环境,通过横向或纵向联系,把事情的来龙去脉、因果关系交代清楚,有助于读者对新闻的理解。如:

截至2008年年底，全国护士队伍发展到165.3万名，护士总数比2004年增加了35万，是历史上增长最快的时期。全国卫生系统护理专业"巾帼文明岗"和"巾帼建功标兵"表彰大会由卫生部、全国妇联、总后勤部、卫生部联合组织。

3. 注释性材料

即对新闻报道中涉及的概念、原理及名词、术语进行解释以帮助读者理解新闻中的有关内容。如《北京卢沟新桥今日通车 比预期提前两天竣工》中的背景材料：

　　卢沟新桥始建于1971年，位于京周公路上，横跨永定河，是北京西南地区重要的交通要道，随着北京交通流量的增加，特别是频繁通行的重载交通对桥梁产生了严重影响，去年4月11日，该桥4处伸缩缝处腹拱出现突发性塌陷，成为危桥。桥梁管理部门于是对双向机动车采取断行措施，并决定拆除、重建当时已有37年历史的卢沟新桥。

在使用新闻背景材料时要注意：

其一，新闻背景材料一定要紧扣报道主题或新闻事实，尽可能少而精，防止喧宾夺主。

其二，新闻背景材料要有明确的针对性，根据读者对象，确定新闻背景如何使用。

其三，新闻背景材料没有固定的位置，可以在导语、新闻主体中出现，也可在新闻结尾中出现，它的位置往往根据表现主题的需要来定。

（六）结尾

结尾，特指能深化报道主旨的消息的最后一部分。新闻的结尾主要有以下几种形式：

1. 评论式

在消息收结的地方对所报道的事实予以评论。具体表达时，既可以是直接发表议论，也可以是借别人之口进行评议，或者转述有关的评价。

2. 总结式

在最后一段对新闻事实作一个总结，使全文的内容最终归纳到一个点上。

3. 启发式

在讲明重要事实后，用启发性的语言引领读者进一步思考。

4. 展望式

在结尾进一步指出事件发展的必然趋势或必然结果。

5. 意义式

指明新闻的重大意义。

6. 引用式

在新闻的最后引用相关人物的话来收尾。

新闻的结尾,不论采取何种形式,一般要注意以下几点:

其一,结尾是新闻的组成部分,要紧扣主题,使之为表现和深化主题服务。

其二,新闻结尾应力求简洁、不重复。应顺势而行、当止则止。

四、消息的结构

比较常见的消息的结构形式有:倒金字塔式结构、时间顺序式结构、并列式结构等。

(一)倒金字塔式结构

这种结构要求把最重要、最新鲜或者最精彩的新闻事实放在消息的开端,即放在新闻导语中。其他事实也是按照先重后轻、先主后次的顺序来安排的。即先写最重要的新闻事实,然后是稍次要、次要的新闻事实。

这种结构中新闻主体部分各段之间有着密切的逻辑关系。第二段往往是第一段的具体化或者补充,第三段又是第二段的补充。

(二)时间顺序式结构

时间顺序式结构就是自然而然地按照新闻事件发生的时间顺序来写作。这种结构没有导语,事件的开始,就是消息的开头,事件结束,消息也就结尾了。这种结构较适合故事性强、以情节取胜的新闻,尤其适合写现场目击记。

(三)并列式结构

并列式结构是指有一个提纲挈领性的导语,新闻主体中的几个自然段所涉及的内容基本上呈并列关系。此结构比较适用于公报式新闻或者经验性新闻。

诚然,消息的结构绝非只有上述三种结构,究竟采用哪种形式,需要根据消息自身的特点来定。形式总是服务于内容的。

五、例文评析

【例文一】 动态消息

汽车消费税 9 月 1 日起调整	
本报北京 8 月 13 日电(记者 程刚) 财政部、国家税务总局近日发出通知,决定从 2008 年 9 月 1 日起调整汽车消费税政策。大排量乘用车消费税税率提高,小排量乘用车消费税税率降低。此次调整,旨在抑制大排量汽车的生产和消费,鼓励小排量汽车的生产和消费。 此次调整包括:一、提高大排量乘用车的消费税税率,排气量在 3.0 升以上至 4.0 升(含 4.0 升)的乘用车,税率由 15% 上调至 25%,排气量在 4.0 升以上的乘用车,税率由 20% 上调至 40%;二、降低小排量乘用车的消费税税率,排气量在 1.0 升(含 1.0 升)以下的乘用车,税率由 3% 下调至 1%。	单行标题 这是一则动态消息。

这一调整进一步拉大了不同排量汽车消费税税率的差距。现行的汽车消费税是从 2006 年 4 月 1 日开始实行的,按照"低排量低税率,高排量高税率"的原则征税。 　　作为能源消耗和污染物排放"大户",汽车被视为节能减排的重点。财政部新闻办公室今天说,近年来我国汽车保有量大幅攀升,对汽柴油的需求急剧增加,造成的空气污染也日益严重。同时,随着石油对外依存度的不断提高,能源安全问题也变得十分突出,加强汽车行业的节能减排工作已刻不容缓。 　　财政部新闻办公室表示,此次调整汽车消费税有利于降低汽柴油消耗、减少空气污染,促进国家节能减排工作目标的实现。 　　　　　　　　　　　　　　　　　　　　(来源:《中国青年报》)	按逻辑关系安排结构。

【例文二】 经验性消息

"世间有你变得如此温暖"

——本报《背起我的同学》报道引起强烈反响

　　本报石家庄 5 月 27 日电(记者 耿建扩)　5 月 4 日本报头版头条刊发《背起我的同学》通讯,报道了沧州市二中学生吕希庆身背残疾同学求学 8 年,并和刘晓在互帮互助中建立起兄弟般真挚情感的动人事迹。该报道在当地引起了强烈而持久的反响,并引起了网民的热情关注。读者一致认为,吕希庆常年坚持背残疾同学求学不离不弃,充分体现了中华民族团结友爱、乐于助人的传统美德在新时期青少年身上的传承和弘扬。

　　文章见报后,吕希庆家乡——河北沧州青县民众争相传阅报纸,不少家长还把报纸复印下来拿给自己的孩子,教育他们向吕希庆一样心中有他人、乐于做贡献。吕希庆的班主任陈颖老师也欣慰地看到了榜样的力量,很多学生都在吕希庆的带动下有所改变。这个至真至善的情义少年也让在校中学生们深受感动,他们说以前总感觉模范人物的事迹离他们很遥远,现在看到吕希庆把简单、平凡的事情持之以恒地坚持下去,就能创造不平凡,他们都表示要向吕希庆学习。在吕希庆的影响和带动下,越来越多的同学加入到学雷锋的行列中,学校的风气越来越好。

　　与此同时,青县团县委也将吕希庆的事迹作为加强青少年思想道德建设、弘扬时代新风、倡导社会和谐的重要契机,在全县青少年中掀起了"学习吕希庆做先进青年"活动。在小学、初中等少先队员集中的地方,通过开展国旗下讲话、观看根据吕希庆事迹改编的电影《亲爱的课堂》、写作文抒发感想等形式,让少年儿童对照先进查找不足,学习先进弥补不足,赶超先进消除不足,帮助他人关爱社会在各校蔚然成风;在高中和大中专等青年学生集中的地方,通过召开吕希庆事迹研讨会、演讲比赛等形式,引导青年学生对吕希庆现象进行深入思考,感受社会正气,弘扬道德风尚,倡导和谐社会的主旋律;在各机关单位、企事业部门、窗口行业等青年人集中的地方,充分动员号召各单位开展岗位竞赛、提供优质服务等活动,将学习先进青年的典型事迹作为立足岗位奉献社会、弘扬职业道德的动力源泉。

　　报道刊发后,在网上也引起强烈反响,网民不但将本报的报道贴到社区、论坛上,还搜集了《亲爱的课堂》视频以及吕希庆助人为乐的照片发到网络上。吕希庆当选"感动河北十大年度人物"的颁奖词传遍网络:"他一定是一个天堂来的孩子,因为他有一颗晶莹、仁爱的心,他背负着残疾的同学走过 8 年时光的身影,让我们看到了幼小的担当和古老的道义,也让我们看到了一代人阳光般的灿烂和希望。"一名自称是吕希庆同学的百度网友说,每当看到吕希庆背着刘晓,心中阵阵感动,"世间有你变得如此温暖"。

续表

网上舆论认为,在当前社会转型期价值观多元化、青少年面临多重诱惑的环境下,应该充分发挥榜样的力量,在社会特别是校园里更加广泛地弘扬吕希庆等青少年模范的事迹。网民"高建雨"说,当前,中小学教育重分数轻德育,一定程度上存在辍学、迷恋网络、追星等现象,个别青少年还有偷盗、暴力犯罪、破坏公共财物等行为。要把广大青少年培养成祖国未来合格的建设者和可靠的接班人,就要从小抓起,高度重视品德教育。像吕希庆同学这样从身边事做起、从日常小事做起的鲜活事迹,更可亲、可敬、可学,更具有感召力,值得大力弘扬。这样就会在全社会尤其在广大青少年中形成一种鲜明的、正确的导向,引导、感召和激励更多青少年做好人做好事,培养乐于助人、团结互助的优秀品质,使社会更和谐更美好。

(来源:《光明日报》)

【例文三】 综合消息

扎卡维被炸身亡引起强烈反响	
新华网北京6月8日电 "基地"组织在伊拉克的头目扎卡维在美军空袭中被炸身亡的消息8日传出后,美国、英国、阿富汗、法国、澳大利亚、俄罗斯等国政要和一些专家学者等立即对此作出了反应。	综合消息。
美国总统布什在白宫发表声明称,扎卡维之死是对"基地"组织的一次重大打击,是反恐战争的一次胜利,使美国增强了在反恐战争中取得最后胜利的信心,也为改变伊拉克局势提供了机遇。他还表示,他将在下周与伊领导人讨论调整驻伊美军部署问题。但布什同时也承认,美国在伊拉克仍然面临许多困难,需要美国民众继续保持耐心。	消息头。
英国首相布莱尔说,扎卡维被打死不仅是对伊拉克"基地"组织的打击,也是对世界各地"基地"组织的打击。对伊拉克来说,这是"一个非常重要的时刻"。	这则消息采用了并列式结构。
阿富汗总统卡尔扎伊发表声明说,扎卡维之死是铲除恐怖主义的重要一步。扎卡维之死虽然不意味着恐怖主义的终结,但可以激励人们继续展开对恐怖主义的斗争。阿外交部、国防部发言人也都表示,扎卡维之死对所有的穆斯林和非穆斯林都是个好消息,因为持有不同信仰的人都是"基地"组织的受害者,扎卡维之死也"将有助于伊拉克实现和平和稳定"。	先有一个提纲挈领性的导语。
正在冰岛访问的波兰总理马尔钦凯维奇说,扎卡维被炸死将大大促进伊拉克形势向好的方向发展。正在布鲁塞尔参加北约国防部长会议的波兰国防部长西科尔斯基也说,扎卡维之死将使盟军把伊拉克交给伊拉克人这一天更加临近。	
比利时外交大臣德古特表示,扎卡维被打死是反恐斗争的一大胜利,"伊拉克人民应对这个恐怖分子头目的消失感到高兴"。	
澳大利亚总理霍华德说,扎卡维是伊拉克恐怖主义活动的主要策划者。他被打死对伊拉克人民来说是个好消息,对伊拉克的反恐力量也是个鼓舞。	
巴基斯坦外交部女发言人阿斯拉姆也表示,扎卡维在伊拉克被炸身亡是"重大进展",希望伊拉克局势随之得到改善。	

法国外交部发言人马太说，法国政府希望伊拉克的暴力事件因此而减少，希望伊拉克由此恢复稳定和安全。他还重申，法国坚决反对恐怖主义并与之作长期斗争。 但与此同时，一些国家的高官及学者也指出，扎卡维的死并不会使伊拉克的局势就此平静下来，反恐形势依然严峻。 俄罗斯国家杜马(议会下院)安全委员会主席瓦西利耶夫说，扎卡维被打死并不会使伊拉克的局势好转。在伊拉克目前非常复杂的局势下，消灭恐怖组织的一个头目并不能解决问题。俄联邦委员会(议会上院)国际事务委员会主席马尔格洛夫也指出，打死扎卡维是美军的一个胜利，但这仅仅是战术性的。 英国中东事务专家亚萨尔认为，扎卡维被打死不会对伊拉克的"圣战"造成影响。伊拉克的"圣战"也不会因为扎卡维的死而停止，相反，将会进一步升级。扎卡维的追随者将会发动报复性袭击。 波兰华沙大学阿拉伯裔教授达内茨基也指出，扎卡维之死并不意味着他的追随者也随之消失，相反，他的追随者可能会报复美国人。总而言之，扎卡维之死不会对伊拉克的局势产生明显影响。 正在布鲁塞尔参加北约国防部长会议的美国国防部长拉姆斯菲尔德称，打死扎卡维是伊拉克乃至全球反恐行动的重大胜利，但他同时也指出，扎卡维的死并非意味着伊拉克暴力活动的结束。 (来源：新华网)	新闻主体中的几个自然段所涉及的内容基本上是并列关系。

【例文四】 述评性消息

走出"温州模式" ——温州非国有经济发展趋势述评 初冬之际，记者来到温州市区、平阳县、乐清市的一些企业和市场，以及"温州模式"发源地之一的乐清柳市镇。深感温州正发生着深刻的变化，人们熟知的"温州模式"，正被今日温州人所扬弃、所突破。 企业目标：由致富型向事业型转变 办企业为了什么？过去温州人目的比较简单：脱贫致富。今日温州一些新型企业家的回答却要响亮得多：干一番事业，创中华名牌，兴民族工业！ 这样的话，记者听到不止一位温州老板讲过。正泰集团董事长南存辉只有32岁，管理着资产总额达2亿多元的大集团，个人资产已有几千万元。他说，我挣的钱足够花三辈子。一些朋友看我还在起劲地把公司做大，问我图个什么。究竟图个什么呢？我到许多国家去过，见过许多外国大老板，有两点深刻体会，一是那些国际知名的大老板并不多么聪明过人，比我们中国人没有什么了不起；二是中国货在国际市场上不少，中国人自己的国际驰名品牌却不多。我原先也曾想过富足而安，现在我不这样想了，我一定要办好正泰，把它办成全球低压电器行业最好的公司之一！南存辉讲这话是有资格的，他的集团刚刚晋升为国家级企业集团，主要产品刚刚通过国际ISO9001认证，获得了进入世界市场的通行证。	述评性消息。 采用双标题形式。 先总述后用小标题进行具体报道。 对每个小标题边叙边评、夹叙夹议。

	续表
温州市委常委、乐清市委书记黄德余分析了这一转变的政治环境因素:在小平同志南方讲话后,企业和政府都放下思想包袱,企业主们纷纷把积累拿出来扩大规模,乐清企业在1992年后进入大规模扩张期,企业主自身也实现了向企业家转变。 企业制度:由家庭型向集团型转变 　　"温州模式"的最大特色,是前店后厂的家庭作坊企业,人人都是相互独立的老板,因此有"经济发展靠老板"之说。这种特色缘于"邻居效应",你办厂我也办厂,你生产打火机我也生产打火机,于是出现了"一镇百厂、百厂一品"的格局。由于一家一厂,资本有限,技术、设备落后,规模又小,因而企业大都缺乏新产品开发能力,以仿制为主;为了争夺市场,相互压价,价格上不去,利润率很低。尤其是这一模式被外地学会后,温州已没有了先发优势,激烈的竞争使企业看到,一家一户独立作战不行了,必须走联合、合作之路。目前,温州股份合作企业和集团越来越多,仅柳市一镇,产值过亿的大集团就有10个,温州全市的股份合作企业达4万多家,工业产值占全部的60%以上。集团企业达84家。与此同时,原先维系并促使家庭工业迅速发展的家族血缘关系也逐步为现代契约关系和法制关系所取代。 企业用人:由用亲向用贤转变 　　随着企业经营目标的提升,企业现代化程度的提高,过去那种"打虎亲兄弟、上阵父子兵"的家族式企业管理亦被突破,企业管理者由用亲向用贤大步转变。 　　仅柳市一镇,近几年就引进人才3000多人,其中有中高级职称者达1300多人,他们中不少已走上了当地企业的主要领导岗位。李忠宽是浙江大学企业管理专业博士生,毕业后在温州大学任教,硬是被求贤若渴的浙江天正集团老板高天乐请到自己麾下,出任副总经理,而高天乐却不让自己的妻子到集团任职。今日天正集团,4位副总经理全是引进的人才,公司80%的部门经理和分厂厂长具有大学学历。其他几家大集团亦是如此。 　　今日温州人对"温州模式"的突破远不止此。温州市委常委、宣传部长薛振安在分析非国有经济出现的这些深刻变化时认为,这些转变表明,温州经济已发展到一个新的阶段,"温州模式"正被突破,随着国家经济的持续发展,随着经济体制改革深化带来的市场经济的全面确立,温州人在明天的经济舞台上,必然有着更出色的表演。	既报道了新闻事实,在报道的同时又对新闻事实的性质、特点、发展前景等作出分析、解释和评价。

任务提示

　　王丽在熟悉"消息"有关知识的基础上,根据标题、导语、主体等基本要素的要求,完成新闻通稿。

任务二　通　讯

任务导入

经过十多年的奋力拼搏,公司在经济效益和社会效益方面获得双丰收,在业界俨然成为领跑者。员工中涌现出一批先进典型。正是他(她)们的辛勤付出和无私奉献,才有了公司的今天。为了表彰先进,发挥榜样的先锋模范作用,公司要求王丽对他(她)们进行专访。

知识准备

通讯,是运用叙述、描写、抒情、议论等多种手段,具体、生动、形象地反映新闻事件或新闻人物的一种新闻体裁。它是现代报纸、广播等传播媒介中一种主要的报道形式。

相对于消息而言,通讯往往是抓住新闻事件或新闻人物,从一个侧面或一个角度,突出一个问题、一种精神或者一条经验。多种表达方式的运用,使得通讯具体深刻、生动感人。

一、通讯的特点

通过通讯的概念,可以总结出通讯具备如下特点:

(一)新闻性

通讯是一种新闻体裁,因此,通讯的内容必须具有新闻价值,也就是说要具有新闻性。新闻的六要素应该在通讯的内容中得到具体、详细的体现。

(二)完整性

消息侧重于报道某个新闻事实,叙事简明扼要,一般不展开情节。通讯是消息的深入和补充,要详细地展示所报道人物和事件的具体情况,充分展开情节,展现人物命运。因而具有完整的情节发展过程。

(三)形象性

由于通讯在表达方式上可以综合运用叙述、描写、议论、抒情等表达方式,在报道新闻事件或新闻人物时就更加自由灵活,语言更加生动活泼,具有一定的文学色彩。相对于消息而言,其更生动形象。

(四)及时性

通讯可以视为消息的后续报道,在时效性上虽不及消息那样迅捷,但是也要求及时报道新闻事件或新闻人物,否则,就失去了新闻价值。

二、通讯的种类

(一)按内容分

按内容分,通讯主要有四种:

1. 人物通讯

以报道各条战线上的先进人物为主的通讯。着重写出新闻人物的精神面貌,通过事迹表现人物的先进思想,使之成为全社会的精神财富和学习榜样。

2. 事件通讯

以具体、生动、翔实的材料报道突发的、为受众所关心的具有新闻价值的事件。

3. 工作通讯

通过典型事实,反映各地区、各部门、各条战线、各行各业在工作中取得典型经验的工作方法;提出实际工作中需解决的典型问题;对工作中出现的新问题或者新倾向进行探讨和研究。

4. 概貌通讯

就是报道某地的发展变化、自然风貌、风土人情和人们生活状况的通讯报道。常见的有"巡礼""散记""见闻录""侧记"等形式。

(二)按表现形式分

按表现形式分,通讯主要也有四种:

1. 专访

就特定的问题、特定的对象进行的专门访问,内容集中。专访以人物、现场和记者为三要素,突出"专""访"二字。

2. 特写

用放大的手法,聚焦新闻事件或新闻人物的某些片断和部分,给读者以深刻的印象和强烈的感染。

3. 速写

即简单勾勒。粗线条把一件事情的经过或片断写出来,没有曲折的环境、心理描写,只要把事物的大致轮廓和主要特征再现给读者即可。

4. 侧记

通过某一个侧面,反映新闻事件或新闻人物的某个特点,传达一个有意义的主题。

三、通讯的写法

(一)明确一个主题

通讯的主题就是通讯的灵魂。主题明确,立意就清楚了。选择和组织材料就有了标准和依据。

主题贯穿于通讯的整个写作过程,同时也决定了通讯的新闻及社会价值。通讯的主题,是人们评价一篇通讯时首先的评价标准。一篇通讯的质量高低、价值大小,主要看其主题正确不正确,深刻不深刻,思想意义和指导作用大不大。

主题的提炼要注意:

1. 真实性与时代性相统一

真实性指提炼的主题与客观存在的新闻事实要吻合,不能臆断或拔高主题。

时代性指一个典型事件或新闻人物所展现的意义是多方面、多层次的,提炼什么样的主题,要与时代要求相契合。

2. 抓住新闻事实的本质,深化主题

写作者要善于对新闻材料进行由此及彼、由表及里的分析,准确把握新闻事实的本质,深化主题。

(二)选择典型材料

主题需要材料来支撑,主题是灵魂、材料是血肉。因此,只有占有了丰富典型的材料,才能充分表现主题。如《谁是最可爱的人》作家魏巍从十几个事例中选取了"松骨峰战斗"等三个典型材料,有力地再现了"志愿军是最可爱的人"的主题。

通讯的材料有以下几类:

1. 典型材料

典型材料又称"骨干材料""骨干事例",主要指贯穿新闻事件始末、事实意义突出又有代表性、能够说明主题的事例。否则,通讯的主题就不能成立。

2. 细节材料

细节材料是指在典型材料中具有特色的情节、细致的现场画面,以及富有个性化的对话。通讯中大量细节在传播典型事例中的画面、声音、对话和情节的同时,也传播着写作者的深切体验,传递人类共同的情感。

3. 一般叙述性材料

对人物、事件、风貌的背景和目前状态进行概括性介绍、解释的材料。其主要作用是为通讯建构一个基本背景。

(三)谋篇布局(结构安排)

如果说通讯的主题是其灵魂、材料是其血肉,那么结构就相当于骨架了。一篇通讯若没有很好的结构,通讯的主题就不能得到充分展现,更得不到深化。

通讯的结构是多种多样的,没有固定的格式,常用的结构安排有纵式、横式和纵横结合式三种。

1. 纵式结构

所谓"纵式结构"是指按照发展、延伸、推进深化地组织材料的方法。具体来说,纵式结构又有两种基本形态:

(1)以时间为序组织材料。基本特点是以时间为脉络,沿着时间线索,把事件的全过程分成不同阶段,每个阶段形成一个明确的层次。

(2)由浅入深地组织材料。基本特点是从浅层到深层、从现象到本质,或从感性到理性。层次与层次之间,呈现一种逐层递进的关系。如例文二:《惊心动魄35分钟》。

2. 横式结构

通讯中涉及的事和人物呈并列关系的结构叫"横式结构"。横式结构可以分为以下几个类型:

(1)空间并列式。其特点是把发生在不同地区或不同单位的具有相同性质的新闻事实组织在一起。一个空间的转换就形成一个新的层次。如写一篇关于金融危机对我国外贸产业的影响,就要从不同地区选择相应的材料,组织这些材料就可以使用这种方式。著名的通讯《谁是最可爱的人》中,三个典型材料即是空间并列关系。

(2)人物并列式。其特点是集中报道几个同类型的人物时采用的结构方式。每个人物的事迹相对独立,形成一个层次。如写"大学生创业巡视"这样的通讯可以采用这种结构。

3. 纵横结合式结构

在一篇通讯中既采用横式结构,又运用纵式结构,就形成纵横结合式结构。结合的方式是以嵌入式为主。即整体采用横式或纵式结构,局部采用纵式或横式结构。如《为了六十一个阶级弟兄》是最为典型的纵横结合式结构。

上述几种通讯结构没有好坏优劣之分。写作通讯时,要从实际出发,根据通讯的内容决定采取何种结构。

(四)开头和结尾

1. 开头

通讯的开头与消息的开头不完全相同:消息的导语往往要概括整个新闻的事实或揭示新闻的主题。通讯的开头则不需要这样。

通常通讯的开头有以下几种要求:

(1)用强烈的抒情作开头。用饱含情感的语言抒发强烈的情感,感染并吸引读者。如《谁是最可爱的人》的开头:

在朝鲜的每一天,我都被一些东西感动着,我的思想感情的潮水,在放纵奔流着。它使我想把一切东西,都告诉我给祖国的朋友们。但我最急于告诉你们的,是我思想感情的一段重要经历,这就是,我越来越深刻地感觉到谁是我们最可爱的人!

(2)用恰当的引语作开头。引语包括古今诗词、名言警句或新闻人物语言等。一旦被用于文章开端部分,会顿使文章增色添彩。

(3)用生动感人的故事作开头。其作用是使读者觉得真实可信,同时又增强阅读的趣味性。

（4）用尖锐的矛盾作开头。开头即点明主要矛盾，创设悬念，读者的阅读兴趣被激发，通讯的吸引力会大大增强。如《杭州二手房卖的赶不上买的》：

  据统计，今天杭州市共交二手房约1500套，相对于市区45万套的二手房存量市场而言，全年成交量占总量的比例只有0.3%，由于可供上市交易的二手房太少，造成供需严重失衡。据杭州房屋置换有限公司统计，从去年至今，到该公司求购二手房的客户已有8300人，而登记出售的却只有2500套左右，供求比例为1∶3.3。

（5）点出主要情节，渲染气氛。吸引读者深入阅读。通讯《惊心动魄35分钟》就把飞机迫降这一主要情节作为开头，激起了读者继续阅读的兴趣。

当然，具体的开头方法还有很多，难以详述。采用哪种方式要视具体情况而定。

2. 结尾

通讯的结尾方法通常有：

（1）卒章显意。文章的末尾用几句画龙点睛的语言突出主题，显得更有分量。

（2）自然收束。新闻事实说完了。写完停笔，自然结束。干净利落，不拖泥带水。

（3）含而不露，引而不发。充分地用事实说话。把思考留给读者，结尾之处含而不露，引而不发，显得更是含义隽永。

（4）提醒召唤，引起共鸣。在结尾处就文章显示的内容从情感或思想上进一步强化，以引起读者的共鸣。

四、通讯的写作要求

（一）讲究真实

用事实说话是通讯写作的基本准则，通讯在写作中也运用抒情、描写、议论等表达方式，但不可以像文学作品一样虚构。通讯的感人力量正是来源于它的真实性。

（二）要有针对性

通讯要选择政治经济领域、百姓关注的具有新闻性的人或事作为报道对象。只有这样，通讯才能真正具有宣传、指导、教育等意义。

（三）力求简洁

虽然通讯比消息丰富生动，但也并非越长越好。写作上同样要求做到精练、简洁，要下工夫做到篇无"多"段，段无"余"句，句无"废"话。

（四）抓住特点写

但凡事件和人物都有特点，只有抓住事件或人物的特点来写才能不失原味，避免出现"套话""假话"。

五、例文评析

【例文一】 人物通讯

胡大白　安安静静做大事

胡大白的沉静，让我感到了一些震撼：面前的她，和善地微笑着。一件宝石蓝色开衫，把她的皮肤衬托得更加白皙；那双看过了63年人生风雨的双眸，居然纯净如水。

一时间，我的脑海叠现出一连串形象——恬静的女子、聪慧的学者、慈祥的母亲……

讲她的故事，并非仅仅因为她是一位全国人大代表。

一

1943年，日本鬼子轰炸郑州的时候，她在父母逃难途中降生。地点是座石灰窑。父亲虽然只有小学文化，但却接受男女平等的新观念，在为她取大名时，用了族谱中男孩子的"大"字——胡大白，这个名字，也许注定了她的人生与众不同。

曾经孕育了华夏文明的中原大地，在灾难频仍的抗战时期并没有给她多少滋养。但是，40年后，她却用赤诚深情地回报着故土……

在黄河岸边的郑州市，一座占地2106亩、建筑面积37万平方米的校园里，有26000多名学子分别在52个专业接受良好的高等教育。这就是新中国高等教育史上第一所民办大学——黄河科技学院。

这座拥有8亿元固定资产的大学，国家从未有过投资。而拥有这一切的院长胡大白，20多年前还是病榻上的废人。

二

假如没有那场灾难，胡大白的人生也许会改写——1981年，风华正茂的胡大白是母校郑州大学的一名优秀讲师。然而，一次意外发生了：这年冬天的一个夜晚，从胸闷气短中醒来的她马上意识到自己是煤气中毒。她挣扎着要去打开房门时，却碰翻了火炉……滚烫的一大壶开水，使她成了一个重度烫伤面积达30%以上的病人。激情绽放的人生，从此被冰冻。"我在病床上躺了3年，从来没有那么多的时间专门读书和思考。"胡大白如今的回忆竟然带着几分眷恋。她说："一番灵魂的挣扎之后，我想通了一个最简单的道理：如果找到一个最适合于我能力、又是社会需要的事情做，我就会面对成功。办教育是我的强项，动乱十年的国家需要人才，我的口、脑都没有问题，我能行！"

她立即把目光投向一大批由于种种原因进不了大学校园的人。本可以靠国家工资过一辈子清闲日子的胡大白，踏上了一条健康人都难以承受的曲折艰难之路——办高等教育自学考试辅导班。

30元钱印制听课证、买纸笔、刷广告，她起家了。接着是到处说好话联系听课地点、访问优秀教师、协调各个主管单位，顶住各种因为不理解带来的流言蜚语……

"从死神那儿回来的人，这些困难经受得住，唯一没有充分准备的是，改革开放带来的教育事业发展如此之快，社会对知识的需求如此之强烈，应该说，是历史推着我往前走而不能停下。"

学校从起初的高等教育自学辅导班，很快发展成全日制脱产学校，在校人数和师资力量迅猛增长。1994年2月，经国家教委批准，黄河科技学院面向全省统一招生，成为我国《民办高校设置暂行规定》公布后的第一所实施高等学历教育的全日制民办高校，在校生以100%的速度连年增长。为了培养适合社会主义市场经济发展需要的新型人才，胡大白设立了河南省高校唯一的人才市场，增设了市场上需要的一些新兴学科和实用性课程，培养懂专业技术、会经营管理、又能搞公共关系的复合型、开放型人才。连续多年，学校的应届毕业生都在毕业前就被抢聘一空。

靠教育发展教育,是胡大白多年来从实践中总结的高校发展有效之路。黄河科技学院先后创办了科学研究所、科技开发公司、建筑设计公司等8个校办产业。这些企业都有较好的经济效益,有力地支持了学校的发展。去年,胡大白到国内外考察民办教育后,对这条道路更加充满了信心。她说,只有开放的教育才能永远充满生机和希望。

如今,胡大白亲手创办的大学,已经在中原大地站稳脚跟,被教育部树为全国民办高校的一面旗帜,她本人也成为中国十大女杰、全国人大代表、河南省劳动模范。

三

胡大白的同事们说,身为上亿元资产的拥有者,胡大白十分俭朴,一年四季,总是那几套毫不起眼的服装,如果不是她的气质言行,仅从外表,谁都会以为她是一位普通的城市妇女。"我爱节省,也不太讲究穿着。"听我夸她身上的开衫好看,胡大白柔柔地笑着说,"这是两件套,我花了200元在街上买的。"

她的笑容,把衣服衬托得很美;她的笑容,让我无法看到岁月沧桑留下的任何痕迹。

"您平常总是这样安静吗?"

"我喜欢的状态是'静若处子,动如脱兔'。"她说。她认为自己首先是一个做学问的人,尽管担任职务多,事也多,但是只要有时间,她仍然会很快静下来。"我的静是休息,也是思考。有了充分的思考,才能够在处理具体工作的时候快速反应,高效运作。"看看她桌上厚厚一叠议案、建议,我想,如果没有平日深入一线的走访调研,没有长时间的深入思考,这些东西是不会有的。难得的是,当选人大代表18个年头,她总是如此。

宁静,却成就惊人事业;简洁,却又多彩——这就是胡大白。

(来源:《经济日报》)

【例文二】 事件通讯

惊心动魄35分钟
——空军特级试飞员梁万俊成功迫降某新型国产科研样机纪实

今年7月1日13时40分,成都某机场被紧张气氛所笼罩。

塔台上,机场边,飞机设计单位领导、空军某试飞大队领导、飞机总设计师、科研技术人员……数百人一齐把焦灼的目光投向骄阳似火的万里晴空。

此刻,一架失去动力的战机在万米高空正以极大的俯角高速向机场滑降而来!

这不是一架普通的飞机。它是我国正在研制的一种新型战机的科研样机,价值上亿元人民币。

这不是一次普通的飞行。它是该型飞机在定型关键阶段的一次试飞,结论对飞机改进意义重大。

这更不是一次普通的降落。飞机在1.2万米高空试飞,因意外情况燃油漏光,飞机发动机停车。为保全科研样机,试飞员决定从距机场20多公里远的地方空滑迫降。

下落航线与跑道呈70度夹角,下降速度400公里/小时左右,一旦失误,该机就可能冲出跑道坠毁。

惊天一落,危险空前。驾驶战鹰迫降的,就是空军某试飞大队副大队长、特级试飞员梁万俊。

"近了,近了……"转眼间,梁万俊驾驶战机俯冲直下。地面上,所有的人一齐屏住了呼吸。

13时44分,战鹰陡然降落,在进跑道450米处接地。在接近跑道的一刹那,机头一昂,"哧!"轮子在水泥跑道剧烈摩擦,划出两条刺眼的火龙。

500米、800米、1000米……飞机一气冲出1700米,在距离跑道尽头300米处戛然停住。

"成功了!"欢呼声震动机场。梁万俊走下座舱,飞机总设计师与他紧紧拥抱,激动地说:"你创造了世界航空史上的奇迹!"

惊天一落救新鹰!

这一落,挽救了价值上亿元的科研样机;这一落,为试飞员处理类似险情创造了成功先例;这一落,飞出了新机优异的空滑性能。

让我们把时钟倒拨 35 分钟。

这一天 13 时 09 分,梁万俊驾驶着该型国产科研样机跃升到 1.2 万米高空。当他按照预定的科研试飞计划刚刚做完一个规定动作后,突然发现油泵指示灯急剧闪烁。紧接着,油量表指针一路下跌。两分钟之内,指针指向"0"刻度。

梁万俊报告:"发动机空中停车!"

一级空中特情! 空军相关条例规定:此时,作为试飞员梁万俊可以视情作出不同选择——跳伞或迫降。

面对这种极为罕见的危险情况,跳伞无可指责,只需 0.01 秒,便能远离危险。但是,凝聚科研人员无数心血的战鹰就会坠毁,故障原因就难以准确查找,新机型的改进就缺乏依据……没有任何犹豫,梁万俊便作出抉择:危险再大,也要尽一切可能把科研样机保住。

决心定下,梁万俊很快镇定下来,他娴熟而机敏地调整飞机的位置和高度,以争取每一秒的时间。

飞机像大铁砣似的向机场上空逼近。机场上,所有应急车辆全部到位,所有人的心都吊到了嗓子眼。指挥塔台里静得让人窒息,只听见指挥员下达指令的声音:"保持好飞机状态,控制高度、速度,做好迫降准备。"

梁万俊心里很明白,要想将飞机空滑回去,必须准确地通过高度来换取速度,用势能来换取动能。他根据地面指挥员的命令,随时判断飞机状态,修正速度和高度偏差。

飞机滑到机场 1100 米上空。梁万俊下降飞机高度加入航线,在跑道头 3 公里,放起落架,操纵飞机对正跑道,100 米、50 米……

"准备迫降!""明白!"天地间,惊人地默契。

于是,机场上出现了惊心动魄的成功一落!

英雄壮举绝非偶然。仰望蓝天,人们看到了梁万俊出生入死、挑战试飞极限的一道道闪光航迹。

1998 年,拥有丰富飞行经验的梁万俊,从成空某飞行团副团长的岗位上来到空军某试飞大队。

这是一个英雄辈出的群体,承担着我国自行研制的新型战机科研试飞重任,曾有多名试飞员壮烈牺牲。梁万俊自觉学习老一辈试飞员迎难克险的大无畏战斗精神,每次执行高难度高风险试飞、参加飞行表演等重大任务,都主动请缨。几年来,他先后自学了飞行力学、空气动力学、航空发动机、自动控制、航空电子等多个学科专业,成为熟练驾驶多种机型的高素质试飞员。在试飞中,他先后遇到惯导故障、航电故障、供氧故障等险情数十次,都以过硬的心理素质和精湛的飞行技术化险为夷,圆满完成了国产最新型战机火控系统定型、某型系列战机鉴定、国产某新机首飞等数十项重大科研试飞任务,先后荣立二等功 2 次、三等功 4 次。

此次,梁万俊成功处置国产某新型科研样机重大特情,成都军区空军党委为他报请一等功,并作出向他学习的决定。军委首长称赞他是"一个思想、技术双过硬的优秀试飞员"。

(来源:《解放军报》)

【例文三】 工作通讯

断裂带上的"钢铁脊梁"
——铁路系统灾后重建纪实（节选）

5月9日，四川德阳八角井镇的东方汽轮机有限公司新基地，一座座崭新的厂房正拔地而起。

"在大地震中几乎夷为平地的东汽公司能再次新生，铁路部门功不可没。"东汽负责人介绍，一年来，铁路积极为东汽重建"输血"，先后运输钢材、水泥等原材料98000吨，同时，公司大量的产品也通过铁路运送到全国各地。

从"5·12"汶川特大地震至今年5月9日，铁路运输入川物资逾1亿吨，超过其他交通工具货物运输量的总和。

在"5·12"汶川特大地震中遭受重大损失的铁路系统，不仅迅速恢复生产，保证了抗震救灾和灾后重建物资的运输，而且一批新建铁路项目正在巴蜀大地快速推进。在逐渐愈合的断裂带上，铁路成为撑起经济社会发展的"钢铁脊梁"。

反应快，运量大——灾区重建物资有多少运多少

在"5·12"汶川特大地震中，铁路系统损失严重。受影响线路总营运里程约6587公里，特别是重要干线宝成线曾一度中断行车283小时。

铁路系统迅速展开自救。2008年5月24日，随着宝成线109号隧道全线恢复通车，东、南、西、北各个方向通往四川灾区的铁路干线全部畅通。一列列满载救援人员和物资的"救"字头、"抢"字头、"房"字头专列源源不断驶往灾区。

"汶川特大地震发生后，铁道部是反应最迅速、提供援助和支持最及时的部门之一，铁路以最快速度从全国各地向灾区运送了大量抢险人员和救灾物资，转运了大批伤员，组织了大批铁路青年志愿者，为四川的抗震救灾发挥了巨大作用，灾区人民永远不会忘记。"四川省委书记刘奇葆动情地说。

灾区重建中，铁路坚持把灾区重建物资和生产物资的运输作为重中之重，全力保证有多少运多少。成都铁路局、南宁铁路局，以及昆明铁路局加强与四川、重庆、贵州、云南、广西五省区市经委的联系，对近百家重点企业进行生产恢复情况的密切跟踪，根据企业需求及时调整运输方案，优化运力配置。

据铁道部运输局统计，一年来，铁路运输入川物资逾1亿吨，开行抗震救灾和灾后重建物资专列近2万列，运量在各种运输方式中位居第一。

今年4月25日，铁道部召开西南地区铁路运输挖潜扩能现场办公会，决定集中投入先进的和谐型大功率机车，提高货物列车牵引重量，增加运力保障，确保灾区铁路运输需求。这无疑点燃了助推四川灾后经济发展的"新引擎"。

投资大，项目多——铁路新布局提高灾区"造血"能力

"起吊……上梁……"5月9日上午，成都至都江堰铁路建设工地上，架梁施工正紧张有序地进行。这条同时服务城际与城内公共交通的铁路已进入铺轨倒计时，成都与青城山半小时通达指日可待。

续表

　　成都至都江堰铁路是灾后重建的一个"火线协议",是灾后重建时期中央部委与地方政府签约的第一个重大项目,也是四川灾区加快灾后重建步伐、不断完善铁路网的一个缩影。

　　我国铁路建设史上线路穿越条件最为复杂、前期工作进展最快的铁路——成都至兰州铁路,将打通一条川外通往汶川特大地震极重灾区的生命线;震后四川省内第一个铁路新建项目——成都铁路集装箱物流中心,将全面提升成都铁路枢纽配套能力和技术装备水平,实现区域铁路网能力的最大化;设计时速250公里的成绵乐铁路客运专线,不仅是四川省内第一条高速铁路,也是国家规划"四纵四横"铁路客运专线网的重要一段……

　　2009年,铁道部对四川下达的初步年度投资计划达420亿元,平均每天要完成1.15亿元的建设投资。这一数字,相当于1998年至2007年10年的总和,任务之重前所未有。

　　随着既有线扩能改造,新建线加快建设,铁路在提升灾区长远发展的"造血"能力。到2012年,震前铁路营运里程仅有2999.4公里的四川,将新增铁路里程2769公里,总投资达3340亿元。

　　"这些铁路项目不仅是加快四川省灾后重建、促进经济社会发展的一件大事,也是巩固和发展成都综合交通枢纽地位的重大交通项目,充分体现了铁道部对四川省灾后恢复重建的高度重视,对四川省铁路建设和经济社会发展的巨大支持。"四川省省长蒋巨峰感慨地说。

　　据介绍,新建的出川铁路通道设计时速都在200公里以上,将在3年至5年全面建成成都至周边省会城市的4小时交通圈,而成都至京津冀、珠三角、长三角主要城市的通达时间都将在8小时以内,时空距离的大大缩短将极大地降低西南地区的物流成本。

　　放眼大西南,只需5年时间,成都、重庆、昆明、贵阳四大铁路枢纽中心将拔地而起,一张完整的西南铁路运输网将顺利铺开,能力强大的西南铁路运输格局将挑起断裂带弥合的重担,促进一个新西部的崛起。

　　……

(来源:《人民日报》)

任务提示

　　王丽在熟悉"通讯"的有关知识、掌握其写作基本要求的基础上,依据通讯写作的基本要素,完成专访的写作。

能力巩固

一、知识训练

（一）填空题

1. 狭义的新闻指_____，广义的新闻包括_____及其所属品种。

2. 新闻写作的基本原则是_____。

3. 新闻六要素是_____、_____、_____、_____、_____、_____。

4. 新闻的基本构成分为_____、_____、_____、_____、_____、结尾及署名构成。

5. 新闻导语大体可以分为_____、_____、_____等三种形式。

6. 背景材料可用于新闻的_____、_____、_____等三个不同部分。新闻背景大体可分为_____、_____、_____等三种类型。

7. 新闻主体的结构一般可以分为_____、_____、_____三种。

8. 通讯，是运用_____、_____、_____、_____等多种手段，具体、生动、形象地反映新闻事件或新闻人物的一种_____。

9. 通讯的特点主要有_____、_____、_____和及时性等特点。

10. 通讯的种类，按内容分有_____、_____、_____、_____等四种。

（二）判断题

1. 客观真实是新闻写作的基本原则，要求消息中涉及的人物、地点、时间、事件（起因、经过、结果）等必须准确无误。　　　　　　　　　　　　　　（　　）

2. 事实胜于雄辩，用事实说话，是消息写作的一大特点。　　　　（　　）

3. 报道新闻事实可以不必要那么及时。　　　　　　　　　　　　（　　）

4. 消息往往采用倒金字塔式结构。　　　　　　　　　　　　　　（　　）

5. 消息导语的写作要突出最有价值的那个或几个新闻要素。　　　（　　）

6. 消息头是消息的标志，其表现形式为"本报讯"或"本报×地×月×日电"的字样。
　　　　　　　　　　　　　　　　　　　　　　　　　　　　　　（　　）

7. 导语中引语不要太长，要精辟，且所引用的话要忠于原意。　　（　　）

8. 新闻背景一定要紧扣报道主题或新闻事实，要尽可能少而精，防止喧宾夺主。
　　　　　　　　　　　　　　　　　　　　　　　　　　　　　　（　　）

9. 通讯的结构是多种多样的，没有固定的格式。因此，在写作上可以任意发挥。
　　　　　　　　　　　　　　　　　　　　　　　　　　　　　　（　　）

10. 用事实说话是通讯写作的基本准则，通讯在写作中也运用抒情、描写、议论等表

达方式,可以像文学作品一样虚构。 (　　)

二、能力训练

(一)消息写作训练

1.标题写作训练。分别用单行标题、双标题、多行标题的形式为下面这则消息加上合适的标题。

日前,在福建省内享有"茶王"美誉的何锦能,在平和县电信局申请了一个163上网账号和一个E-mail地址,成为该县第一位拥有Internet账户的私营企业主,也成为福建省首位上网卖茶叶的"茶老大"。

何锦能是乌龙佳茗——白芽奇兰茶的发现者和"白芽奇兰"商标的注册人。多年来,他重视产品质量、市场营销、品牌创建。他对记者自信地称:"不久后我将在网上卖乌龙佳茗——白芽奇兰茶,让全世界的茶友都分享到闽茶之王的珍贵。"(《中国商报》2000年3月27日)

2.导语写作练习。请分别用叙述式导语、描写式导语和评述式导语改写下面这则消息的导语。

新华社南宁5月29日电(记者　陈吉)　广西渌水江畔的农民在过去的几年里虽然住在河边却无法用这里的河水浇灌农田。"这条河差点被淘金的人给毁了",一位村民说。一想起过去,他的脸上就流露出愤愤的神情。不过,现在河面又恢复了昔日的平静。看着眼前清澈的河水汩汩流过,村民们都掩饰不住内心的喜悦和兴奋。

(二)通讯写作训练

1.将下面一则新闻扩写成1000字左右的通讯。

经济学家赶集

3月4日下午,经济学家薛暮桥到北京太平庄农副产品市场赶集。

这位75岁高龄的老人,兴致勃勃地挤进人群,东瞧西看,问这问那。见到卖鲜鱼的,便问是怎么运进城来的。有几个顾客正和卖主讨价还价,最后达成协议:一元二角一斤。薛暮桥同志高兴地说:"好,我也买一条。"卖鱼的拣了一条又大又肥的活胖头鱼,一称,五斤重。薛暮桥一边付钱,一边说:"看来还是两个市场好。"买完鱼,又买走了一根擀面杖,这时,有个老头在叫卖挖耳勺。他赶忙过去花了3分钱买了一个,说:"我很早就想买这么个小东西,总买不着,今天算是盼着了。"

赶完集,来到市场管理所,薛暮桥对管理所同志说:"这样的市场多开辟几个、分散一些就更方便些,是不是可以让那些较富裕的社队自己投资建市场呢?"管理所同志说:也有个别人搞投机倒把。他说:"我看要进行教育,做到公买公卖。我们以国营市场为主,农贸市场作为补充。提倡社会集体卖货,也保留少数商贩。"(《市场报》1980年4月25日)

[提示]

①这则新闻的主题涉及经济学上的一个大问题——农贸市场是国营市场的补充。可加以适当的议论。

②在现场感、形象感上做文章。

③揭示市场与消费者之间的矛盾,在矛盾斗争中突出主题。

2. 根据所在学校的基本情况写一则概貌通讯。

3. 选择身边的新闻人物,写一则人物通讯。

项目七 法律文书

知识目标	1. 理解法律事务文书对保障当事人合法权益的意义。 2. 了解几种常见法律文书的适用范围、起诉条件及相关的法律知识。
能力目标	能够写作和使用常见的几种法律事务文书。
素质目标	树立以法律武器维护合法权益的意识,形成遵纪守法的良好行为。

角色设定

经过多年的奋斗,长江商贸有限公司规模越来越大,随之而来的各项事务也越来越多,张晓丽由于工作出色,已经升任公司行政主管,参与处理的工作也越来越多。

任务一 起诉状

任务导入

随着张晓丽业务的熟练,她处理事情的经验越来越丰富,加上她谦虚热情,人们有事也爱向她咨询、请教。这天,学弟小王向她叙述了这样一件事:

小王的"官司"

毕业不久的小王遇上了这么一件事:他自主创业创办的螺钉厂与某电气有限公司签订了加工承揽合同。双方约定,螺钉厂为承揽方,应电气有限公司的要求承揽加工机螺钉。承揽方每交付一批定制物后,定制方在验收合格后60天内支付承揽款。接到生意,小王好高兴,立即组织员工,热火朝天地干起来,并如期完成了任务,按要求给电气有限公司送去了机螺钉总计255.8千件,承揽款总计9673.65元。电气有限公司收到货验收合格打了收条后却未按约定的期限付款。小王多次催讨也没有结果。小王该怎么办呢?

其实,在现实生活中,类似小王这样与他人发生事务纠纷在所难免。在法律法规越来越健全的当今社会,运用法律知识,维护自己的合法权益,是解决类似日常事务纠纷较为有效的途径之一。

知识准备

一、起诉状概述

起诉状,又称"诉状""状纸""状子",是指公民、法人或其他组织,在其合法权益受到侵害或与当事人的另一方对有关权利和义务问题发生争议而未能协商解决时,向有管辖权的人民法院提起诉讼,请求人民法院依法裁决所制作的法律文书。起诉者为原告,被诉者为被告。原告向人民法院递交诉状,将直接提起诉讼程序,以便及时维护自身的合法权益。对于人民法院来说,起诉状是其审查、立案、处理的依据,通过人民法院首先了解原告一方的诉讼请求,掌握案情和事实理由。对于被告来说,起诉状是其应诉答辩的依据。由此可见,起诉状在诉讼中具有重要意义,是诉讼的缘起,起诉状写作的好坏对整个诉讼有着重要作用。

小故事

> 清朝时,一个乡村恶棍故意打死人,只用十两银子一埋了事,邻里乡亲敢怒不敢言,十年后,死者的弟弟长大,决心报仇,无奈屡告不准。有一乡绅仗义执笔,为其写状道:"白骨烧成黑炭,黄金买得青天。十两能偿一命,万金可杀千人。"仅24字就写透了此案的严重性,终于使恶棍伏法。

晚清时,《杨乃武与小白菜》一案,杨三姐告状多年未果,后将诉状中"江南无日月,神州无青天"改为"江南无日月,神州有青天",仅一字之差,让看到状子的慈禧太后改变了原来的态度,由怒变喜,平反了这件冤案。

二、起诉状的种类及起诉条件

起诉状按其性质,可分为民事起诉状、刑事自诉状、刑事附带民事起诉状、行政起诉状。

(一)民事起诉状

民事起诉状是指原告在其民事权益受到侵害,或在与其他公民、法人或者其他组织发生民事纠纷时,为维护自身的合法权益,向人民法院提起诉讼,要求法院依法裁判的法律事务文书。

任何公民、法人或其他组织,在其民事权益受到侵犯或发生民事纠纷时都可以制作诉状向法院起诉,但就具体案件来说,不是任何情况下都可以提起诉讼,而是有一定限制条件的,具体为:

(1)必须有民事纠纷或权益受侵害才能写诉状起诉,这些纠纷属于民法、合同法、婚姻法等法律的调整范围,如涉及财产继承、债权债务、婚姻家庭纠纷等。

(2)原告必须是与本案有直接利害关系的人。

(3)有明确的被告。

(4)有具体的诉讼请求和事实、理由。

(5)属于人民法院受理民事诉讼的范围和受诉人民法院管辖。一般为原告所在地的辖区基层法院。原告提交诉状的同时应按被告人数提交上诉状的副本,并同时递交相关证据。

原告向人民法院起诉后,双方还可以自行和解,但和解后,应及时告知法院,并以书面形式撤诉。

(二)刑事自诉状

刑事自诉状是刑事案件的自诉人(即原告、受害人)或其法定代理人,根据事实和法律直接向人民法院提起诉讼,指控被告人的犯罪行为侵犯了自己的合法权益,要求追究被告刑事责任的法律事务文书。

对于刑事犯罪,大部分属于国家公诉的范畴,即基于刑事犯罪的社会危害性,由人民检察院作为公诉方提起诉讼,追究犯罪人的责任,犯罪人和被害人不能自行和解或撤诉。只有极少的一部分刑事犯罪,由于事实清楚、证据确凿、情节轻微、社会危害性小,属于"不告不理",自诉人如果不向人民法院提出刑事自诉状,那么人民法院对这类案件则依法不主动审理。

使用刑事自诉状提起诉讼,法律有严格的规定。概括起来分为以下三类:

(1)告诉才处理的案件。指侮辱、诽谤案,暴力干涉婚姻自由案,虐待案,侵占案。

(2)人民检察院没有提起公诉,被害人有证据证明的轻微刑事案件。指故意伤害案、非法侵入住宅案、侵犯通信自由案、重婚案、遗弃案、生产销售伪劣商品案(严重危害社会秩序和国家利益的除外)、《中华人民共和国刑法》第232条至第276条规定的对被告人可能判处三年有期徒刑以下刑罚的案件。

(3)被害人有证据证明被告人侵犯自己人身、财产权利的行为应当依法追究刑事责任,但公安机关或人民检察院已经作出不予追究的书面决定的案件。

(三)刑事附带民事起诉状

刑事附带民事起诉状,是指受害人由于被告人的犯罪行为而遭受了经济损失,在刑事诉讼过程中,附带提起民事诉讼的法律事务文书。

一个犯罪行为往往会使国家、集体财产遭受损害,使被害人的物质遭受损失。在公诉案中,国家、集体财产的损失,由公诉机关——人民检察院直接提起附带民事诉讼。而被害人的物质损失如果想在追究犯罪人刑事责任外,另外追求赔偿的话,必须书写"刑事附带民事起诉状",交由公诉机关一并起诉。这是刑事案件中被害人的一项权利。权利既可以行使,也可以在刑事诉讼中不行使,而在民事诉讼中单独提起。因此,了解相关法律知识,及时书写刑事附带民事起诉状对保障被害人的民事权益具有重要意义。在刑事自诉案件中,只要被害人由于犯罪人的犯罪行为遭受了物质损失,自诉人就可以提交"刑事自诉案件附带民事起诉状",一并追究犯罪人的刑事和民事责任。

刑事附带民事诉讼应当在第一审判决宣告以前提起,在二审宣告前没有提起的,不得再提起附带民事诉状。但可另行单独提起民事诉讼。

(四)行政起诉状

行政起诉状是行政诉讼的原告认为自己的合法权益受到行政机关和行政机关工作人员具体行政行为的侵犯,而依法向人民法院提起诉讼,请求裁判的法律事务文书。

行政起诉状原、被告之间的关系是民与官的关系,受《中华人民共和国行政法》《中华人民共和国行政诉讼法》相关法律的调整。提起行政起诉，有一定的条件：

(1)原告是认为具体行政行为侵犯其合法权益的公民、法人或其他组织。

(2)有明确的被告。

(3)有具体的诉讼请求和事实根据。

(4)属于人民法院受案范围和受诉人民法院管辖。提起行政诉讼前要了解相关法律规定，属于人民法院受案范围的行政案件，人民法院才能受理。

三、起诉状的基本写法

起诉状一般包括首部、正文和尾部三个部分。刑事自诉状、民事起诉状、刑事附带民事起诉状、行政起诉状格式、写法基本相同。本书选取与经济生活联系最紧密的民事起诉状为例。

(一)首部

首部要依次写明下列内容：

1. 标题

第一行居中，可将"起诉状"直接作为标题，也可以由案件的案由加文种构成，即"××起诉状"，例如，"离婚起诉状""遗产继承起诉状"等。

2. 当事人基本情况

这部分作为起诉状的开端，主要是介绍当事人的基本状况，按先原告后被告再第三人的顺序，依次写明当事人的姓名、性别、出生年月日、民族、籍贯、职业、工作单位和住址等自然情况。如果当事人为法人或其他组织，应写明单位全称、单位的性质、法人代表姓名、职务、工商登记核准号、经营范围和方式、开户银行和账号等；如果当事人委托他人代为诉讼，代理人是非律师时，应当写明委托代理人的基本情况，具体包括姓名、性别、出生年月日、职业、住址、与被代理人的关系；若代理人是律师时，只需写明律师的姓名、性别、××律师事务所律师即可。如果有数个原告或被告，则依责任轻重依次介绍其基本情况。若涉及外籍人员，需注明国籍。

(二)正文

这是起诉状的主体，是原告合法权益得到维护的依据所在。具体包括：案由和诉讼请求、事实与理由、证据和证据来源等部分。

1. 案由和诉讼请求

案由，即控告的罪名。诉讼请求是原告对有关民事权益的基本主张，是原告向法庭提起诉讼的目的。如请求履行合同、遗产继承权纠纷、损害赔偿等。诉讼请求要写得明确、具体、合法。有多项请求的，要分项列写。

2. 事实与理由

这一部分是起诉状的核心部分。事实应清楚地写明时间、地点、人物、事件、原因、结果这六个要素，明确双方争执的焦点，理由着重分析被告行为的性质(如是侵权还是违法)、被告应负的法律责任及原告诉讼请求的合法性,最后有针对性地引用有关法律条款。

3. 证据和证据来源

采用列举方式,依顺序列举证据和证据来源。当事人对自己提出的有利于自己的事实,负有提供证据的责任。证据包括书证、物证、证人、证言等,书写时要分项列出。举出证人,要列出其姓名、性别、年龄和地址,以便法院查证。

(三)尾部

尾部包括受诉法院名称、起诉人(或单位)及具状日期、附项。

1. 受诉法院名称

先空两格写"此致",后另起一行顶格写"××人民法院"。

2. 起诉人(或单位)名称、日期

起诉状的右下方,起诉人签名,是法人或其他组织的要加盖公章,然后写明起诉状制作日期(年月日)。

3. 附项

在签名和日期的左下角,注明本状副本的份数。《中华人民共和国民事诉讼法》第109条规定,当事人除书写起诉状确有困难的,可以口头起诉外,原告提起诉讼应当向人民法院递交起诉状,并按被告人数提出副本,如有三个被告,就提供三个副本。如起诉时提交证据的,还要注明证据的名称和数量。

(四)民事诉讼状格式

```
                    民事诉讼状
                (适用公民提起民事诉讼使用)
    原    告:姓名、性别、出生年月日、民族、籍贯、职业或工作单位和职务、住址等。
    委托代理人:姓名、性别、××律师事务所律师。
    被    告:姓名、性别、出生年月日、民族、籍贯、职业或工作单位和职务、住址等。
    委托代理人:姓名、性别、××律师事务所律师。
    第  三  人:姓名、性别、出生年月日、民族、籍贯、职业或工作单位和职务、住址等。
    委托代理人:姓名、性别、××律师事务所律师。
                   案由和诉讼请求

                    事实与理由

                   证据和证据来源

      此致
    ××××人民法院
                                      起诉人:×××
                                      ××年×月×日
      附:1.本状副本××份;
         2.证据名、件数。
```

民事起诉状

（适用法人或其他组织提起民事诉讼使用）

原告名称：
所在地址：
法定代表人（或代表人）：（姓名、职务、电话）
企业性质：
工商登记核准号：
经营范围和方式：
开户银行：
账　　号：
被告名称：
所在地址：
联系电话：
第三人名称：
所在地址：
联系电话：

诉讼请求

事实与理由

证据和证据来源

此致
××××人民法院

起诉人：×××
××年×月×日

附：1.本状副本××份；
　　2.证据名、件数。

四、例文评析

民事起诉状 原告：杨某，男，1963年6月12日出生，现住某市甲区某街道12组97号。 被告：李某，男，1954年3月12日出生，现住某市乙区某街道18组12号。 诉讼请求： 1.判决李某返还杨某欠款18000元人民币。 2.诉讼费××元由李某承担。 事实与理由： 2013年4月1日，李某因经营资金紧张向杨某借款18000元用于周转，写下借条并约定6个月后一次还清欠款，利息按照银行利息支付。到期后，李某以没钱为由拒绝归还。杨某经多次催要无果，现诉至法院，以维护自身合法权益。 证据和证据来源，证人姓名和住址： 1.李某所写欠条一张。 2.见证人王某，某市甲区某街道司法所长。 此致 ××市××区人民法院 　　　　　　　　　起诉人：杨×× 　　　　　　　　　二〇一四年十月十五日 附：1.本诉状副本1份； 　　2.物证1份。	标题直接写明文种，居中。 首部：写明原告、被告的基本情况，当事人都为法人的，写全企业性质、开户银号、账户等信息。 诉讼请求具体明确，分项列出。 事实部分客观、具体：完整概括案情；围绕"诉讼请求"叙述事实——凡是有利于实现诉讼请求的具体材料，均写进诉状，与诉讼请求无关的材料，则不写进诉状；叙事真实，不违背常理。 阐述理由时：理由与事实、诉讼请求相一致；援引法律条款全面、准确和规范（具体到某条、某款）。该部分针对双方纠纷焦点，依据合同、事实及相关法律条文，进行了明确具体的说明，理由充分，论证自己的诉讼请求合理合法。 具体写明证据，并分项列出。 尾部：格式规范，根据被告人数提出副本。

五、起诉状的写作要求

（一）言简意赅，合理合法

起诉状的请求事项要写得明确、具体，要用最简练的语言将当事人的意见表达出来。如涉及经济纠纷，应写明具体数额，如："请求被告赔偿经济损失××元"，不宜笼统写成"请求被告赔偿经济损失"，以利于人民法院集中争议焦点及时审理。

另外，请求事项要合乎情理、合乎法律规定。例如，提出的经济赔偿费、抚养费等要求若远远超出了法律规定，超出了合理的边界，漫天要价，不仅会激化原被告之间的矛盾，还可能得不到法院支持，驳回诉讼请求。

(二)实事求是,以理服人

起诉状事实的叙述要客观真实,不能歪曲真相,起诉状只是刚刚启动司法程序,随后还有被告的答辩,法院的调查、审理。若不顾事实,甚至歪曲事实,会使原告在后续的诉讼中陷于不利,可能因此输了官司。

一份好的诉状,不仅要真实,还要提炼出情理、法理,如指出被告人违反了我国法律规定的具体条款、违背了社会公认的道德等。通过剖析事实、列举证据、引据法律条款,从不同角度去论证原告提起诉讼的合理、合法性,做到以理服人。

(三)朴实文明,不恶语伤人

法律文书的整体语言要求:朴实无华,忌带情绪、带感情。书写起诉状的前提往往是原告的民事权益受到侵犯,原告自己书写可能会用上夸张渲染的词汇,如:"贪得无厌""笑里藏刀""卑鄙无耻"等。更有甚者会用谩骂的语言对被告进行人身攻击,这些都是起诉状所禁止的。作为法律文书的一种,起诉状应符合法律文书的整体语言要求,对于不符合要求的诉状,人民法院会拒绝接受。写诉状强调的是摆事实、讲道理,以理服人,恶语伤人不仅无助于纠纷的解决,还会激化矛盾。

任务二 上诉状

任务导入

小王在张晓丽的帮助下,向法院提起了诉讼,但一审后,小王对结果不满,于是又来找张晓丽讨论如何进行上诉。

知识准备

一、上诉状概述

上诉状是民事案件、刑事案件或行政案件中有权提起上诉的当事人,或者他们的法定代理人不服一审人民法院的裁判,在法定的上诉期间内,向人民法院提起上诉,请求撤销、变更一审裁判或要求重新审理的法律事务文书。

我国法律规定案件审理实行二审终审制。当事人对一审判决(裁定)不服,有权提起上诉,这是法律赋予当事人的一项重要诉讼权利。上诉状直接启动了二审程序,对于及时纠正错误的判决(判定)、保障当事人合法权益具有重要意义。同时上诉状也是二审人民法院进行审理的依据,对二审人民法院全面了解案情、作出正确裁决起着重要作用。

> **温馨提示**
>
> "法定代理人"是根据法律规定而行使被代理人权利和承担义务的自然人和法人,被代理人必须是无诉讼行为能力的人,如未成年人、精神病人。法定代理人是指被代理人的父母、养父母、监护人和对被代理人负有保护责任的机关、团体的代表。
>
> "法定代表人"是指依法代表法人行使民事权利、履行民事义务的主要负责人,如企业的经理或厂长等。法定代表人的职务活动和经营活动,由法人承担民事责任。
>
> "委托代理人"是指基于当事人、法定代理人的委托而行使诉讼权利、代为诉讼行为的人。委托他人代为诉讼必须向人民法院提交由委托人签名或盖章的授权委托书。

二、上诉状的使用限制

(一)必须是有权提起上诉的人才能书写上诉状

有权提起上诉的人有当事人以及他的法定代理人。当事人指一审案件中原告、被告和有独立请求权的第三人。当事人可以直接上诉。诉讼当事人为未成年人或精神病人,可以由他们的法定代理人书写上诉状,直接提起上诉。

(二)必须在上诉期限内提出上诉

必须在上诉期限内提出上诉,上诉状才具有法律效力;否则,一审判决(裁定)就发生了法律效力,要想再纠正判决(裁定),只能按审判监督程序提出申诉了。民事案件:不服判决的上诉期限为 15 日;不服裁定的上诉期限为 10 日。刑事案件:不服判决的上诉期限为 10 日;不服裁定的上诉期限为 5 日;但重大犯罪应当判处死刑的,上诉期限为 3 日。行政案件:上诉期限为 15 日。以上期限,从当事人接到判决(裁定)书第二日起计算。

三、上诉状的基本写法

从结构上说,上诉状包括首部、正文和尾部三部分内容。几种上诉状的格式、写法基本相同,以下以民事上诉状为例。

(一)首部

上诉状的首部应写明以下内容:

1. 标题

第一行正中写文种作为标题,即"民事上诉状"。

2. 当事人基本情况

当事人基本情况应按照先上诉人后被上诉人的顺序写明他们的姓名、性别、年龄、民族、职业、工作单位及住址。如果是法人或组织,则要写明单位名称、地址、法定代表人姓名、职务、电话、单位性质、工商登记核准号、经营范围和方式、开户银行和账号等内容。

在写上诉人和被上诉人的时候,应用括号注明他们各自在一审中的诉讼地位。如"上诉人(原审被告)""被上诉人(原审原告)"。

(二)正文

正文是上诉状的中心部分,包括上诉案由、上诉请求、上诉理由三部分内容。

1. 上诉案由

通常应写明"上诉人因××一案,不服××人民法院××年×月×日(××)××字××第××号民事判决(裁定),现提出上诉"。

2. 上诉请求

明确写明请求二审法院撤销或变更一审判决或裁定,或请求重新审理。

3. 上诉理由

通常从一审法院认定的事实是否清楚、适用法律是否适当、诉讼程序是否合法等方面对原判决(裁定)的错误进行辩驳。

(三)尾部

分两行写明提交机关:"此致""××人民法院",上诉人签名、盖章,注明上诉日期。

(四)附项

写明"本状副本×份,证据名、件数"。

(五)上诉状格式

民事上诉状
(适用公民提起民事上诉使用)

上诉人(原审原告/被告或第三人):姓名、性别、年龄、民族、籍贯、职业或工作单位和职务、住址(或常住地)。

法定代理人:姓名、性别、职业或工作单位和职务、住址、与上诉人关系。

委托代理人:姓名、性别、职业或工作单位和职务、住址(律师只写姓名、工作单位和职务)。

被上诉人(原审原告/被告):姓名:性别、年龄、民族、籍贯、职业或工作单位和职务、住址(或常住地)。

第三人:姓名、性别、年龄、民族、籍贯、职业或工作单位和职务、住址(或常住地)。

委托代理人:姓名、性别、职业或工作单位和职务、住址(律师只写姓名、工作单位和职务)。

上诉人因_____(案由)一案,不服××××人民法院××年×月×日(××)××民事第××号判决(裁定),现提出上诉。

上诉请求

上诉理由

此致
××××人民法院

上诉人:×××
××年×月×日

附:1.本上诉状副本××份;
  2.原审法院判决书副本××份;
  3.证据名、件数。

民事上诉状

（适用法人或其他组织提起民事上诉使用）

上诉人（原审原告/被告）：（法人或其他组织名称）

所在地址：

法定代表人：（代表人或负责人的姓名、职务、电话）

委托代理人：（姓名、性别、职业或工作单位和职务、住址；律师只写姓名、工作单位和职务）

企业性质：

工商登记核准号：

经营范围和方式：

开户银行：

账　　号：

被上诉人（原审原告/被告或第三人）：（法人或其他组织名称）

所在地址：

法定代表人：（代表人或负责人的姓名、职务、电话）

委托代理人：（姓名、性别、职业或工作单位和职务、住址；律师只写姓名、工作单位和职务）

第三人：（法人或其他组织名称）

所在地址：

法定代表人：（代表人或负责人的姓名、职务、电话）

委托代理人：（姓名、性别、职业或工作单位和职务、住址；律师只写姓名、工作单位和职务）

上诉人因_____（案由）一案，不服××××人民法院××年×月×日（××）××民初字第××号判决（裁定），现提出上诉。

上诉请求

上诉理由

此致

××××人民法院

上诉人：×××
××年×月×日

附：1. 本上诉状副本××份；
　　2. 原审法院判决书副本××份；
　　3. 证据名、件数。

四、例文评析

民事上诉状 上诉人(原审被告):容某,男,××年×月×日出生,汉族;住址:×××× 被上诉人(原审原告):某人民医院 法定代表人:梁某,院长 地址: 上诉人因与被上诉人某人民医院劳动争议纠纷一案,上诉人不服湛江市某人民法院(2006)赤民一初字第348号民事判决,依法提起上诉。 上诉请求: 1. 依法撤销湛江市某人民法院(2006)赤民一初字第348号民事判决的第三项判决。 2. 本案的仲裁费用、诉讼费用全部由被上诉人负担。 事实与理由: 原审法院在(2006)赤民一初字第348号民事判决书中认为:"关于被告请求原告按国家规定为其交纳社会保险费和滞纳金的问题,根据《广东省高级人民法院关于劳动者向人民法院起诉要求用人单位为其补缴社会保险费,人民法院应否受理及相关问题的批复》(粤高民一复字〔2004〕2号)的意见:'根据《社会保险费征缴暂行条例》第23、27条以及《广东省社会养老保险条例》第35、36条的规定,征缴不到的,可依法申请人民法院强制执行。对于劳动者起诉要求用人单位补缴社会保险费的,人民法院应告知其向社会保险部门申请处理。'因此,被告的该项请求不属法院受理案件的范围,本院不予审理。"并以此为由在第三项判决中驳回被告容某请求原告湛江市某人民医院按国家规定为其交纳社会保险费和滞纳金的仲裁请求。 上诉人认为,原审法院对该部分的事实认定和适用法律存在错误。 首先,本案的情况与原审法院所援引的广东省高级人民法院给茂名市中级人民法院的批复中所答复的情况是不同的,本案的上诉人与被上诉人之间的劳动纠纷经劳动仲裁委员会依法审理裁决后,是由于被上诉人不服而向一审法院起诉,不属于批复所针对的"对于劳动者起诉要求用人单位补缴社会保险费的"情况。 其次,本案中上诉人的各项仲裁请求均属于劳动争议的受案范围,对于不服劳动争议仲裁委员会的裁决而起诉到法院的,法院理应对本案所涉及的各项仲裁请求进行审理,并依法作出判决。	标题直接写明文种。 当事人基本情况:均按规定格式填写,并在括号内注明是原审的原告或被告。 使用规定格式,表明案由。 上诉请求:分条列项写明上诉的目的及要求。 上诉理由: 1. 针对一审裁判在诉讼上的错误,陈述上诉理由。将一审裁判决定的事实与客观事实进行对照,并提出证据。 2. 针对一审裁判法律性质认定错误层层反驳。摆出客观事实和证据。有理有据,以理服人。 在前面辩驳的基础上,援引法律指出一审判决推定的错误。 进一步援引法律,论述事实,指出一审判决适用司法解释的错误。 指明被上诉人诉讼时效问题,并提供证明材料。

综上所述,一审法院驳回上诉人要求被上诉人补缴社会保险费的仲裁请求所认定的事实和适用法律存在错误,应撤销该项判决,请二审法院依法支持上诉人的上诉请求。 　　此致 湛江市中级人民法院 　　　　　　　　　　　　　上诉人:××× 　　　　　　　　　　　二〇〇六年十月三十一日 　　附: 1.本上诉状副本××份; 2.原审法院判决书副本××份; 3.证据名、件数。	最后综述,鲜明地提出自己的观点。 尾部:写明主送法院名称,具状单位及具状时间。

五、上诉状的写作要求

(一)针锋相对,有的放矢

上诉人要把原裁判中的错误找出来,是属于事实认定不当、引用法律错误,还是程序适用不当。有了"的",才能放"矢",才能切中要害,达到上诉目的。找出了多个错误,就要分段依次反驳,层次分明,针对一审论点、错误分条列项地逐一表达出来,避免"无的放矢",也要注意"环环相扣",避免将多个不同问题混杂在一起,失去了条理,含混不清。

(二)摆事实、讲道理,以理服人

针对反驳的论点,论述事实,摆出证据,援引法律,有理有据,有事有证。不能无边无际地铺陈事实,而欠缺理由,也不能慷慨激昂全是大道理,而没有确凿的事实作基础。事与理要有机结合,论证充分,合理合法,以理服人。

小知识

　　诉状的质量关系到诉讼胜负,因此,我国历来重视诉状的书写,字斟句酌,再三推敲。明代刻本《肖曹遗笔》四卷总结做状十要领:①"硃书"(案由),"硃"是"诛"的假借字,要用最简练的词语概括案情;②"缘由"(由来),要简明扼要地叙述事情的由来;③"期由"(时间),要按时间的先后顺序叙述事实经过;④"计由",要斟酌再三,不得空洞含糊,也不能繁琐;⑤"成败",要瞻前顾后,经得起辩驳;⑥"得失",要讲究计谋;⑦"证由",在论述了"成败""得失"后,要列举证据加以说明;⑧"截语",如果状子中有此段,叫关门状,这样官府容易决断;⑨"结尾",提出要求;⑩"事释",在状子最后用几个字说明告状的目的,如"除害""安民""正俗"等。按照上述要点写状子,做到字字超群、句句脱俗,言语深切,事理贯串,就可稳操胜券。

任务三　答辩状

任务导入

这几天公司遇上了问题,一个合作小企业因为公司终止合作不满,将公司告上了法庭,张晓丽被要求协助公司相关部门做好应诉工作,这几天她一直在和同事讨论答辩状的起草。

知识准备

一、答辩状概述

答辩状是与诉状相对应的文书,是被告或被上诉人针对原告的起诉或上诉人的上诉,为维护自己的合法权益而作出的回答和辩驳的法律事务文书。

在答辩状中反驳原告、上诉人的诉讼请求,是被告、被上诉人为维护自己的合法权益,实现审判时保护自己所采取的一种诉讼手段。在答辩状中,被告、被上诉人有权实事求是地提出有关事实和理由,来反驳原告、上诉人的诉讼请求而使其败诉。

答辩状体现了当事人诉讼权利平等的原则,是法律赋予被告的诉讼权利。在诉讼活动中,答辩状有着重要意义:既有利于人民法院全面审理案件,查明案件事实,避免偏听一面之词,从而正确判案,又有利于维护被告人、被上诉人的合法权益。

> **温馨提示**
>
> 我国相关法律规定,被告收到人民法院送达的起诉状副本后15日内应该提交答辩状,人民法院收到答辩状后,应当在5日内将答辩状的副本发送原告;被上诉人收到原审人民法院送达的上诉状副本后15日内应当提出答辩状。对方当事人不提交答辩状的,不影响人民法院对案件的审理。

二、答辩状的基本写法

答辩状按审判程序分为一审答辩状和二审答辩状。一审答辩状,是被告针对原告起诉状提出的;二审答辩状,是被上诉人针对上诉人的上诉状提出的。根据法律适用范围,答辩状分为民事答辩状、行政答辩状和刑事答辩状(刑事自诉案件)。

答辩状一般由三部分组成:首部、正文、尾部。几种类型的答辩状格式基本相同。

(一)首部

1. 标题

写明"刑事答辩状""民事答辩状"或"行政答辩状"。

2. 答辩人基本情况

写明答辩人的姓名、性别、年龄、民族、籍贯、职业和住址。如果是法人或其他组织,该项内容的写法与民事起诉状一样,可参照。

3. 答辩案由

写明对何人起诉或上诉的何案提出答辩。一审答辩状和二审答辩状案由的写法不同,一审答辩人是被告人,其写法如下:"因××诉我××(案由)一案,提出答辩如下。"亦可采用如下写法:"你院××年×月×日字第×号送达的诉状副本通知书及诉状副本我已收到。现遵嘱提出如下答辩。"二审答辩状答辩人是被上诉人,其写法为:"上诉人×××因××(案由)一案不服×××人民法院××年×月×日×字第×号×事判决(裁定),提起上诉,现提出答辩如下。"

(二)正文

1. 答辩理由

答辩理由是答辩状的最重要部分。答辩人在答辩理由中要明确回答原告、上诉人的诉讼请求,具体阐明自己对案件的主张和理由。答复的内容有两种情况:一是承认诉讼请求,即被告对原告所提出的请求愿意接受,这种情况在辩状中较为少见。更多的情况是被告人在答辩中承认诉讼请求是附有条件的,或往往只承认部分诉讼请求。如在房屋买卖纠纷中,被告人或被上诉人只承认买卖关系,而又提出所买卖的房屋有重大毛病,要求减少价款,这就是附有条件的承认。二是反驳诉讼请求,即被告在答辩状中提出充分的理由和证据,从事实、法律、程序等方面反驳原告或上诉人的请求,也可以否定原告或上诉人所提出的证据。答辩状应根据不同案件提出不同的答辩内容。

2. 答辩意见

在充分阐述答辩理由的基础上,还应提出答辩请求,即经过归纳所形成的要求法院维护答辩人权益的意见和主张。

答辩理由及请求写完后,应该列举出有关证据,写明证据来源,以供人民法院审理使用。

(三)尾部

写明下列内容:

(1)答辩状致送的人民法院单位名称。分两行写:"此致""××××人民法院"。

(2)右下角由答辩人签名、盖章,并注明制作日期。

(3)附项。"本状副本××份""证据名、件数"。

(四)民事答辩状格式

民事答辩状
（适用公民提出民事答辩时使用）

答辩人：姓名、性别、出生年月日、民族、籍贯、职业或工作单位和职务、住址。

法定代理人：姓名、性别（与答辩人关系）、年龄、民族、籍贯、职业或工作单位和职务、住址。

委托代理人：姓名、性别、年龄、民族、籍贯、职业或工作单位和职务、住址（律师只写姓名、工作单位和职务）。

答辩人因原告×××（姓名）提起××（案由）诉讼一案，现提出答辩如下……[二审答辩状写为：上诉人×××因××（案由）一案不服×××人民法院××年×月×日×字第×号×事判决（裁定），提起上诉，现提出答辩如下……]

此致
××××人民法院

答辩人：×××
××年×月×日

附：1. 本状副本××份；
　　2. 证据名、件数。

民事答辩状
（适用法人或其他组织提出民事答辩时使用）

答辩人名称：

所在地址：

法定代表人（或代表人）：（姓名、职务、电话）

企业性质：

工商登记核准号：

经营范围和方式：

开户银行：

账　　号：

答辩人因原告×××（名称）提起××（案由）诉讼一案，现提出答辩如下……[二审答辩状：上诉人×××因××（案由）一案不服×××人民法院××年×月×日×字第×号×事判决（裁定），提起上诉，现提出答辩如下……]

此致
××××人民法院

答辩人：×××
××年×月×日

附：1. 本状副本××份；
　　2. 证据名、件数。

三、例文评析

民事答辩状 　　答辩人:王春香,女,52岁,汉族,丁市人,市手表厂工人,现住丁市丁区文山路18号。联系电话:××××××。 　　因原告刘艳起诉我继承纠纷一案,现提出答辩如下: 　　1.我对公婆尽了主要的赡养义务,依法有权继承遗产,原告在起诉书中诬告我对公婆未尽赡养义务,长期婆媳不和,事实恰恰相反。自1970年嫁到刘家,1981年丈夫、公公相继谢世,我的精神受到严重打击,眼见婆婆年老体弱,小姑刘艳尚小,我不忍置老少于不顾,一直未再嫁。此后3口之家全靠我料理,关系很融洽,1984年底原告出嫁,也是我一手操办。10年来,我与婆婆相依为命,对婆婆照顾周到,我守寡伴在婆婆身边,给了她极大的安慰,从未发生大的争执。家里的主要家务由我料理,房屋也是我请人修缮。由于我要上班,婆婆有时主动干点家务也是正常的。1993年婆婆去世,我一人料理后事,原告在起诉状中诬告我只顾自己快活,要婆婆为我操持家务,以此证明我未尽赡养义务,实属居心叵测,倒是原告未对自己的母亲尽应尽的义务,长大、结婚都是我与婆婆操办,婚后专顾经营自己的小家庭,对其母亲的生老病死漠不关心,人一死就吵着要房子,是十分不道德的。根据我国《继承法》第12条规定,丧偶儿媳对公公、婆婆尽了主要赡养义务的,应作为第一顺序继承人。我有权继承公婆的房产。 　　2.关于遗产的分割,原告在起诉前曾要求房屋由她继承,我可继续住在东屋,对此我坚决反对。我与原告同属第一顺序继承人,但在考虑继承份额时,应根据权利义务一致的原则,考虑继承人对死者生前所尽的义务。我负担全部赡养责任,尽了应尽的义务,理所当然应继承较大的份额,我要求继承堂屋与东屋(86m²)。 　　总之,第一,原告父兄死后,我担负了养家的重担;第二,我对婆婆尽了全部赡养义务;第三,我负责对房屋进行了必要的修缮。请人民法院查明事实,并根据《继承法》第12条规定之精神和权利义务一致的原则,对我的继承权加以确认和保护,并驳回原告的无理请求。 　　此致 西区人民法院 　　　　　　　　　　　　　　　答辩人:王春香 　　　　　　　　　　　　一九九六年一月十四日 　　附:本状副本×份。	标题直接写明文种。 首部写明答辩人基本信息,注意不用写被答辩人情况,接着交代案由。 针对原告陈述的错误事实——"我"对公婆未尽赡养义务、长期婆媳不和,列举出客观真实的事实作为反驳的论据,引用法律,指明自己的继承权于法有据。 抓住争执焦点——遗产分割,有理有据地提出自己的主张,既合情理,又合法理。不枝不蔓,切中要害。 在充分阐明答辩理由的基础上,综合归纳出答辩意见。 尾部内容齐全,格式正确。

四、答辩状的写作要求

(一)尊重事实,据理反驳

书写答辩状的一项重要原则是:尊重事实,如果诉状的请求是合理合法的,那么答辩人也应实事求是地予以承认。如果诉状有不真实的指控,答辩人应据理反驳,紧紧抓住对方所陈述的错误事实或者所引用法律、理由的错误,建立反驳的论点,摆事实、引法条,层层深入,驳倒对方。

(二)抓住关键,切中要害

针对诉状的诉讼请求,抓住案件关键性的争执点展开阐述,不横生枝蔓,要集中反驳。反驳中既要有事实,又要有相关证据或引用法律作为论据,有理有据,有事有证。

(三)语言尖锐犀利

答辩状具有的论辩性决定了其语言必然较为尖锐犀利,且富有气势。这样,有助于答辩人在诉讼中变被动为主动。

> **小知识**
>
> 制作法律事务文书,要准确使用词语,以维护法律的尊严和文书的严肃性。而实践中,经常会因一些词语意义接近而出现混用。比如:"权利"是指依法享有的权力和利益,如公民的权利。"权力"是指政治上的强制力量或职责范围的支配力量,如国家的权力。在法律事务文书中,经常有将当事人的合法"权利"错误地写成"权力"或把国家机关及其公职人员行使的"权力"错误地写成"权利"的现象。因此,有必要加以区别,一字之差,谬以千里。

任务四　劳动争议仲裁申请书

任务导入

张晓丽最近在整理员工的劳务合同,经请示批准清退了几名员工,有人不服,提起劳动争议,张晓丽不得不去解决。

知识准备

一、劳动争议仲裁申请书概述

劳动争议仲裁申请书,是指劳动关系中的双方当事人,即劳动者和用人单位,对因执行劳动法律、法规或履行劳动合同而发生的纠纷,向劳动争议仲裁委员会提出申请,要求对已经发生的纠纷作出裁决的法律事务文书。

随着我国社会主义市场经济的逐步建立和市场竞争的日益激烈,职工与企业之间的多种利益矛盾纷纷以劳动争议的形式显现出来,并呈日渐增多的态势。劳动争议日渐增多,一方面说明企业在管理、经营方面还存在许多问题,另一方面也说明职工的法治观念和维权意识逐步增强。

> **温馨提示**
>
> 《中华人民共和国劳动合同法》和《中华人民共和国劳动争议调解仲裁法》都规定,当事人申请仲裁应以书面形式向仲裁委员会提出。书写仲裁申请确有困难的,可以口头申请,由劳动争议仲裁委员会记入笔录,并告知对方当事人。根据《最高人民法院关于审理劳动争议案件适用法律若干问题的解释》第一条劳动者与用人单位之间发生的下列纠纷,属于《中华人民共和国劳动法》第二条规定的劳动争议,当事人不服劳动争议仲裁委员会作出的裁决,依法向人民法院起诉的,人民法院应当受理。

二、申请劳动争议仲裁的条件及受案范围

(一)申请条件

当事人申请仲裁应具备以下条件:

(1)申请人必须是与申请仲裁的劳动争议有直接利害关系的劳动者。

(2)申请仲裁的争议必须是劳动争议。如果不是劳动争议,而是民事、经济纠纷,或者是劳动保障行政纠纷,仲裁委员会将不予受理。

(3)申请仲裁的劳动争议必须属于仲裁委员会的受案范围。

(4)必须向有管辖权的仲裁委员会申请仲裁。劳动争议仲裁实行属地管辖原则。劳动争议发生后,当事人应向所在地的仲裁委员会申请仲裁,发生劳动争议的企业与职工不在同一仲裁委员会管辖地区的,由职工当事人工资关系所在地的仲裁委员会处理。

(5)有明确的被诉人和具体的仲裁请求及事实依据。

(6)除非遇到不可抗力或有其他正当理由,申请仲裁必须在规定的时效内提出;当事人一方要求仲裁的,应当自劳动争议发生之日起一年内提出书面申请。

(7)申请书及相关材料齐备并符合要求。

(二)受案范围

劳动争议仲裁委员会的受案范围比较广泛。根据《中华人民共和国劳动争议调解仲

裁法》的规定,劳动争议仲裁委员会主要受理以下六个方面的劳动争议:

(1)因确认劳动关系发生的争议。

(2)因订立、履行、变更、解除和终止劳动合同发生的争议。

(3)因除名、辞退和辞职、离职发生的争议。

(4)因工作时间、休息休假、社会保险、福利、培训以及劳动保护发生的争议。

(5)因劳动报酬、工伤医疗费、经济补偿或赔偿金等发生的争议。

(6)法律、法规规定的其他劳动争议。

三、劳动争议仲裁申请书的基本写法

劳动争议仲裁申请书一般包括首部、正文、尾部三个部分。

(一)首部

1. 标题

在申请书的上部居中写"劳动争议仲裁申请书"。

2. 申请人基本情况

写明申请人的姓名、性别、年龄、职业、工作单位和住址。申请人是法人或其他组织的,应写明单位全称、住址和法定代表人或者主要负责人的姓名、职务。如有委托代理人的,应写明委托代理人的基本情况。

3. 被申请人的身份事项与申请人的各项相同

被申请人,别称"被申诉人"。如果仲裁申请人或被申请人为两人以上的,应依照上述内容分别书写清楚。

(二)正文

正文是仲裁申请书的主体部分,包括仲裁请求、所根据的事实和理由。

1. 仲裁请求

请求事项要具体明确,主要写明要求仲裁委员会解决什么争议。要言简意赅、明确具体。

2. 事实和理由

简要说明双方建立劳动关系的时间、方式等内容;双方争议的形成过程和争议的焦点;主要证据;提出请求事项的主要法律依据。

(三)尾部

尾部要依次写明:致送仲裁委员会的名称;仲裁申请人签名盖章;仲裁申请时间;附项。

(四)劳动争议仲裁申请书格式

劳动争议仲裁申请书

申请人(或称申诉人):(姓名、性别、年龄等基本情况;法人应写明名称、地址、法定代表人等)
委托代理人:(律师只写姓名、工作单位和职务)
被申请人(或称被申诉人):(姓名或名称等基本情况)

仲裁请求

事实和理由

证据和证据来源、证人姓名和住址

此致
××××仲裁委员会

申请人:×××
××年×月×日

附:1.本申请书副本××份;
　　2.证据名、件数。

四、例文评析

劳动争议仲裁申请书 申请人:张某,女,汉族,上海××餐饮管理有限公司职工,住址:上海市×路×号×室。 被申请人:××电器(上海)有限公司,单位注册登记地:上海市×区×路×号。 代表人:赵某某,电话:23456789 请求事项: 1.要求被申请人办理退工手续。 2.要求被申请人支付2008年春节三天的加班工资900元。 3.要求被申请人支付两个月工资的经济补偿金4000元。 事实与理由: 申请人张某于2008年8月经招聘进入被申请人××电器(上海)有限公司工作,双方签订了期限自2008年8月15日至2010年8月14日止的劳动合同,约定申请人在被申请人处担任出纳,每月工资2000元,当月工资于下月5日发放。被申请人为申请人办理了招工录用手续。工作期间,申请人任劳任怨,有时根据被申请人的安排加班加点,但被申请人从未按照法律规定足额支付申请人加班工资。2010年3月15日,被申请人向申请人发出提前解除劳动合同通知书。该通知书上写明,申被双方的劳动关系于2010年4月14日解除,被申请人将支付申请人工资至2010年4月14日。申请人在被申请人处工作至2010年4月14日,但被申请人至今未办理退工手续,也未支付经济补偿金。	文书名称清楚明确。 申请人和被申请人的情况介绍清晰、完整,对象指称准确。 请求事项明确、具体、合理合法,分项列出。 事实与理由的陈述客观理性,指出相关证据,引用《劳动法》等相关法规,指出用人单位解除劳动合同的违法性,有理有据。

申请人认为，根据《上海市单位招工、退工管理办法》的规定，用人单位与全工时制职工终止或解除劳动关系后，应在7日内办妥退工登记备案手续。现申被双方劳动关系已于2010年4月14日解除，故要求被申请人办理退工手续。根据《劳动法》相关规定，用人单位安排劳动者法定休假日工作的，支付不低于工资百分之三百的工资报酬。现被申请人未按照法律规定足额支付申请人加班工资，故要求被申请人补足申请人2010年春节期间的加班工资。根据《上海市劳动合同条例》，用人单位与劳动者解除劳动关系的，应当根据劳动者在本单位工作年限，每满一年给予劳动者本人一个月工资收入的经济补偿。现申请人在被申请人处工作满1年8个月，故要求被申请人按2000元/月支付申请人两个月工资的经济补偿金。 　　综上，申请人向贵委员会提出申请，要求依法保护劳动者的合法权益。 　　此致 ×××劳动争议仲裁委员会 　　　　　　　　　　　申请人：张某（签名或盖章） 　　　　　　　　　　　　　　2010年×月×日 附：1. 副本×份。 　　2. 证据材料清单：①劳动合同；②考勤卡；③加班申请单；④工资单；⑤加班工资计算表。	在事实、理由陈述清楚后，引用相关法规，具体指出被诉人因解除劳动合同，应支付的工资和赔偿金，针对性强。 　　陈述被诉人降低基本工资的事实，引用相关法规，具体指出被诉人因降低基本工资而应支付的补发工资和赔偿费。 　　尾部：格式完整、项目齐全。 　　附项列出有关证据和副本的情况。

五、劳动争议仲裁申请书的写作要求

（一）了解相关劳动争议仲裁的法律知识

在劳动争议仲裁实践中，一些当事人往往有理却输了官司，究其原因：一是对诉讼的时效把握不准。相对于民事官司，处理劳动争议的有效时间短一些，有些当事人并不了解这些，往往因申诉时效已过而失去打官司的机会。二是诉讼主体错误。一些申请人所指的被诉人不是义务主体，仲裁员告知变更后，又不愿变更被诉人，其结果只能败诉。三是民事行为的法律效力问题。当事人的民事活动必须严格遵循法律规定，法律对违反法律规定的民事行为不仅不支持，还要依照法律制裁。当事人之间订立的劳动合同违背国家强制性规定而被确认无效时，就会导致当事人"有理"输官司。所以，能否打赢劳动争议仲裁官司，了解相关的法律知识并遵守法律规定是相当重要的。

（二）避免请求不当，漫天要价

劳动争议仲裁的费用跟法院受理案件收费不同，不以标的多少确定仲裁费用，但不

着边际漫天要价,请求不当,可能给仲裁争议的处理人为设置障碍,导致对自己不利的结果。

> **温馨提示**
>
> 法律事务文书是一种具有一定法律事务性质的文书。法律事务文书的种类多种多样,既包括官方(如人民法院、人民检察院)依法行使公权力制作的法律文书,又包括中介(如律师事务所、公证机构)制作的法律文书,还包括自然人、法人或其他组织为维护自身合法权益制作的法律事务文书,可称其为民用法律事务文书。本项目介绍的法律事务文书,正是民用法律事务文书中常用的几种类型。

能力巩固

一、知识训练

(一)填空题

1. 起诉状按其性质,可分为_____、_____、_____、刑事自诉状。

2. 上诉理由通常从_____、_____、_____等方面对原判决(裁定)的错误进行辩驳。

3. 答辩状是_____针对_____的起诉或上诉,为维护自己的合法权益,作出回答和辩驳的法律文书。

4. 劳动争议纠纷,当事人一方要求仲裁的,应当自劳动争议发生之日起_____日内提出书面申请。

5. 劳动争议仲裁实行_____管辖原则,劳动争议发生后,当事人应向所在地的仲裁委员会申请仲裁,发生劳动争议的企业与职工不在同一仲裁委员会管辖地区的,由职工当事人_____的仲裁委员会处理。

(二)判断题

1. 不服民事一审判决的上诉期限为15日,从当事人收到判决书第二日起计算,超过上诉期限,民事判决即发生法律效力,当事人不得再上诉。( )

2. 小丽家的房屋在拆迁过程中与区政府发生了纠纷,小丽可以提起民事诉讼。
( )

3. 答辩状首部应写明答辩人和被答辩人的身份情况。( )

4. 原告向人民法院提交民事起诉状后,不能撤诉。( )

5. 刑事附带民事诉讼状应在第一审判决宣告后,在二审宣告前向人民法院提交。
( )

6. 在民事起诉状中,可以援引法律条款,以论证自己诉讼请求的合法性,具体指出依照《中华人民共和国××××法》第×条。 ( )

7. 民事上诉状的首部要写明当事人的基本情况,按照先上诉人后被上诉人的顺序写明具体信息,包括姓名、性别等情况,如"上诉人:姓名、性别、年龄、民族、籍贯、职业或工作单位和职务、住址"。 ( )

8. 由于起诉人状告在前,为了不让自己在诉讼中败诉,被告书写答辩状必须全面反驳原告指控。 ( )

9. 提起劳动争议仲裁申请书的申请人,又可称为"申诉人"。 ( )

10. 仲裁申请人按被告人数提交仲裁申请书的副本。 ( )

(三)选择题

1. 阿明根据自己多年的研究,写了一本有关诗歌研究的专著,并由某出版社出版。可不久阿明就发现遭到某公开出版物的大量抄袭,阿明可以书写何种诉状,以维护自己的合法权益?( )

   A. 刑事自诉状　　　　　　B. 行政上诉状　　　　C. 民事起诉状
   D. 劳动争议仲裁申请书　　E. 民事上诉状

2. 小张在一次争执中被王某打伤了腿,造成腿部骨折住院2个月,并欠下用于治疗的1万元外债,小张可以书写以下哪种诉状,以充分维护自己的合法权益?( )

   A. 行政起诉状　　　　　　B. 民事上诉状　　　　C. 民事起诉状
   D. 刑事自诉状　　　　　　E. 刑事附带民事起诉状

3. 以下哪几种纠纷,可以提交民事起诉状打官司?( )

   A. 遗产继承纠纷　　　　　B. 合同纠纷　　　　　C. 土地征收纠纷
   D. 伤害罪引起的赔偿纠纷　E. 抚养、赡养费纠纷

4. 唐女士在一企业工作已有一年,并签有劳动合同,最近她为生孩子向公司请求产假,公司的答复是:如果要休假就立即解除劳动关系。唐女士准备用法律武器来维权,她应书写哪种诉状呢?( )

   A. 民事上诉状　　　　　　B. 民事起诉状　　　　C. 行政起诉状
   D. 行政上诉状　　　　　　E. 劳动争议仲裁申请书

5. 上诉状的正文部分,包括( )

   A. 当事人的基本情况　　　B. 上诉请求　　　　　C. 上诉理由
   D. 证据材料　　　　　　　E. 上诉案由

6. 在诉状中,当事人为法人或其他组织的,应写明以下哪些信息?( )

   A. 法定代表人姓名　　　　B. 单位性质　　　　　C. 工商登记核准号
   D. 开户银行和账号　　　　E. 电话

7. 上诉请求,包括请求二审法院(　　)
   A. 撤销原审判决或裁定　　　　　　　　B. 请求重新审理
   C. 请求判决一审法院审理错误　　　　　D. 变更原审判决或裁定
   E. 请求判决上诉人胜诉

8. 答辩状的首部包括(　　)
   A. 答辩人的身份情况　　B. 被答辩人的身份情况
   C. 答辩理由　　　　　　D. 答辩案由　　　　E. 诉讼请求

9. 以下哪些劳动争议属于劳动争议仲裁委员会受案范围?(　　)
   A. 用人单位开除、辞退职工的争议
   B. 因用人单位录用劳动者非法收费的争议
   C. 用人单位裁减人员的争议
   D. 因履行、变更、终止或续订劳动合同的争议
   E. 因劳动者与用人单位之间经济补偿或赔偿的争议

10. 当事人申请劳动争议仲裁,应当向仲裁委员会递交以下哪些材料?(　　)
    A. 仲裁申请书　　　　B. 单位证明　　　　C. 仲裁申请书副本
    D. 证据材料　　　　　E. 涉及的相关法规复印件

11. 在民事上诉状中,当事人的称谓为(　　)
    A. 申请人/被申请人　　B. 原告/被告　　　　C. 上诉人/被告
    D. 原告/被上诉人　　　E. 上诉人/被上诉人

12. 可能的话,诉状尾部附项应注明(　　)
    A. 副本份数　　　　　B. 证人姓名、地址　　C. 书证份数
    D. 物证份数　　　　　E. 起诉日期

13. 下面哪些人可以提起答辩状?(　　)
    A. 第三人　　　　　　B. 被告　　　　　　　C. 原告
    D. 被上诉人　　　　　E. 上诉人

14. 下面哪些人可以直接提起诉状?(　　)
    A. 有残疾的公民　　　B. 公司的法人　　　　C. 厂长助理
    D. 个体工商户的老板　E. 精神病人

15. 起诉状和上诉状的区别有(　　)
    A. 起诉人只能是原告,而上诉人既可是原告也可是被告
    B. 被起诉人只能是被告,而被上诉人既可以是被告也可能是原告或第三人
    C. 在规定格式中,正文部分上诉状多一项"上诉案由",而起诉状没有
    D. 上诉状上诉的理由针对的是一审法院的原判决(裁定)错误,而起诉状的事实
       与理由围绕案件本身进行
    E. 起诉状需提供副本,而上诉状不需提供副本

二、能力训练

（一）例文改错

1.起诉书。

鼓楼区人民法院：

　　我叫王××,今年20岁,今年6月5日和朋友一起坐2路公共汽车上街买东西,由于公交拥挤,2路公共汽车在未等我站稳的前提下,就关闭了车门,致使人摔下汽车,造成腿部骨折,住院治疗半年。至今,已花去医疗费14280元。我去找公交公司,公交公司却以我自己不小心为由拒绝赔偿我的医药费。公交公司的行为实在是卑鄙可恨,我忍无可忍,只有打官司。请人民法院作主,帮我要回医疗费,并赔偿我的经济损失。

　　此致

敬礼

王××
××年×月×日

2.答辩状。

　　答辩人：××市××电气有限公司

　　法定代表人：钱某

　　原告××市螺钉厂起诉法院认为我方欠其货款9673.65元,这完全是诬告。

　　我公司与××螺钉厂是订有制作机螺钉的承揽合同,并收到原告交付的规格5×11带垫机螺钉9.6万件,但造成欠原告承揽款的原因在原告方。因为原告交付的机螺钉在收货后经使用发现有质量问题,希望人民法院查明事实,作出公正的判决。

答辩人：××电气有限公司
××年×月×日

（二）写作题

1.2010年7月毕业于某职业技术学院英语专业并取得教师资格的秋子,在找工作过程中遇到了这样一件事:2010年11月,秋子应聘到上海某公司工作,并在该公司教学部接受为期15天的培训,其间她被要求缴纳300元培训费,该公司承诺其中扣除40元资料费,剩下的260元作为培训费,培训结束后如数返回。2010年12月1日,秋子与该公司签订了实习合同和外派合同。可后来该公司却以秋子"相貌不佳"为由,几次推诿,不履行劳动合同。请你帮秋子写一份劳动争议仲裁申请书。

2.某建安公司的王经理没有想到公司丢失的一份盖有公章的空白合同给公司惹来了一场官司。事情是这样的:一年前的一天,该公司的某业务员李某向王经理汇报,称自己保管的已加盖了公司印章的一份空白合同不慎与公文包一起丢失。为防止拾得人利用此合同,王经理立即让李某以公司的名义在当地的晚报上刊登了此空白合同遗失作废的申明。但事隔不久,某电气设备供应公司汤某找到王经理,声称一个月前一个姓杨的人以王经理公司的名义与其订立了购买价值2万元电气设备配件的合同,杨某付3000元预付金取走货后,未能在约定时间内付清剩余款项,故要求王经理公司支付余款。王经理拒绝了供应商的要求,不久建安公司受到起诉。一审法院审理后认为这是一起合同纠纷,适用《合同法》第49条的规定:行为人(杨某)没有代理权却以被代理人(建安公司)的名义订立合同,相对人(电气设备供应公司)有理由相信行为人是有代理权的,该代理行为有效。因此,该合同有效。建安公司应为其在保管空白合同中的过错负责。一审判决:某建安公司向电气设备供应公司支付1.7万元货款。请你以上面的材料帮王经理写一份民事上诉状。

项目八 申论

知识目标	了解申论的含义、性质、特点。
能力目标	1. 掌握申论的写作方法和写作要求等。 2. 学会申论写作。
素质目标	通过训练分析问题、判断问题、研究问题的能力,培养正确的世界观、人生观。

经过不懈的刻苦努力,张晓丽在销售部行政岗位上迅速成长起来,由于工作出色,尤其是在文书工作上表现突出,分管行政的黄副总亲自跟公司领导层提出,将张晓丽调至公司行政部担任副经理,主抓文书工作。

任务一 申论概述

任务导入

张晓丽到了公司行政部后,工作更努力了,工作之余,她也有意识地通过各种途径丰富和提高自己,在文书处理上更是熟练,不仅其他同事有不懂的会向她请教,她的一些刚出校门的学弟学妹们遇到问题也愿意来问她。这天,学弟小王在准备入职考试时,就来找她请教"申论"的写作。

小王的苦恼

申论是什么,我也困惑了一阵,后来听说公务员要考申论,才略知一二。公务员就是国家机关工作人员,代表政府呀。我写作能力不错,2008年,我第一次参加申论考试,但申论那一大堆材料,好几千字呢,看得我眼珠子痛,有用的没用的、国内的国外的、感性的理性的、数字的案例的、做法的经验的,我当时就懵了,不知所云,连材料也没有看明白,就胡乱答了一通。好了,考后,几个哥们儿喝了一顿,开始群体出招。一个说,王兄你得练啊,练阅读,过目不忘;另一个说,王兄啊,你得学啊,学着拆解,会梳理归纳,材料都有用,但没咬着七寸;还有一个朋友说,申论考试得学会顺杆爬,尽量别在锅外搂勺子,锅里有的东西得吃透了消化了,脱离材料不好办呐。我觉得哥们说的都在理,后来,我又参加了一次申论考试,感觉自己答得不错,洋洋洒洒,文采飞扬,可还是不涨分啊。

唉,现在我已经考了几次申论,每次都考得很差,没有超过60分,无论省考还是国考,我文字功底不赖啊,怎么就考不好申论呢,很困惑。

小王的困惑你也有吧? 那么,申论考试到底是怎么回事? 申论写作跟一般写作有何不同? 怎样才能提高申论写作水平呢? 本项目将帮大家解决这些问题。

知识准备

一、申论的含义

"申论"一词，出自《论语》的"申而论之"。"申"为引申、申明、申辩，"论"为议论、论述、论证，"申论"就是申述、议论的意思，即针对特定话题有所说明、申述，从而发表见解，并展开论述。

申论，是国家公务员资格考试的一个科目，主要通过对所给定的一系列反映特定实际问题的文字材料，进行阅读分析，概括出它们所反映的主要问题，并提出解决此问题的实际方案，最后再对自己的观点进行较详细的阐述和论证，来测查报考者从事机关工作应当具备的基本能力。

作为测查从事机关工作应当具备的基本能力的考试科目，申论借鉴了我国古代选拔官吏的"策论"（对策）的一些特点。申论和策论一样，阐述的都是国计民生的内容，都要求具有较强的文字表现力，但申论不同于策论，在内容上，申论比策论更具有现实针对性和可操作性。策论大多要求应试者就一些重大问题展开论述，即就某项国家政策或对策阐述自己的意见或主张，侧重于考查应试者论述问题的能力。申论则要求报考者从一系列反映特定实际问题的材料中去发现问题并分析和解决问题，全面考查报考者搜集和处理各类日常信息的素质与潜能，既能考查报考者的阅读理解能力、分析归纳概括能力（或贯彻执行能力）、提出和解决问题能力，又能反映报考者的政策水平和文字表达水平，更能够全面反映报考者的综合素质，充分体现信息时代的特征，也适应公务员实际工作的需要。从形式上看，申论考试摒弃了策论的简单议论文的模式，不单单涉及议论文一种文体，与策论相比，它更加灵活多变。

申论最早出现于2000年中央国家机关公务员录用考试之中，经过十几年的实践，得到了不断改进与完善，已成为国家公务员录用考试的一门基本科目，现在不少企事业单位在选聘人才时，也采用申论考试的形式。

小知识

《中央机关及其直属机构2011年度考试录用公务员公共科目考试大纲》：

申论是测查从事机关工作应当具备的基本能力的考试科目。申论试卷由注意事项、给定资料和作答要求三部分组成。申论考试按照省级以上（含副省级）综合管理类、市（地）以下综合管理类和行政执法类职位的不同要求，设置两类试卷。

省级以上（含副省级）综合管理类职位申论考试主要测查报考者的阅读理解能力、综合分析能力、提出和解决问题能力、文字表达能力。

阅读理解能力——要求全面把握给定资料的内容，准确理解给定资料的含义，准确提炼事实所包含的观点，并揭示所反映的本质问题。

综合分析能力——要求对给定资料的全部或部分内容、观点或问题进行分析和归纳，多角度地思考资料内容，作出合理的推断或评价。

提出和解决问题能力——要求借助自身的实践经验或生活体验，在对给定资料理解分析的基础上，发现和界定问题，作出评估或权衡，提出解决问题的方案或措施。

文字表达能力——要求熟练使用指定的语种，运用说明、陈述、议论等方式，准确规范、简明畅达地表述思想观点。

市（地）以下综合管理类和行政执法类职位申论考试主要测查报考者的阅读理解能力、贯彻执行能力、解决问题能力和文字表达能力。

阅读理解能力——要求能够理解给定资料的主要内容，把握给定资料各部分之间的关系，对给定资料所涉及的观点、事实作出恰当的解释。

贯彻执行能力——要求能够准确理解工作目标和组织意图，遵循依法行政的原则，根据客观实际情况，及时有效地完成任务。

解决问题能力——要求运用自身已有的知识经验，对具体问题作出正确的分析判断，提出切实可行的措施或办法。

文字表达能力——要求熟练使用指定的语种，对事件、观点进行准确合理的说明、陈述或阐释。

二、申论的性质

申论是模拟公务员日常工作性质的能力测试，报考者根据材料自觉进行角色定位，以拟定的公务员身份进行政务或社会事务的处理。

申论给定的材料，涉及各种社会现实问题，包括政治、经济、法律、教育、文化等诸多方面，这些材料是经过加工的"半成品"资料，头绪繁多，且未必很有条理。它们究竟反映的是哪些问题，需要用什么方法去解决，需要梳理归纳、分析论证。作为公务员，对社会生活的方方面面都应当有所认识和思考，并且具备较高的政策水平和较强的分析问题、解决问题的能力。因此，申论考试所提供的一般都是社会性较强的现实材料，让报考者进行分析和论述，从而测查报考者处理纷繁复杂的日常事务的潜能。申论的背景资料所反映的问题大部分已有定论，也有一些问题尚无定论或存在争议，需要考生自己去理解、分析和判断，并得出结论。至于一些难以定论的问题，特别是一些争议激烈的前沿问题，一般不会成为背景材料。

由于报考者来自各个领域，所学专业很不相同，申论考试，要求报考者具有比较丰富的常识，侧重于考查报考者模拟公务员日常工作性质的能力而不是专业知识水平，因此不会向某个专业特别倾斜。申论考试中让报考者处理加工的材料大都具有普遍性、非专业性，对哪个专业的考生都是公平的。

比如2000年国家公务员考试题目，关于红星新村居民状告印刷总公司的事，并不是从法律角度解决问题,与法律专业知识没有关联。再比如2001年国家公务员考试中反映的PPA问题,看似与医药卫生行业有关,但问题的解决与医药卫生专业知识水平没有关联。但同时申论的试题又具有较强的针对性、合理性,问题的解决要切实可行。比如2000年试卷的问题,可以通过城市建设合理规划来解决问题,同时要考虑必要的补偿。而2001年试卷的PPA问题,则可以通过政府法规、舆论导向来解决问题。申论考试中,不管材料涉及面多广,问题多么复杂,都会有解决的方法。

申论考试中,报考者要把握国家的方针政策、法律法规,从实际出发,根据给定材料提供的具体情况,妥善处理问题,务实可行,不要说大话,空谈理论,要从解决问题的角度来观察、思考,进行答题。报考者如果不能站在公务员的角度去观察、思考问题,甚至以旁观者的视角来论述,就很难得到理想的分数。

三、申论的特点

(一)特殊性

申论写作既不同于古代的策论,也不同于以往单纯的公文写作。申论考试与传统材料作文考试也大不一样,不能用传统材料作文的写作思维来应对申论考试。传统材料作文主要包括寓言型、漫画型、对比型、评论型和联想型等几种形式,作文侧重于材料所具有的含义而不仅仅局限于材料本身,要求根据材料的内容和含义自主立意,自拟标题。而申论考试是本着为国家选拔高素质行政管理人才的目的,综合考查应试者对给定资料的阅读理解能力、分析归纳能力、提出和解决问题能力以及文字表达能力,要紧扣材料完成作答要求。与其他给定材料的写作不同,申论写作明确提出考试参考时限:阅读材料的时间是40分钟,作答时间110分钟。

(二)针对性

测试目的具有针对性。申论考试是为招录国家公务员服务的,有极强的针对性。另外,从报考者方面讲,要求其答卷要针对给定的材料答题。申论考试给定的材料虽然涉及面广,头绪较多,但一般重点都比较突出,考查目的也比较明确。在完成申论要求时,首先要针对材料内容,进行概括、分析,并针对资料所反映的主要内容或主要问题提出对策,最后还需要针对给定的材料和提出的对策或建议等进行详细论证。因此,写作申论,每一个步骤都有很强的针对性。

(三)行文角色的虚拟性

申论考试是为国家机关选拔人才,实际上可以看作是公务员处理公务的一次预演。申论考试中或假定你是政府一般工作人员,如2000年国考假定省政府调研室工作人员的身份提出解决问题的方案;或假定你是政府某一部门的负责人或者负有领导责任的人,如2004年国考假定作为市交通主管部门的负责人,写一份"关于我市交通拥堵情况的报告";或请你从政府制定政策的角度提出方案,如2002年国考要求:从政府制定政策的角度,就如何克服资料所反映的种种弊端,提出对策建议,2003年的申论要求:从政府职能部门制定政策的角度,就如何"减少事故,保障安全",提出对策建议,供领导参考;或提出以"新录用的国家公务员"的身份(如2006年国家卷)"概括某部长的谈话"。可见,报考者要以某种公务员的身份来提出对策方案,阐述问题,因此,其身份是虚拟的,他应站在一个国家公务员的角度根据给定的材料,紧扣社会现实和工作实际,去思考问题、分析问题、有效地解决问题。

(四)以社会热点问题为依托

申论测试的目的是选拔公务员,是对公务员日常工作中处理实际问题潜能的测试,也是在考查应试者是否关注生活中的热点、焦点问题,是否具有关心大事的大局意识。自2000年开考申论以来,无论是中央国家机关的申论试卷,还是各省市的申论试卷,都是选取普遍的社会现实问题或某一时期的社会热点问题作为考试的背景材料。如,2005年的申论主题就是在2004年初中央宣布取消农业税和采取了一系列关注"三农"政策的背景下提出的,以此来考查考生对"三农"问题的理解。2007年中央一号文件的内容就是保护耕地,2007年的申论主题,紧扣这个焦点问题。2008年申论中以水电开发作为切入角度考查对科学发展观这个热点问题的看法。历年申论考试素材所涉及的热点问题都具有很强的时效性,所以报考者要紧跟时代步伐,关注热点,留心时事,方能与时俱进。

(五)测试形式灵活多样

申论测试形式非常灵活。申论测试的答卷一般由概括部分、分析部分、对策部分、论证部分组成。就文体而言,在概括问题、分析问题、解决问题、论述问题的流程中,要运用记叙文、说明文、议论文、应用文等多种文体。如概括部分、陈述部分可能是记叙文、说明文、议论文,或应用文中的某一种形式,也可能综合多种文体形式。方案部分,一般是应用文写作,论证部分则主要是议论文写作。从这个意义上来说,申论测试既考了普通文体的写作能力,也考查了公文写作能力,测试形式非常灵活、实用。

四、申论试卷的结构

一份规范的申论试卷是由注意事项、给定资料、作答要求三部分组成。

(一)"注意事项"部分

"注意事项"是为报考者提出指导性意见。例如,2015年国家公务员考试《申论》省级以上(含副省级)综合管理类的"注意事项":

  1.申论考试与传统的作文考试不同,是分析驾驭材料的能力与表达能力并重的考试。

  2.仔细阅读给定的资料,按照后面提出的作答要求依次作答在答题纸指定位置。

  3.答题时请认准题号,避免答错位置影响考试成绩。

  4.作答时必须使用黑色钢笔或圆珠笔,在答题纸有效区域内作答,超出答题区域的作答无效。

(二)"给定资料"部分

"给定资料"是提供给报考者的背景分析材料,是作答申论试题的基础和依据,所有试题的作答都要紧扣材料。"给定资料"一般为分段材料,每段材料一般为几百字。材料的内容包括新闻报道、事例案例、说明性文字、数据、材料、采访记录、纲领性文件等。现在的国考材料字数一般稳定在 5000—8000 字。

(三)"作答要求"部分

"作答要求"是对报考者提出所要回答的问题,这是申论试题的核心部分。一般从这几个方面提出作答要求:用限定的篇幅概括整篇或某段材料所反映的主要问题或主要内容;用限定的篇幅针对某一问题进行分析,提出具体的对策或解决问题的方案;最后用限定的篇幅进行论证。例如,2015 年国家公务员考试《申论》省级以上(含副省级)综合管理类的"作答要求":

(一)请在给定资料 1 的三处横线上各填一句话,使该资料的结论语义连贯完整。(10 分)

要求:(1)准确、全面、精练;(2)在答题卡上按"可见,技术创新不仅……同时……因而……"的句式作答;(3)总字数不超过 100 字。

(二)新技术的使用能否突破社会结构的屏障,是很多人关心的问题。根据给定资料 2,谈谈你的看法。(20 分)

要求:(1)观点明确,有理有据;(2)论述全面,语言简明;(3)不超过 250 字。

(三)假设你是制博会组委会的工作人员,请根据给定资料 3,就本届制博会的亮点,草拟一份备询要点,供组委会领导在制博会开幕日的记者通气会上使用。(10 分)

要求:(1)内容具体,符合实际;(2)概括准确,分条表述;(3)不超过 200 字。

(四)阅读给定资料 4,谈谈你从中国高铁、中兴通讯和中国装备制造业的发展中能分别获得哪些启示?(20 分)

要求:(1)紧扣材料,重点突出;(2)观点明确,表述有理;(3)不超过 500 字。

(五)给定资料 6 中画线句子写道:"'科技的生命化',已成为现实世界无法根除的特征。科技将具备人性。"请结合你对这句话的思考,联系社会实际,自拟题目,写一篇文章。(40 分)

要求:(1)自选角度,见解明确、深刻;(2)参考给定资料,但不拘泥于给定资料;(3)思路明晰,语言流畅;(4)总字数 1000—1200 字。

当然,题型的变化也多种多样,如国家公务员考试卷中,2005 年、2006 年有选择题,2007 年有名词解释题,2008 年有阐述观点题,2010 年有解释概念、有谈启示、有草拟要点等题目。在安徽省公务员考试卷中,2009 出现了"编者按",2011 年出现了"建议书"。其实,万变不离其宗,这些都没有脱离概括问题、提出对策、详细论述的轨道。

五、申论的语言

文字表达能力体现报考者的语言组织和运用能力。2011年国家公务员考试申论大纲对语言文字表达能力的要求规定：省级以上（含副省级）综合管理类职位申论考试"要求熟练使用指定的语种，运用说明、陈述、议论等方式，准确规范、简明畅达地表述思想观点"。市（地）以下综合管理类和行政执法类职位申论考试"要求熟练使用指定的语种，对事件、观点进行准确合理的说明、陈述或阐释"。申论语言的表达能力，是考生整体能力的显示板，在申论考试中，文字表达能力充分体现在申论考试的各个环节。

申论语言应该具有以下特点：

（一）合体性

申论写作中，报考者要按照题目所设定的虚拟身份说话，应使用与机关行文规范相符的特殊语汇、语体和语言方式，文风同机关保持一致，用语要用严谨平实、庄重大气的书面语体。要根据不同的对象、场合，不同的写作目的，来选择不同的词语，恰如其分地表达自己的观点，所讲内容不能超出材料范围，如果说一些外行话，或说一些与虚拟身份不切合的话语，那就是不合适、不合体了。

另外，申论写作的语体要合体。所谓"语体"，是指语言在不同题材的文章中长期形成的体式特征。如概括主要运用叙述，解决方案用说明，分析论证则以议论为主、辅以叙述和说明。文体不同，那么语体风格也不同：概括部分的文字应质朴准确，方案部分的文字应简明扼要，议论部分的文字要有逻辑性和说服力。不少考生不考虑上述各部分的区别，答卷中文体、语体运用不当的情况屡见不鲜。

（二）概括性

概括是指抓准事物特征，反映事物的本质，做到言简意赅，词约义丰。这就需要在深刻认识事物的基础上删繁就简，力求精练。在申论考试中，要做到理据相谐，报考者应把自己的观点、意见和题目所给的材料、实际情况相结合，不要追求具体的细节描写，否则会不利于文章的整体把握。在申论考试中，不但论证道理的语言要概括，陈述论据的语言也要概括。在叙述之后，必须对材料进行归纳和总结，概括出抽象的道理，这样的文章才能避免就事论事，使认识深入到事物的内部。

（三）准确性

准确就是指用词造句准确贴切，句子与句子之间的逻辑关系严谨，让阅卷老师一下就能看懂，不会产生歧义。申论文章必须有明确的概念、准确的判断和严密的论证。申论写作的语言必须是准确的，根据内容表达的需要，选用最确切的词语以准确地表现事物的特征及作者的主张。在申论写作过程中，要把握好语言使用的分寸，褒贬恰当，避免过分贬义或过分褒义等语句的出现，以避免片面化、绝对化、不周密等问题的出现。

（四）简明性

所谓"简明"，就是要剔除语言中一切冗余信息，将主要信息突显出来，力求用最精要的文字符号实现预定的表达目的。"简明"包含两层意思：一是简洁,言简意赅；二是明了,既要简洁,又要清楚。二者缺一不可,字少了让人看不懂；文意过于清晰显得很啰嗦。在写作过程中开门见山,直陈其事,不要兜圈子。多用陈述句、祈使句,慎用描写句、疑问句和感叹句。

（五）鲜明性

申论文章必须论点鲜明,不能模棱两可,含含糊糊。在申论考试中,赞成什么,反对什么,表达时,必须直截了当,一看便知,观点明确,是非清晰,不能含糊其辞。

（六）逻辑性

在申论的论述过程中,报考者要把握好主次,辨明因果,从表达目的出发,安排好文章的句序、段次,使字、词、句、段之间紧密联系,井然有序,体现出合理、严谨的逻辑关系,力求将主旨表达得最佳。

任务二　申论的写作

任务导入

小王听了张晓丽的讲解后似懂非懂,要求学姐举个具体的例子,张晓丽利用周末认真作了准备,然后给小王来了个举例说明。

知识准备

申论写作有其自身的特点、基本的步骤与答题形式。

申论写作,一般分为这几个步骤：审读资料,概括要点,分析、提出对策,进行论证（文章论述）。这几个环节前后衔接、互相呼应,共同构成"申而论之"的整体。以下依次分别予以说明：

一、审读资料

给定资料就是为报考者设置作答的对象和背景。申论主要通过报考者对给定资料的分析、概括、提炼、加工,测查报考者解决实际问题的能力,以及阅读理解能力、综合分析能力、提出和解决问题能力、文字表达能力。审读资料是申论写作的基础性环节,是完成其他几个环节的前提。申论考试中,阅读给定资料参考时限为40分钟。

（一）给定资料的特点

1. 内容广泛

申论所给定背景资料既不局限于社会某一方面,也不偏重于某一学科领域,而是涵盖政治、经济、法律、教育等诸多方面的内容,涉及范围极其广泛。给定资料内容广泛还表现在,具体到每一年的材料,虽然总体上可以归属于一个领域,但局部上却会牵涉不少其他领域的问题。例如,2004年国家卷中给定资料是关于交通问题,资料由14段构成,但内容极其丰富,广泛涉及城市交通状况、汽车产业、当前经济形势、市场营销、制度建设、市民公德等多个层面的问题。

2. 关注度高

给定资料的主题一般都贴近现实生活,是百姓平时关注、热议的问题,也是政府平常注意重点解决的问题,历年国家卷中材料所涉及的问题,包括网络建设、公共突发事件、生产安全、交通拥堵、农民及土地管理、环境保护、生态文明等,这些问题是国家、社会、个人必须面对的现实问题,关注度高。

3. 主题明确

尽管申论考试取材范围甚广,但是每一次考试所给的材料只限于一个领域的一个具体方面。也就是说,这些材料都是围绕某一问题来组织的,这一问题应该说就是材料所要体现的主题。比如国家申论考试,2008年是经济发展与生态文明建设,2009年是经济转型,2010年是海洋污染及保护。

4. 结构杂乱

从材料的组合形式上看,申论考试的背景材料常常由几个或十几个子材料构成,如2011年安徽省申论考试A卷子材料有16则之多。一般情况下,子材料的内容都具有相关性或连带性,但子材料的排列没有什么固定模式,而是把各种相关的但发生在不同时间、不同地点的事情、现象、相关评论等糅合在一起。

5. 阅读量大

以国家公务员考试《申论》为例,其历年试题的材料字数如下:

年份	字数
2000年	约1500字
2001年	约1600字
2002年	约2300字
2003年	约4500字
2004年	约4100字
2005年	约3700字
2006年	约8800字
2007年	约6400字
2008年	约5800字
2009年	约6500字
2010年	省级以上约6200字
	地市以下约6000字
2011年	省级以上约7000字
	地市以下约7000字

2012年、2013年、2014年、2015年,国家公务员考试申论材料字数基本稳定在8000字左右。

(二)给定资料的类型

申论的给定资料分为以下几类:

1. 按给定资料的内容性质,可分为理论性资料与事实性资料两种

理论性资料是用于说明理论观点的,可以是知识、定理、规律,可以是原则、方法、概念、论断,也可以是言论、思想观点、方针政策等。

事实性资料是用于反映事实的,可以是事例、经验、做法、措施,也可以是数据、图表、文件、谈话,语言形式为叙述性语句。

2. 按给定资料对于作答的价值、功能、作用,可分为依据性资料、参考性资料、干扰性资料三种

依据性资料是作答时必须依据的资料,是概括、归纳等题型作答的来源,不可或缺。

参考性资料对于作答有一定的价值,经提炼后可以酌情参照使用,材料的内容对分析原因、提出对策和作文立意有参考价值,但不是非用不可。

干扰性资料与有价值的资料表面上有某种相似性,实质上则与问题本身和作答要求均无关系,起干扰判断、增加试题难度的作用。干扰性资料不是所有的申论试题都有。

(三)审读资料的步骤

1. 浏览注意事项

拿到试卷后,先以最快的速度看一下注意事项。对试卷包含的所有内容要做到详略有别,主次分明。

2. 整体快速浏览材料

先大致看看给定资料共有几则,了解材料的主题和大致篇幅,以防在具体阅读时遗漏。

3. 看作答要求

即审题,是通过对申论作答要求的审视、思考、分析,了解作答的基本要求,确定作答采用的方式、文体,大致明确作答的中心任务和立意方向。明确了问题之后才能在作答时有的放矢。

4. 针对问题仔细阅读

对材料进行全面梳理,整体把握材料,边看边标记。阅读时要注意以下三个方面:

一是要理清材料的逻辑关系。有的可按事件发展时间顺序来梳理材料内容,做到脉络清晰。如2000年中央国家机关公务员录用考试的申论试卷,给定资料的中心事件是"一桩复杂的噪音扰民诉讼案"。噪音污染引发的连环事件涉及居民群体、个人、印刷公司、市、区两级环保局及市、区两级法院等。背景材料内容彼此交错,纷繁复杂。材料中出现的时间按顺序排列如下:1997年2月—1997年6月—1998年9月—1998年10月—

1998年12月—1999年6月—1999年10月—1999年10月后3个月。了解了材料在时间上的逻辑关系,其包含的内容也就不难把握了。

有的采用合并同类项的方法,把讲述相同"内容"的材料归类合并在一起,来清理其逻辑顺序。如与"问题"有关的,与"看法"有关的,与"对策"有关的,通过分类合并,原本杂乱无章的背景材料就变得条理清晰了。

二是要区分精读和略读的材料。申论考试的材料虽然庞大杂乱,但并不是每一个字、每一个词、每一个信息都是有用的,要想在有限的时间内全面把握背景材料,对材料的筛选就成了一个不可缺少的重要环节。筛选材料的依据是作答要求,如解答对策类题,就把和对策相关的材料选出来;解答分析类题,就把问题类的材料选出来。把材料选出来之后我们就可以有针对性地进行阅读。那些与作答要求关系紧密的材料,应该精读;与作答要求有一定关系但不是很密切的材料,要略读;与作答要求毫无关系的材料,是多余材料,阅读时要舍弃不读。

三是要注意作标记。作标记的目的是在作答时能快速找到涉及的材料的出处,提高作答效率。标记后的句子或词语,比较醒目。标记时要突出句子的关键词语,例如,标明可用作"问题""分析""对策""作文"等,作答时提取相关材料就更一目了然、清晰明了了。

(四)审读资料的误区

1. 读得过细过慢

很多考生怕漏掉得分点,阅读过细过慢,结果由于材料比较多,读得很辛苦,导致答题时间不够。

2. 读得过快

有些考生看到材料这么多,心里非常着急,于是对材料进行飞速浏览,结果对材料的内容把握不准确,回头看的频率过高,大量时间被浪费。还有一些考生开始读得太快,余下了很多时间,后来又发现了很重要的问题,但是时间已经来不及,结果是读得认真的地方印象很深,没有读到的地方没有什么印象,导致答题时出现偏颇。

3. 不作标记

容易出现读到后面,忘记了前面的问题,还有就是很难把握材料的中心,不知道材料的重点。

审读资料是申论写作的基础性环节,是完成其他答题环节的前提条件,所有的题型、所有的答案都要从资料中引申得出,只有吃透材料、理清规律,才能作好答卷。

二、概括要点

申论考试中的概括要点就是指归纳和整合要点。报考者在阅读理解的基础上,根据作答要求对给定材料进行理解、分析、整理、归纳,并用限定的篇幅就某一特定角度进行提炼概括。

概括是公务员必备的一种能力。我国党政机关的公务员每天都要处理大量的各类文件、资料和信息，这就需要公务员去整理，去归纳，去提炼，将有意义的、有价值的东西筛选出来，并将重要的文件、资料和信息用最简洁的文字表达出来，上报给有关领导或进行存档。

概括是申论考试一个非常重要的答题环节，是承上启下的枢纽，是申论答题的关键步骤。

（一）概括类题型分类

概括类题型从概括的对象看，主要有以下几类：

1. 概括主要内容

即要求报考者概括归纳给定资料的内容。如：

2001年中央国家机关公务员考试申论试题第一题：有条理地概括这些材料的主要内容提要，字数不超过200字。2004年中央国家机关公务员考试申论试题第一题：认真阅读给定材料，概述"我国汽车工业的现状和发展趋势"，字数不多于1000字。2006年中央国家机关公务员考试申论试题第一题：如果你是新录用的国家公务员，请用不超过500字的简练语言概括D部长谈话的主要内容，供领导审批。要求概括全面、观点明确、语言流畅。2007年中央国家机关公务员考试申论试题第一题：根据"给定材料1、2"的内容，整理一份供有关负责同志参阅的材料。2011年中央国家机关公务员考试申论试题（A卷）第三题：国家某部门拟编写一本以黄河为主题的宣传手册，作为对青少年进行爱国主义教育的材料。宣传材料由四个部分组成，依次为："黄河之水天上来""黄河与中华文明""黄河的治理与开发""黄河精神万古传"。请参考"给定资料"，分别列出每个部分的内容要点。

2. 概括主要问题

即要求报考者概括归纳给定资料所反映的主要问题，一般要求概括要准确，切中要害。如：

2000年中央国家机关公务员考试申论试题第一题：请用不超过150字的篇幅，概括出给定资料所反映的主要问题。2002年中央国家机关公务员考试申论试题第一题：给定资料反映了网络给社会生活带来的种种影响，用不超过200字对这些影响进行概括。要求：全面，有条理，有层次。2009年中央国家机关公务员考试申论试题第一题：我国改革开放30年，取得巨大成绩，也面临许多问题，请概述给定资料反映的我国当前经济发展要解决的问题。2011年中央国家机关公务员考试申论试题（B卷）第一题："给定资料1"和"给定资料2"集中反映了进城务工人员随迁子女受教育的诸多问题。请根据这两则资料，对这些问题的具体表现进行概括和归纳。

3. 概括主要观点

即要求报考者概括给定资料中某些特定的观点。如：

2006年中央国家机关公务员考试申论试题第一题：如果你是新录用的国家公务员，

请用不超过500字的简练语言概括D部长谈话的主要内容,供领导审批。要求概括全面、观点明确、语言流畅。2015年,则是草拟一份备询要点。

4. 概括原因

即要求报考者针对给定资料中某个特定问题的原因进行概括。如:

2008年中央国家机关公务员考试申论试题第一题:在怒江开发水电资源问题上有重大争议。请根据给定资料1—8,指出争议的焦点是什么,并对主张怒江水电开发和反对怒江水电开发的理由分别加以概述。2010年中央国家机关公务员考试申论试题(B卷)第一题:《渤海治理计划》近期目标难以实现有多方面原因,请根据"给定资料1"分别进行概括。2011年中央国家机关公务员考试申论试题(A卷)第一题:"给定材料5"介绍了汉代王景治理黄河的思路和做法。请概括王景治河后黄河安澜800年的主要原因。

5. 概括政策、对策、措施

即要求报考者对给定资料中所反映的为解决某一社会问题而提出的政策、对策、措施进行概括。如:

2005年中央国家机关公务员考试申论试题第一题:概述我国近年来农村扶贫开发工作的基本方针政策,篇幅200字左右。2011年中央国家机关公务员考试申论试题(A卷)第二题:"给定材料3"介绍了密西西比河、亚马逊河、尼罗河等流域出现的生态危机以及各国政府的治理举措。请对这些材料进行归纳,并说明我国治理黄河可以从中受到哪些启示。

6. 概括目的、意义

即要求考生对给定资料中解决某个问题的目的、意义进行概括。如:

2007年中央国家机关公务员考试申论试题第三题:给定材料中谈到了排土场、尾矿的绿化,"空心村"砖瓦窑的整治,请概括这些做法的目的和意义。

(二)概括类试题的基本要求

1. 概括要条理清晰

申论的给定资料都是稍做加工的"半成品",报考者要对资料进行概括,必须理顺给定资料的逻辑顺序,突出资料的内容、要点,理清答题的步骤,层次分明,脉络清晰。

2. 概括要准确、深刻

报考者要善于对材料本身作全方位、多层次的思考和分析,要善于将类似材料拿来作横向比较,从而进行最为恰当、准确的概括。概括还要注意深度的把握,在概括材料时,不能只是泛泛而谈,而要透过现象看到事物的本质,体现出自身较高的概括分析能力。

3. 概括叙述的角度要正确

在归纳概括时,如果题目设定了角色或身份,报考者就要按照虚拟角色的口吻来说话。

4. 概括要简洁明了

归纳概括都有一定的字数限制，所以必须简洁明了。简洁明了相对于内容而言，就是反映内容的材料要全面且高度浓缩，反映本质；简洁相对于语言而言，就是在表述上要有概括性，直入主题，概括题的字数是有限定的，一般概括类试题都是用一二百字概括几千字的材料。这就要求用词必须精练，以达到言简意赅的效果。

(三) 归纳概括的基本步骤

步骤一：通览全文，准确把握材料的主旨，在阅读的过程中勾画出文中的关键词句。

步骤二：细读材料，把握各段层次大意，对每段中勾画出来的关键词句进行分析，删繁就简，分类归纳整合。

步骤三：按一定的逻辑顺序，对材料进行高度概括，用通顺的语言把那些关键的词句组织起来，就是全文所反映的主要问题。

(四) 实例分析

给定资料：

1. 在城里公立小学开学的9月1日，张老师的打工子弟学校也开学了，在垃圾场边的平房里，18名学生走进了简陋的教室。同是小学教师出身的李某夫妇创办的"行知打工子弟学校"，则在一片荒芜的菜地里迎来了求学的孩子们。最早的一批打工子弟学校就这样在有志之士的努力下艰难地生存了下来。即使是这样的学校也数量有限，仍有众多外来务工人员的子女不知道哪里有学上。

在某民办大学做管理工作的孙某为了让从农村接出来的孩子有学上，在郊区找了五六家公立小学。但是，校方要收取1万元到10万元不等的借读费和赞助费，这些高昂的费用让孙某感到发懵。因为公办学校门槛高，于是在城乡结合部，条件简陋、收费较低的民办农民工子弟学校就如雨后春笋般破土而出。然而，这样的学校绝大部分都戴着"非法"的帽子——没有办学许可证，很难逃脱被关停的命运……

2010年8月颁布的《国家中长期教育改革和发展规划纲要（2010—2020年）》中明确指出："坚持以输入地政府管理为主、以全日制公办中小学为主，确保进城务工人员随迁子女平等接受义务教育，研究制定进城务工人员随迁子女接受义务教育后在当地参加升学考试的办法。"

"同在蓝天下，共同成长进步"，这是温家宝总理在考察北京玉泉路打工子弟小学时，在学校黑板上写下的题词。广大人民群众都希望并相信在实施《纲要》的过程中，这美好的愿景会变成现实。

这是2011年中央国家机关公务员考试申论试题(B卷)"给定资料1"和"给定资料2"(有删减)，该试题第一题的第1小题"作答要求"：

"给定资料1"和"给定资料2"集中反映了进城务工人员随迁子女受教育的诸多问题。请根据这两则资料，对这些问题的具体表现进行概括和归纳。(10分)要求：准确、全面、有条理。不超过200字。

分析：

一个完整的归纳概括通常包括三个部分：总括句＋分述句＋道理句。总括句就是总括一句话，高度概括所要归纳的主要问题；分述句就是把总括句里涉及的内容，分条列项地表达出来；道理句即小结。

作答思路：通过对资料1、2的整体把握和分析，可见这个问题要分两个方面来阐述，即进城务工人员子女教育问题在农民工子弟学校和公办学校两个方面的表现，这样就可以将摘录出来的要点进行分类、归纳整合，以确保达到准确、全面、有条理和不超过200字等作答要求。

2.新华社、中国青年报记者联合进行了一项问卷调查。这一调查历时7天,在北京、上海、广东、浙江、江苏、山东等地,向农民工发放调查问卷131份,其中有效问卷125份。73名受访者表示,最大的愿望是自己的孩子能"和城里孩子享有同样的待遇",43名受访者最希望能"降低收费标准",17人希望能"有供农民工子女就读的专门学校"。调查同时显示,78位受访农民工表示,通过"朋友介绍"为孩子在城里联系学校;16人表示"从媒体报刊获悉"有关学校的信息,5人表示"向城市教育部门咨询",2人表示由"家乡教育部门推荐",1人表示"学校主动上门"。 调查表明,有46名农民工子女,曾经因为父母务工地点的变化而被迫转学…… 调查同时显示,有20名农民工表示孩子在上学时曾"遭受到拒绝"……	参考答案:进城务工人员随迁子女受教育问题的具体表现在公办学校和民办农民工子弟学校两个方面:(总括句)公办学校不仅学费、赞助费、借读费高昂,而且缺少专门供农民工子女就读的学校;农民工子女没有城市户籍,考大学成为难题;不公平待遇和歧视,使农民工子女心灵受到创伤。(分述句一)民办农民工子弟学校数量有限,条件简陋,经费紧张;没有办学许可证,没有合法地位,没有政府支持;教师队伍不稳定,生源不稳定,教学质量难以保证。(分述句二)本题无须用小结句。

三、综合分析

分析是指把一件事情、一种现象、一个概念分成较简单的组成部分,找出这些部分的本质属性和彼此之间的关系。而综合分析是对材料所反映的内容进行深入分析。综合分析题主要是考查报考者运用科学的、已掌握的基本政策理论、分析方法对所提供的材料进行分析的能力。根据2015年国家公务员考试申论大纲规定:省级以上(含副省级)综合管理类职位申论考试要求对给定资料的全部或部分内容、观点或问题进行分析和归纳,多角度地思考资料内容,作出合理的推断或评价。

综合分析题与公务员实际工作贴近,着重考查报考者的分析问题能力,因此,在近年的公务员考试尤其是国家公务员考试申论考试中的比重逐年增加。随着公务员考试的发展成熟,综合分析题逐渐成为一种常考题型,其重要性也越来越突显。

(一)综合分析题型分类

综合分析类的试题从分析的对象看,主要有以下几类:

1.对词语或句子含义的分析

这主要是指对文中的某一个词语或一句话所包含意义的理解。如:2009年国家公务员考试申论试题第三大题第1小题:"给定资料5"对内地省区"欢迎沿海地区产业转移"的口号提出质疑。请对此进行分析,谈谈你的见解。2010年国家公务员考试申论试题(A卷)第一大题第2小题:请结合给定资料中的具体事例,谈谈你对"海洋的污染将毁灭鱼儿的家园,但让人类不寒而栗的毁灭绝非仅此而已!"这句话的理解。2011年中央国家机关公务员考试申论试题(B卷)第一大题第2小题:根据"给定资料4"中的有关内容,谈谈对文中"困境中的不绝希望"这一表述的理解。

2. 对观点态度的分析

这主要是指对文中某人的心态、观点等进行分析。如：2009年国家公务员考试申论试题第二大题第1小题：对"给定资料3"中林老板的心态进行分析，并指出他的心态所反映的本质问题。

3. 对社会现象的分析

这主要是指对文中的某种社会现象所隐含的本质思想进行分析。如：2011年中央国家机关公务员考试申论试题(B卷)第三题：假定你是一名派到农村的支教人员，请根据"给定资料"简要分析希望小学遭废弃的原因。

(二)综合分析题的注意要点

1. 结合实际

考试中，考题会经常涉及公务人员在日常工作中经常遇到的，与政府的职能、责任等相关题材的问题，分析问题时报考者要设身处地地去看问题、想问题，掌握一些相关的政治原则、规律、政策精神等，将材料归纳出来后，以相关的理论知识为依据作出分析。

2. 条理清晰

综合分析类试题的要点往往分散在一则或者数则材料中，报考者必须按照一定的顺序对材料进行分类和安排，作答过程中要注意将分析的内容要点突出出来，并且层次鲜明地阐释出来。这样做可以让阅卷者一眼看出考生答题的重点，不至于遗漏得分点。

3. 掌握不同类型的解答方法

综合分析题的提问方式灵活多样，针对不同类别的提问，要采取不同的解答方法。

阐释型分析题，首先要开门见山，直接点明材料的本质含义，引领全文，再运用有关材料和理论进行阐释，最后得出结论，重申本质含义，突出重点。

启示型分析题，首先要对材料中问题和现象蕴含的经验、教训进行总结分析，然后按照作答要求，条理清晰地将经验和教训逐条列项写出来。

评论型分析题，首先要对某一个观点进行评论，表明观点；再结合材料，论证自己的观点。对有几种不同观点的评论，报考者首先要分别概括评论对象，作为评论观点正误的依据；然后表明自己的观点和结论，并进行分析论述。

判断型分析题，首先对题目给定的备选项与给定资料进行比较、分析，判断正误，然后概述理由，对错误的选项要阐述错误的理由。结合理论分析问题时，要全面，材料涉及几个点，答题时就要将这几个点简明扼要地回答完整。

(三)综合分析题的解题思路

1. 审题

先抓住试题的主旨，搞清楚题目问什么，有几问，然后带着问题阅读材料。这样做可以避免不必要的重复审题，节省宝贵的考试时间。

2. 阅读

在审清题意的基础上，仔细阅读材料。注意筛选，搞清每段材料的主旨，对重要的核心句或者关键词,在下面画线,以备答题时参考。

3. 作答

搜索、提取大脑中平时储存的相关理论知识,然后理清思路,组织答案。作答时,要注意以下几点:

(1)辩证分析法,如果分析评论两个或两个以上看似矛盾的方面的时候,要结合起来进行。辩证分析法是报考者必须掌握的基本方法,切忌在分析某个方面时偏倚一方,在××方面发挥A的优势,在××方面发挥B的优势,使它们相辅相成,相互促进。

(2)在综合分析时,要做到观点和材料的统一。要紧扣材料分析,或从材料中提炼出观点,或用观点分析材料,或用材料论证观点,做到事理交融,防止就事论事,或就理论谈理论。要把理论与实际、观点与事实结合起来。

(四)实例分析

给定资料:	这是2011年国家机关公务员考试申论试题(B卷)"给定资料4"(有删减),该试题第一题的第2小题"作答要求":
4.越是上学难,有些农民却越把希望寄托在下一代上学受教育上。如F村各家相互攀比"不惜血本供孩子读书",以至于出现了忍饥挨饿、倾家荡产供孩子读书的"英雄"。教育的成本越来越高,有社会学家计算过,一个大学生4年学费相当于一个农村居民20年的纯收入…… 在当下中国农村出现了必须引起社会高度关注的现象:H省的一项调查表明,个别地区的农村贫困生的失学率高达30.4%……有社会学家指出:"在一些地方已经出现了明显的因教致贫、因教返贫现象。G省的抽样调查结果显示,由于教育因素返贫的农户,占返贫总数的50%。"农民寄希望于教育使他们的子女另寻出路的想法靠不住了,于是"辍学"之风抬头,用一名著名作家的话来说就是,"用辍学来保护人心,保护土地,阻止下一代向充满着蔑视、冷漠以及焦灼不宁的惨淡日子滑落"。但也如这一作家所说,这样的选择既显得"荒唐",又有些无奈。而且还有许多农民几乎是孤注一掷地仍然将孩子的教育放在生活中的第一位,这样的"知其不可为而为之"的努力确实给人以悲壮感。一位下乡支教的大学生说,这是"困境中的不绝希望"。如果不对农民寄以希望的教育(包括农村教育及城市教育)进行新的反思与改造,如果不从根本上解决教育资源的不合理分配与农民子弟就业难的问题,恐怕很难实现他们可以看到并可以享受的教育,即广大农民寄以希望的教育。	根据"给定资料4"中的有关内容,谈谈对文中"困境中的不绝希望"这一表述的理解。(10分)要求:准确、简明。不超过150字。 分析: 作答思路:题目要求理解"困境中的不绝希望"这句话的意思,首先要指出困境是什么,接下来要指出不绝希望是什么,最后简要说明应该如何实现在困境之中不绝望。题目要求根据给定资料4的有关内容回答,那么作答本题,应该主要从材料4中寻找要点,进行分析,得出结论。 参考答案:随着教育成本越来越高,上学难在农村表现得尤为突出,有些地方出现因教致贫、因教返贫的困境,辍学之风抬头,但是仍然有许多农民越是在这样的困境中越把希望寄托在下一代受教育上,并且不惜血本地投资教育。因此,应该下大力气,改变教育资源不合理分配以及农民子弟就业难的问题,给广大农民寄以希望的教育。

四、提出对策

对策,即解决问题的原则、思路、方法、措施。提出对策题,就是要求报考者用限定的篇幅对全部材料反映的主要问题或材料中涉及的某个具体问题提出对策思路或解决方案。根据2011年国家公务员考试申论大纲规定:省级以上(含副省级)综合管理类职位申论考试"要求借助自身的实践经验或生活体验,在对给定资料理解分析的基础上,发现和界定问题,作出评估或权衡,提出解决问题的方案或措施"。市(地)以下综合管理类和行政执法类职位申论考试"要求运用自身已有的知识经验,对具体问题作出正确的分析判断,提出切实可行的措施或办法"。

提出对策,首先要明确对策所针对的问题,即对策是为了解决什么样的问题而提出的;要根据问题来确定对策的方向,如此对策才能具有针对性。明确了问题后,就要结合材料寻找对策,因为立足材料是作答申论的基础,提出对策也要遵循这一原则。

(一)提出对策的基本类型

1. 直接引用材料中的对策

即材料中直接谈到解决问题的对策、意见、思路、办法等,报考者可以直接引用。这些材料主要有:法律法规、领导或专家学者的话、当事人的话、外地好的做法。如:

2007年国家公务员考试申论试卷材料2中,《关于深化改革严格土地管理的决定》就是类似法律法规的文件,其中就有关于农民土地征收的相关对策:一是对土地审批权予以严格审批;二是保障被征地农民原有生活水平。这些知识,材料中都有,考试时直接摘抄下来作为对策就可以。

2009年国考给定资料1中,胡锦涛总书记直接指出发展粮食生产的两条对策:"一靠政策,二靠科技。"报考者在作答时可以直接引用。2009年国考给定资料9中,Z先生直接指出解决粮价问题的对策:"提高农民种田的积极性。"报考者也可以直接引用。

2. 根据问题推对策

这种类型的试题就是要求应试者针对资料中所出现的问题,提出相应的对策,这是最常见的一种试题类型。如:

2002年的《申论》试题要求:从政府制定政策的角度,就如何克服资料所反映的种种弊端,提出对策建议。报考者针对资料中所出现的问题,推导出相应的对策,直接纠正问题即可。

2010年国考(B)第二题针对W市在进一步建设"宜居城市"过程中存在的具体问题,参考给定资料,提出解决这些问题的具体建议。根据给定资料2第二段材料反映出W市存在污染转移问题,将污染源从市区迁到农村,影响了村民生活。根据这个问题,可以推出两条对策:一是加强污染治理工作,保护村民生产生活环境;二是严格审批开发项目,禁止转移污染。给定资料2第三段反映出W市定位被改变,片面注重发展工业。从中可以推出两条对策:一是制定科学规划,兼顾经济、社会、环境的协调发展;二是地方政府要树立科学发展观,改变片面注重工业的发展思路。

3. 根据原因推导对策

一个问题的产生,必然由某个或某些原因引起。在申论考试的给定资料中,会对问题产生的原因有一定论述,因此,考生可以根据问题产生的原因推导出解决问题的对策。可以参见常见的五个原因及相关对策:针对"领导思想认识上"的原因,提出的对策是"领导重视、提高认识";针对"政策、法规、制度不完善"的原因,提出的对策是"健全政策、法规,完善制度";针对"监督执行不力"的原因,提出的对策是"加大监督、严格执行";针对"技术和投入不足"的原因,提出的对策是"提高技术、增加投入";针对"人的能力不足"的原因,提出的对策是"教育培训、提高素质"。若材料中出现了以上五个原因,将相应的对策直接写出来就可以。

4. 结合实际的对策类型

这种类型的试题与第一种类型相比,难度有所增加,既要根据材料中所存在的问题进行归纳整理,又要结合实际来谈,所以在出题形式上不是单纯地要求提出对策,而是给出一些限制,有更多的要求。如:

2003年国考申论要求:对给定资料进行分析,从政府职能部门制定政策的角度,就如何"减少事故,保障安全",提出对策建议,供领导参考。要求:分析恰当,对策明确、可行;条理清楚,语言通畅。字数不少于600字。

2004年国考申论要求:假设给定资料中有关我国城市交通拥堵的问题在你市都存在,你作为市交通主管部门的负责人,请根据给定资料,写一份"关于我市交通拥堵情况的报告"。要求:(1)简要介绍情况,恰当分析原因,提出全面、明确、可行的对策。(2)条理清楚,语言通畅。(3)作答在答题卡上的指定位置(作答在其他位置上一律无效)。(4)字数不多于1500字。

(二)对策类题型的基本要求

1. 针对性

所谓"对策的针对性",是指考生提出的对策必须是依据材料的主要问题而提出的解决方案,而且提出的方案表述要分清主次、突出重点。

2. 可行性

所谓"对策的可行性",是指提出的对策必须是可操作的。因为制定方案的目的就是解决实际问题,制定出来却无法操作也就失去了制订的意义。首先要有政府部门或职能机构解决、落实你提出的对策;其次须有解决问题的具体步骤、方法;再次要考虑解决问题的时效性和必备条件,不要模糊不清、脱离实际。此外,还要注意,解决一个问题有多种方案,要选择效果最佳的,也就是要选择最为可行的方案。

3. 情理性

方案的情理性是指报考者在明确了作答者的身份后,提出的对策应该合情合理。合理就是符合国家的法律和规章制度,从道理上说得过去。根据决策学的原理,任何方案的提出都不是最好的,只是相对的决策。合情就是提出的对策要从感情上得到上级认可,考生制定的对策一定要符合社会的伦理道德规范、国家的法律法规及党和国家的路线、方针、政策。一旦出现存在争议或尚未有定论的材料,就更需要注意这一点。

4. 条理性

报考者在对策上采用分条列项的形式作答比较合理,而且层次上要清晰,按照一定的顺序依次排列,卷面要整洁。如,要写"关于我市交通拥堵情况的报告",开头先说明所在城市的交通状况,接着分析产生拥堵的原因。在写每一个对策时,先明确提出措施,然后提出具体的工作部署和安排,这样写有层次、有顺序,突出重点,就会给阅卷者留下很好的印象。

5. 个人定位要准确

申论对策的提出一般都是在一个特定的"虚拟身份"下进行的。报考者一定要注意,提出的对策要符合自己的假定身份,要准确把握个人定位。例如,2000年国家公务员录用考试申论试题的第2题,要求报考者以"省政府调研室工作人员的身份"提出解决"某省某市红星新村居民H状告××印刷总公司"所反映问题的方案。这就是说,你只是作为省级政府的一般工作人员,而不是承担专项职能并有独立解决问题的权力的决策人员。你提出的"方案",是供省政府领导机关或省级职能部门决策时参考的。身份定位准了,就有可能"抓准"问题,提出切实可行的处理意见。有的考生以省政府领导机关的口吻向所辖职能部门下达指令,有的是替代法院审理案件等,身份定位错了,就无法解决问题。

(三)对策类题型的几种具体答题技法

1. 分层法

有些问题,可以从观念、制度、具体行为等三个层面来提出解决办法。

一是转变观念:改变现有的……观念,通过……树立……观念;二是建立……制度(体制);三是加强……管理(实际行动)。

2. 职能分类法

很多模拟试题,都与法律有关。因而答这类题时,方案可以按企业或单位、政府、法律、个人等来分。通常情况下是"企业应当做些什么""政府应当做些什么""法律应当做些什么""个人应当做些什么"的方式。

3. 核心元素分析法

抓住核心元素,针对构成原因的各个方面,提出解决方案。(见(一)提出对策的基本类型"3"根据原因推导对策)

4. 参与方分析法

即指一个事件的双方或多方各有什么问题,分别解决之。这种题忌讳各打五十大板的做法,要根据具体情况提出解决办法。

5. 焦点问题分析法

找出矛盾斗争的焦点,解决它,就如解开争斗的死结一样。

解决这类问题要从法律、政府、新闻的实际出发,可以从宏观、微观两个方面来思考提出解决方案。

(四)实例分析

给定资料:

5.柳延希望小学是李某当村主任的时候筹资修建的,可惜只用了七八年就撤了,留下了空荡荡的校园。20世纪90年代,和中国大多数农村一样,李某所在的枣园镇柳延村,也经历了轰轰烈烈的建校潮。然而时隔几年,新的农村教育布局调整又让很多农村小学陷入"沉睡"状态。这其中,也殃及部分希望小学。

柳延希望小学的几间教室已被村委会用做办公室。当年的筹建者、已不再担任村干部的李某,如今也搬到学校来住。他的任务是看守校产,清除杂草。

如今,村里还有50多个孩子在邻村的裴庄希望小学上学。由于路有点远,又不能住校,大人们只好每天骑车接送孩子。

……

6.2009年是希望工程实施20周年。20年来,希望工程共募集资金56.7亿元,资助346万名家庭困难青少年继续学业,资助建设15940所希望小学,为支持经济落后地区基础教育事业,促进青少年发展作出了积极贡献。

从1999年开始,中国青少年发展基金会经过调查论证后,开始实行希望工程战略重点转移:由过去对贫困失学儿童的普遍救助,转到对优秀受助生的跟踪培养,而希望小学也由起初的硬件建设为主,转向教师培训、现代化教育设施等软件建设为主。

这是2011年国家机关公务员考试申论试题(B卷)"给定资料5"和"给定资料6"(有删减),该试卷"三"的"作答要求":

假定你是一名派到农村的支教人员,请根据"给定资料"简要分析希望小学遭废弃的原因,并提出解决希望小学遭废弃问题的具体建议,供上级有关部门参考。(20分)要求:(1)对原因的分析准确、全面;不超过100字。(2)所提建议具体、有针对性、切实可行;不超过300字。(3)条理清楚,表达简明。

分析:

一、分析希望小学遭到废弃的原因

通过阅读材料,可以将与之相关的要点锁定在给定资料5、6中。给定资料5中,"新的农村教育布局调整又让很多农村小学陷入'沉睡'状态。这其中,也殃及部分希望小学",体现了希望小学遭到废弃的第一个原因,即农村教育布局调整。给定资料6中,"随着越来越多的人外出务工,部分学龄儿童只好随家长走,异地就读",体现了第二个原因——学龄儿童跟随家长异地就读;"农村税费改革后也引发了农村学校经费的紧张"和"学校过多让有限的经费投入像撒胡椒面一样,有效投入降低,于是进行大撤并",这两句话体现了第三个原因——农村税费改革引发农村经费紧张,财政经费的有效投入降低。

二、提出解决希望小学遭废弃的具体建议

1.根据"从问题中得到对策"的提炼技巧,可以从材料中的"……为学校修建了一栋两层教学楼。然而,当教学楼建好投入使用时,四至六年级的学生却并到了乡中心小学。"这段话中提炼出希望小学的建设缺乏规划这个问题,从而得出"要科学规划"这样的对策建议;从材料中"但更多是被闲置下来,甚至直接被用作仓库,有的操场被翻垦成了田地,准备种上苞谷,有的学校甚至养起了猪和鸡"。这句话中,可以提炼出闲置校舍遭到废弃的问题,从而得出"要合理规划"这样的对策建议。

根据教育部公布的数据,2007年全国小学在校生10564万人,而1998年全国小学在校生是13953.8万人,9年间减少了3300多万人。随之而来的是乡村小学数量的锐减,20余年间,中国的乡村小学从1985年的83万所,至2007年已撤并至34万所,这其中还包括部分早期建设的希望小学。 据2010年10月25日报载:截至2008年12月,G省长阳县76所希望小学中有53所被废弃。这样的情况随着"撤点并校"的政策大规模推广,在越来越多的地区出现,很多希望小学被撤销,要求与镇小学或中心小学合并,因个别条件无法合并的,直接被闲置。部分校舍被当地村委会再利用,作为临时教学点等,服务于周边村民。但更多是被闲置下来,甚至直接被用作仓库,有的操场被翻垦成了田地,准备种上苞谷,有的学校甚至养起了猪和鸡。 随着越来越多的人外出务工,部分学龄儿童只好随家长走,异地就读。记者采访过程中见到了不少"空巢村庄",年轻人纷纷外出打工,留在村里的,基本上都是四五十岁以上的中老年人。 农村税费改革后也引发了农村学校经费的紧张。2001年,我国农村实行税费改革,取消了原来的教育集资和教育附加,学校的经费由财政支持。而学校过多让有限的经费投入像撒胡椒面一样,有效投入降低,于是进行大撤并。撤并之后,留下了大量校舍,在有些村子,学校校舍依然是最漂亮的建筑。可这些校舍有的被用作村委会办公室、党员或者群众活动室,有的被村集体租赁出去成为厂房或仓库,还有一部分仍处于闲置状态。	2.通过"从原因中得到对策"的提炼技巧,可以从"学龄儿童跟随家长异地就读"这个原因中得到"加强宣传引导,鼓励农民工子弟本地就读"的对策。 参考答案:原因:一是农村教育布局调整和"撤点并校"政策殃及部分希望小学;二是生源锐减,部分学龄儿童追随外地务工的家长异地就学;三是农村税费改革引发农村经费紧张,财政经费的有效投入降低。 具体建议:一是科学规划。新建希望小学的选址,务必符合当地农村中小学教育布局调整计划,在捐建希望小学之前,首先要了解当地教育部门未来的发展布局,一旦被撤并,要及时进行资产置换,保证捐方利益,在新学校也要保留捐方曾经捐赠过的痕迹。二是合理利用。废弃小学的校舍属于集体财产,应当最大限度地利用起来,采取积极措施建立乡村图书馆、村文化活动中心等村民文化娱乐场所。提高农村居民生活质量,实现废弃校舍的"零闲置率"。三是宣传引导。通过增加就业岗位,增强学校基础设施建设等方面的努力,鼓励农民工在家乡务工、子女在本地就学,以保证希望小学的生源充足。

五、文章论述题(申论大作文)

文章论述题是申论考试的最后一个环节,考查考生在阅读与分析给定材料的基础上,集概括、分析、解决问题和文字表达于一体的综合能力测试。申论考试中的论述是指经过对所提供材料的阅读、分析,切中材料所反映的主要问题,在规定的字数范围内全面阐述、论证自己的观点。申论作文的评分标准大致体现在立意及内容、语言表达、结构层次和卷面等几个方面。

(一)申论文章论述题的题型特点

中央国家机关公务员录用考试历年申论真题文章论述题型:

年 份	题 目
2000年	就给定材料所反映的主要问题,用1200字左右的篇幅,自拟题目进行论述。要求:中心明确,内容充实,论述深刻,有说服力。(50分)
2001年	根据上述资料,自选某一角度,自拟题目,写一篇1000字左右的文章。要求:联系实际,观点鲜明,条理清晰,语言流畅。(50分)
2002年	就所提出的对策建议进行论证,既可全面论证,也可就某一方面重点论证。要求:自拟标题,字数800字左右。(40分)
2003年	下面提供了两种讲话情境,请任选一种,为设定的发言人拟出一篇现场讲话稿或电视讲话稿。要求:根据选定情境,自拟标题。讲话稿不少于1000字。(50分)
2004年	假设给定资料中有关我国城市交通拥堵的问题在你市都存在,你作为市交通主管部门的负责人,请根据给定资料,写一份"关于我市交通拥堵情况的报告"。(50分) 要求:①简要介绍情况,恰当分析原因,提出全面、明确、可行的对策。②条理清楚,语言畅通。③作答在答题卡上的指定位置(作答在其他位置上的一律无效)。④字数不多于1500字。
2005年	请以"评解决我国农村农民问题的两种思路"为题,写一篇800—1000字的文章。要求:观点明确,分析具体,条理清楚,语言流畅。(35分)
2006年	当前,如何应对各种突发公共事件是各级政府必须面对的重要课题,请你就如何提高各级政府应对突发公共事件能力写一篇议论文,题目自拟。要求:观点鲜明,论述充分,论证有理,字数控制在1000—1200字之间。(40分)
2007年	请以"命脉"为题,写一篇关于土地问题的文章。(30分) 要求:①参考给定资料,自选角度,提出问题,解决问题。②观点明确,联系实际,分析具体,条理清楚,语言流畅。③全文不少于800字。
2008年	报考市(地)的:请以"从'怒江水电开发'说开去"为题,写一篇文章。(40分)要求:①结合给定材料,自选角度。②符合题意,观点明确,内容充实,结构完整,语言流畅。③总字数800—1000字。 报考省级的:请以"人与自然"为题,写一篇文章。(40分)要求:①参考给定材料,观点明确,内容充实,结构完整,语言生动。②对在"人与自然"问题上的某种错误倾向,应恰当阐述,给予澄清。③总字数1000—1200字。
2009年	胡锦涛总书记到河南、安徽考察,引发我们许多思考,请联系"给定资料"整理自己的思考,自拟题目,写一篇文章。(40分)要求:①观点明确,内容充实,结构完整,语言生动流畅;②(略)③(略)④1000—1200字。
2010年	A卷:参考给定资料,围绕"海洋的保护与开发",自选角度,自拟题目,写一篇文章。(40分)要求:①思想深刻,观点明确;②内容充实,结构完整,语言畅达;③总字数900—1100字。 B卷:结合给定资料中的具体事例,以"海洋的健康"为题目,自选角度,写一篇文章。(40分)要求:①中心明确,事实与观点紧密结合;②言语畅达,条理清楚;③总字数800—1000字。

续表

年 份	题 目
2011年	A卷:参考"给定资料",以弘扬黄河精神为主题,自选角度,自拟题目,写一篇文章。(40分)要求:①中心论点明确,有思想高度;②内容充实,有说服力;③语言流畅,1000字左右。 B卷:"给定资料7"的画线部分写道:"有位知识分子说,'我已经无家可归','我在城市是寓公,在家乡成了异客'。这样,无论在乡村少年身上,还是农民工那里,以及这些出身农村的知识分子的群落里,我们都发现了'失根'的危机。"请结合你对这段话的思考,参考"给定资料",自拟题目,写一篇文章。(40分)要求:①自选角度,立意明确;②联系实际,不拘泥于"给定资料";③语言流畅;④总字数800—1000字。
2012年	"给定资料5"画线部分写道:"无论我们认为自己已变得多么高明和安全,自然灾害与人为灾难始终是我们生命的一部分。"请结合你对这句话的思考,联系自己的经验或感受,自拟题目,写一篇文章。(40分)要求:①自选角度,立意明确,有思想性;②参考"给定资料",但不拘泥于"给定资料";③语言流畅;④总字数800—1000字。
2013年	"给定资料6"中的题字"岁月失语,惟石能言"能触发人们许多思考和感情,请参考"给定资料",以"岁月失语,惟石能言"为题,写一篇文章。(35分)要求:①自选角度,立意明确,有思想性;②联系实际,不拘泥于"给定资料";③内容充实,语言畅达;④总字数800—1000字。
2014年	"给定资料"结尾写道:"我们或许应该如作家米兰·昆德拉所言,要'慢下来',因为自在有为的生活是急不得的。"请结合你对这句话的思考,联系自己的感受和社会实际,自拟题目,写一篇文章。(40分)要求:①自选角度,见解深刻;②参考"给定资料",但不拘泥于"给定资料";③思路清晰,语言流畅;④总字数1000—1200字。
2015年	"给定资料6"中画线句子写道:"'科技的生命化',已成为现实世界无法根除的特征。科技将具备人性。"请结合你对这句话的思考,联系社会实际,自拟题目,写一篇文章。(40分)要求:①自选角度,见解明确、深刻;②参考"给定资料",但不拘泥于"给定资料";③思路明晰,语言流畅;④总字数1000—1200字。
2016年	"给定资料4"中提到:"从某种意义上说,好的政策不仅仅是对公民意愿的满足,更是对公民理性乃至德性的滋养。"请您从对这句话引发的思考说开去,写一篇文章。(40分)要求:自选角度,自拟题目,见解明确、深刻;思路明晰,语言流畅;参考"给定资料",但不拘泥于"给定资料";总字数800—1000字。

通过对历年国家公务员考试申论文章论述题的分析,我们可以发现,申论大作文有以下特点:

1. 分值较高、字数要求较高

申论文章论述题的分值在30—50分,2008年以来,稳定在40分,分值所占比例最大。字数要求基本定在800—1200字。

2. 题型分类

(1)从论证的命题形式上分类,常见的考试题型有自拟题目作文和命题型作文:从2000—2016年的申论考试情况来看,主要是自拟题目作文,只有2005、2007、2008、2013四年是命题型作文。

(2)从论证的文体看,申论文章论述题一般分为四种类型,即评论文、策论文、政论文和应用文写作。前三者属于议论文的范畴,但写作各有侧重。评论文是指以分析和评论矛盾或不同方法为主要内容的议论文;策论文是指以提出解决问题的对策为主要内容的议论文;政论文是指以分析特定事实和社会现象的必要性、迫切性和重要性为主要内容的议论文。应用文写作在国家公务员考试中出现的不多,只有2003年(为设定的发言人拟出一篇现场讲话稿或电视讲话稿)和2004年(写一份"关于我市交通拥堵情况的报告")的大作文要求采用应用文体。但不论是写议论文,还是写报告等形式的应用文,都有一个最重要的切合点,即需要对材料反映的主要问题进行论证,在写法上还是有一定规律的。

3. 对考生写作能力的要求逐年提高

2008年之前,文章论述题的要求部分,概括性较强,考生有较大的自由度。而2008年之后,文章论述题的要求更为明确,对考生的限制性增强,对考生的写作能力提出了更高的要求,要立意鲜明,见解独到,内容深刻,充分联系实际和给定资料。

(二)申论文章论述题的写作步骤

1. 审题

首先理解命题目的,理解命题人的意图;其次审清作文的要求,具体写什么类型的文章,是策论文、评论文、议论文还是公文或其他类型的应用文;再次要审出限制条件,如论述的内容重点,是分析原因还是强调对策,虚拟身份是谁,要求的字数限制等细节内容。

2. 列提纲

列提纲就是要写出文章的基本思路。

提纲包括这些内容:(1)标题;(2)总论点;(3)分论点、每个分论点对应的材料;(4)论证方法;(5)论证结构;(6)各部分大体字数。

3. 写题目

常见标题的拟定可以采取以下几种:

(1)标题直接点明主题。申论考试中一般用这种方法拟定标题,这种标题的好处是让人一看便知论述的主旨。如,"树立以人为本的安全观""绝不允许乱动农民的耕地"等。

(2)标题概括文章的话题。这种标题只说明文章涉及的内容和范围,并不表明作者对这些问题的态度和观点。申论考试中若用这种方法拟定标题,就要使给定材料所反映的主要问题成为论题。如,"网络安全问题之我见""教育公平问题带来的启示"等。

(3)标题运用设问、比喻或象征的手法。这种标题的好处是能让人产生悬念,引发读者思考。如,"你能承受多大的噪声?""救救孩子!"等。

(4)标题引用语录或诗句,这类标题的拟定一般引用革命导师、英雄人物的话或现成的诗句、俗语等。如,"爱拼才会赢""民以食为天"等。

4. 写正文

正文的写作一律采用三段式：提出问题—分析问题—解决问题。

提出问题要简明扼要，开门见山，一般都选用资料中提供的事实材料和理论材料来提出问题。

分析问题要紧密结合材料，按照由此及彼、由表象到本质、由微观到宏观、由特殊到一般的方式进行。要集中力量论述主要问题，论述时有详有略，重点内容详写，次要内容略写，但要兼顾全局和局部的关系，既要看到正面情况，又要注意次要问题。

解决问题要提出解决问题的方案，有层次条理性，紧承分析问题的步骤，针对所提出的问题给出相应的对策。解决方案既要有总体上的思路，也要列举切实可行的手段或措施。使解决方案既要照顾到全局，又要照顾到特殊情况，既要解决主要问题，又要兼顾次要问题，同时杜绝新问题滋生。

在分析问题和提出解决方案时，要按照一定的顺序或采用分条列项的方式，或者使用段旨句揭示每段说明的中心问题，这样看起来层次明确，条理清楚，让人一目了然。层次之间要有一定的顺序，存在某种内在的连贯性。层次与层次之间的界限要清楚，不可彼此重复或相互矛盾。

（三）采取的主要论证方法

主要论证方法有：例证、引证、喻证、演绎论证、归纳论证、对比论证、类比论证、因果论证等。

（四）申论文章论述题的写作要求

1. 紧扣题意，根据材料作答

申论写作是根据给定资料和作答要求，依据资料写作，考生在写作时要准确把握题意，切实根据题目的具体要求作答。考生在确定论题时必须明确：自己所要论证的主题是材料中已经给定的；材料中给定的主题已经体现在自己对材料的概括之中；给定资料在锁定论证主题时已经限定了应试者的基本态度和主导倾向，不要表达与材料本意相反的意见或者其他过激的言论。

2. 不可大量复述材料，忽略分析

申论写作要从材料出发，依据材料进行立论。但依据材料的时候，既要忠于材料又不能无限制地复述材料。如果文章仅停留在对给定资料的大量复述和引用上，忽视自己的独特分析和必要论证，文章就缺少深度。考生要对材料中反映的问题实质、要害、成因、影响等进行分析，紧紧抓住材料的主题或主要问题，做到主旨突出，分析得当，有理有据，脉络清晰。

申论写作，无论申论文章前面有多少的铺垫和论述，其终极目的都要归结于对问题的解决上。一篇完整的申论文章，在充分说明、论述原因或者影响之后，都要把主要精力放在怎样解决问题上，先找出解决思路，再依照思路来构架文章。

3. 不可只提出问题，忽视解决

文章论述最终都是要回归到问题的解决上来，一篇完整的申论文章，在归纳分析出现的问题及其产生的原因或者影响之后，要把重点放在怎样解决问题上。首先理清解决问题的思路，再顺着思路来组织文章结构，最后文脉清晰、逻辑合理地表述出自己解决问题的对策和办法。要把对策讲得明确而充分，从而达到作答的最终目的——解决问题。只提出问题，忽视解决，那是本末倒置。

4. 观照全篇，注意呼应

写任何文章之前都要做到胸中有全篇，对所写文章有个大致的框架和思路。申论写作时，首先要注意，所写内容一定要切合拟定的文章标题，要文题相符。其次是注意呼应。一是开头和结尾要呼应，如开头提出的问题，结尾要有明确的解决之方；开头申明的题旨、论点，结尾要呼应；或总结强调或加以深化或进一步升华，以体现首尾之间的内在必然联系性。二是中间的行文也要照应，不同段落之间、不同层次之间要相互呼应，上下承接、前后连贯，以体现文章各部分之间的内在联系和行文思路的一贯性。

5. 避免扣分因素

从近几年申论考试改卷情况来看，常见的扣分因素主要有：

(1)不足字数的，每少50个字扣1分。

(2)没拟出题目的，减1分。

(3)3个错别字扣1分，重现的不计；标点错误较多或模糊的扣1分。

(4)字体端正、美观、卷面整洁的，加1分；反之，字迹潦草、卷面不洁的，减1分。

(5)内容有严重问题的，提交阅卷领导小组处理。

(错别字、标点和卷面扣分累计不超过3分。)

在申论考试中，考生应尽量避免上述扣分因素。

（五）实例分析

科学开发 合理保护 依托海洋资源推进可持续发展	这是根据2010年国家公务员考试申论试卷(A)第四题"作答要求"写的一篇申论大作文。该题的"作答要求"是：参考给定资料，围绕"海洋的保护与开发"，自选角度，自拟题目，写一篇文章。(40分) 要求：①思想深刻，观点明确；②内容充实，结构完整，语言畅达；③总字数900—1100字。
我国拥有漫长的海岸线和辽阔的海域，海洋资源极为丰富。多年来，我们通过大力开发海洋资源，为经济发展提供了有力支撑。当前我国GDP中有大约十分之一的份额都来自海洋经济。但是，由于开发方式不当、对环保不够重视，故而对海洋的开发利用产生了诸多问题：海洋环境恶化，野生动植物减少，自然灾害增加，自然资源被破坏，我国可持续发展能力受到损害。 　　对待海洋资源应该既科学开发、又合理保护，统筹兼顾、共同推进。这不仅是因为我国海洋资源的人均占有量小、资源脆弱易损，也是因为过去重点关注经济开发的错误方式使我们更加警惕新的开发方式。兼顾开发与保护，既有利于推动沿海和全国经济进步，也有利于保护我国海洋资源，从长远保障我国经济社会的可持续发展。为此，应采取如下综合措施：	

第一,完善海洋开发、保护方面的相关立法。在现有《海岛保护法》的基础上,进一步建立相关的法律,确定海洋资源开发的规模、区域、方式等内容,以及海洋资源的保护区域、保护方法,为海洋资源合理开发利用奠定法律基础。 第二,严格进行科学规划。站在国家海洋战略发展的高度,建立海洋综合管理规划体系,对全国沿海地区海洋资源发展的目标、功能给予合理定位,根据各地具体情况划定优化、重点开发区和限制、禁止开发区域,合理建立产业集聚区和自然保护区。注重海洋高科技产业、旅游业等新兴产业、绿色产业发展,确立科学合理的发展格局。 第三,加强区域整合协作。宏观上整合各地资源,灵活调配、优势互补,防止出现重复建设。建立各省、地、县的领导干部会议协调机制,定期协商海洋资源的综合开发和海洋保护,形成联动、协调机制。 第四,优化海洋开发方式。特别注重海洋资源开发利用相关项目的审查力度,建立污染源控制与综合管理系统,严格禁止高耗能、高污染、高排放的产业、产能,大力引入、推广高技术、低污染的产业、产能,推进节能、节水、节地、节材和综合利用,各级政府积极建立科研机构,重点研发海洋资源开发的高新技术,提高海洋资源利用率,降低污染。 第五,加大对海洋资源的综合保护。在完善法规、规划的基础上,加强重点领域的保护与防治,适当建立自然保护区,加大对城市、企业排污的监管力度,普及自动监测设备,对排污超标的严格问责。发挥民间环保组织的监督作用,政府和媒体合作加大社会宣传力度,提高公众参与度,增强公众的环保意识,与海洋开发共同形成"综合性海域管理"体系。 只有采取从立法到宣传的多方面综合对策,力行科学合理的开发和保护政策,才能够长远保证海洋资源的长久利用,落实全面、协调、可持续的科学发展观,从而为我国长远经济社会发展提供源源不断的动力。	分析: 1. 标题"科学开发 合理保护 依托海洋资源推进可持续发展":直接点明了中心论点。 2. 正文:共8个自然段: 第1自然段:提出问题:"海洋环境恶化,野生动植物减少,自然灾害增加,自然资源被破坏,我国可持续发展能力受到损害。" 第2自然段:简明扼要地分析原因。 第3—7自然段:提出解决问题的五项措施。 第8自然段:进行总结,强调突出中心论点。 该申论大作文观点明确,结构完整,思路明晰,措施得当,语言规范。

六、写好申论的知识储备

(一)关注社会热点,掌握基本的理论知识

关注社会热点,不但要关注其理论背景,而且要关注这些问题的发展现状以及针对问题的具体的解决思路和对策,对社会热点进行分类、总结,这些积累很可能在考试中发挥巨大作用。

1. 关注社会热点

并不是所有的社会热点都适合申论的出题,要重点关注中观层面的问题,既不要太大、太泛(如国家总体区域规划等),也不要过小、过细("泔水油"中黄曲霉素的毒性)。同

时,有些热点不必重点关注:一是与外交、国防相关的时政热点,如钓鱼岛问题、美韩联合军演等;二是过度专业化的热点,如金融改革、大连油污事件中的化工清除举措等;三是敏感话题及存在较大争议的时政热点,如法学领域讨论的是否废除死刑的话题等。

一些有可能成为申论考试关注热点的问题例举如下:

(1)公务员正常退出机制;(2)山寨文化;(3)谦让是社会和谐的种子;(4)央企高管参选院士;(5)公务员醉驾入罪;(6)不能老让灾难验证监管失职;(7)稳定物价 抑制通胀;(8)抢购碘盐的"心理地震"更可怕;(9)就业腐败;(10)低碳发展、节能减排;(11)物价上涨、农产品涨价;(12)安全问题:食品安全(如"染色馒头""问题面包"、小龙虾洗虾粉)、生产安全、药品安全;(13)抗旱救灾;(14)文明旅游;(15)交通事故问题;(16)违规广告治理;(17)事业单位改革;(18)提升城市民众幸福感;(19)公共文化服务体系建设;(20)社会养老保险措施……

2. 了解把握社会热点的途径

在申论的复习备考中,报考者都会自觉不自觉地去关注社会热点。但是,很多考生不知道如何关注。以下介绍几个把握社会热点的途径:

(1)中国政府网站(www.gov.cn);(2)新华网(news.cn);(3)人民网(www.people.com.cn);(4)半月谈;(5)瞭望周刊;(6)理论热点面对面……

除此之外,报考者还可以从所在地的报纸新闻中寻找热点,有些报纸是转载大报的一些内容,有些是对某一问题的汇总和归纳,都有阅读价值。

(二)勤于练笔,多做真题,积累经验

公务员考试真题,无论是主题的选择、材料的筛选、题目的设计都是经过命题专家反复讨论和推敲的,非常严谨,答案和材料有极强的对应性,基本上不会有歧义,而且在解题上有技巧可循。考生平时复习应勤于练笔,多做公务员考试真题,通过对历年真题的学习,可以感性认识公务员考试的题型、命题风格、各学科分值分布、考查的重点及难易程度,熟悉命题方式;通过历年真题的学习,可以发现每年题型、侧重点的变化,通过做不同年份的真题,感悟公务员考试命题侧重点和命题技术的变化;把往年的真题当成考试题来模拟练习,抓住重点,加以总结,非常关键。

能力巩固

一、知识训练

(一)填空题

1. "申论"一词,出自_____的"申而论之","申论"就是_____的意思。申论借鉴了我国古代选拔官吏的_____的一些特点。

2. 申论的特点有_____、_____、_____、_____、_____。

3. 一份规范的申论试卷由_____、_____、_____等三部分组成。

4. 申论的语言具有_____、_____、_____、_____、_____、_____等六个特点。

5. 按照对于作答的价值、功能、作用，"给定资料"可分为_____、参考性资料、_____等三种。

6. 概括类题型从概括的对象看，主要有_____、_____、_____、_____、_____、_____等六类。

7. 综合分析类的试题从分析的对象看，主要有_____、_____、_____等三类。

（二）判断题（对的打"√"，错的打"×"）

1. 申论是模拟公务员日常工作性质的能力测试。　　　　（　　）
2. 申论最早出现于 2000 年中央国家机关公务员录用考试之中。（　　）
3. 申论写作时，要以报考者身份作答。　　　　　　　　（　　）
4. 申论"给定资料"是按时间顺序排列。　　　　　　　（　　）
5. 申论"给定资料"是按逻辑顺序排列。　　　　　　　（　　）
6. 申论所提对策要有针对性、可行性。　　　　　　　　（　　）
7. 从论证的文体看，申论文章论述题一般分为四种类型，即评论文、策论文、政论文和应用文。　　　　　　　　　　　　　　　　　　　　　　　　（　　）
8. 从论证的命题形式上分类，常见的考试题型有自拟题目作文和命题型作文。
　　　　　　　　　　　　　　　　　　　　　　　　　　　　（　　）
9. 申论写作要紧扣题意，根据材料作答。　　　　　　　（　　）

二、能力训练

（一）阅读 2014 年国家公务员考试试卷，然后模拟练习。

1. 注意事项

（1）本题由给定资料与作答要求两部分构成。考试时限为 180 分钟。其中，阅读给定资料参考时限为 40 分钟，作答参考时限为 140 分钟。

（2）请在题本、答题卡指定位置上用黑色字迹的钢笔或签字笔填写自己的姓名和准考证号，并用 2B 铅笔在准考证号对应的数字上填涂。

（3）请用黑色字迹的钢笔或签字笔在答题卡上指定的区域内作答，超出答题区域的作答无效！

（4）待监考人员宣布考试开始后，你才可以开始答题。

（5）所有题目一律使用现代汉语作答。未按要求作答的，不得分。

（6）监考人员宣布考试结束时，考生应立即停止作答，将题本、答题卡和草稿纸都翻过来留在桌上，待监考人员确认数量无误、允许离开后，方可离开。严禁折叠答题卡！

2.给定资料

(1)27岁的小邹认真地考虑了几次之后,还是决定不去参加周日约定好的教友福音会,他确实需要倾诉,但肯定不是向神父。到目前为止,至少他并不认为自己已经到了需要求助于某种宗教的地步。

身高1.74米,体重150斤,在北方城市的机关大院内,这几乎是一个标准身材。当小邹回顾自己进入"体制"的四年,注视着自己不论从体型还是心理,都逐渐被"体制"化,甚至连血压、血脂也与周围的同事趋同时,面对着在外人看来"很顺"的处境,他有了一种莫名的骚动。

对于这份职业,小邹的理解来自于四年间循环往复的工作节奏,作为一个普通工作人员,他只不过需要在每个时间段内完成"规定动作",虽不能消极怠工,但也不需要超额完成任务,四年来的工作天天如是,没有什么波澜。

最近一段时间,感觉有些困惑的小邹,周末经常到一家心理诊所,就青年社会心理问题进行咨询。

事实上,小邹并不认为自己心理有问题,他只是想印证一下自己的某些想法是否合乎常理。结果很意外,当需要向心理医生介绍自己的情况时,小邹这位当年大学校园里的校报写手竟然发现自己无从谈起,他心想"或许是事情太多,没办法很完整地表述清楚"。

"说真的,目前这个工作节奏是五十岁以上人的节奏,对我来说这个节奏感觉上有点压抑。"小邹思考着,一字一顿地说,"有时我在想,我会不会真的习惯这种节奏,换句话说,是不是已经被这种节奏所禁锢,永远失去某些竞争力了呢!"

有一段时间,小邹曾经尝试着改变自己的节奏,对于自己分内应为的工作一丝不苟,提高工作效率,而对于非分内的工作,熟悉业务流程的他也尽量帮着跑,他希望这样能够时刻让自己处于一种高效率的工作状态中,"不会有被社会主流抛弃的感觉"。

然而,小邹很快放弃了这种做法。因为他这样的工作态度,让周围的同事极不适应,经常有人认为他是多管闲事;领导也找他谈话,希望他能够"稳重一些"。到了发薪日,小邹的薪水也仍然是那个很少变化的数字。

面对心理医生的时候,小邹把自己这种情况总结为和体制节奏有些不搭调,他梦想能有所改变。

小邹对于自己的收入也是不满的。以小邹的收入,如果仅仅是正常生活并不存在任何问题,当然,这一切都必须建立在不买房的情况下。但,小邹必须买房,而且已经买了房。他说:"这既是对女友的承诺也是对自己的要求,更是在心理上认同自己的一个标尺。"

购买了期房的小邹到今年年底就能拿到自己那个两居室的钥匙了,和大多数同事一样,小邹也把房子买在了房价较低的郊区,而这意味着小邹不但要考虑买一辆汽车代步,还要考虑如何忍受上下班时段恼人的交通和攀升的油价。

小邹对于买车保持一种幻想,但他心里非常清楚,以他目前的收入和储蓄,能偿还每个月1800元的购房贷款已经很不容易,买车基本上是一个短期不可能完成的任务。

已经还了两年贷款的小邹随口就能够报出自己资金的大致去向:2800多元的月收入在还完1800多元的贷款之后,1000元的生活费用几乎让他每月都捉襟见肘。"如果赶上亲戚朋友结婚,生小孩需要随礼,我可能还要向父母借钱。"

其实,对于现实不安且不满的小邹并不是没有想过跳槽,然而,他的顾虑几乎同他的渴望一样多。非常稳定的"吃皇粮"生活对于小邹的诱惑仍然非常大,至少能够还贷款,至少可以有一定的社会地位,而一旦投身于滚滚洪流的社会,这一切都可能不复拥有。这几乎是小邹不能够承受的。"我不能拿自己和女朋友的将来当儿戏,我需要稳定。"

然而,小邹的女朋友却并不这样看,她经常问小邹,每月就这点死工资,自己觉得值吗?这时的小邹经常是撇撇嘴,不再言语。其实,看着自己女友研究生毕业后七八千元的月收入,小邹感到欣慰的同时,也面临极大压力,"那是一种无形的压力,有时候确实心里很别扭"。

小邹非常清楚自己的位置,他认为以自己的能力,在没有特殊机遇的情况下,最好能够在35岁之前就获得职务晋升,如果达不到,今后就不太可能再进一步,但总的来说,工资也在涨,只要不犯错误,至少是安全的。

是否应该用永久的安全换取仅仅是可能的发展机会?这是小邹头痛的一件事,毕竟,鱼和熊掌不可兼得。对于接近而立之年的小邹来说,马上就要面临结婚、生子等一系列问题,而一旦跳槽,这一切肯定要推迟,这是他并不愿意看到的。

跳不跳槽这个问题,已经困扰了小邹一年多,时至今日,他仍然没有下定决心。"像我这样的人多了去了,既然大多数都选择了继续,肯定是有一定道理的,虽然我的心在躁动,但我真的不知道该如何抉择。"

(2)近年来频发的地震不仅使震区经济发展受挫,人民生命财产受损,而且还严重影响了灾区民众的精神健康。相关调查发现,灾区许多人有与焦虑有关的不良情绪和身体、行为反应。在被调查者中,有恐惧感者接近总数的60%,有分离焦虑感者接近65%,超过60%的人为自己及家人的未来担忧。不仅如此,大约25%的被调查者还感到无法面对未来,近70%的人希望获得社会各界的心理援助。

帮助遭受自然灾害的人民从巨大的内心伤痛中走出来,以积极良好而坚强的心态面对灾后的生活,需要行之有效的心理援助。但是心理专家数量是有限的,如何以有限的心理专家力量帮助更多的人迅速调整心态呢?

由一个健康公益网络组织的心理援助专家团,结合心理救援的实际经验,提议开展一项温馨的灾区心理安抚活动,即通过代表"心理救援在进行"含义的火红绸带在灾区广泛传播,将心理关怀迅速传播到灾区的每一个角落。专家团把这一活动命名为"火红绸带心理救援行动"。

飞扬的火红绸带,能带给人以温暖、安全、激情、希望的感受。心理学家经常以火红色对经受灾难重创需要安抚的对象进行心理激励暗示。

当人们回到废墟看望自己坍塌的家园时,一条废墟上飘扬的火红绸带能给他们悲伤的心灵带来充满希望的激情;当人们在各大医院公告栏前寻找自己失散或失踪的亲人时,公告栏上飞扬的火红绸带能给焦急的人们带来温馨的慰藉和安抚;当救援人员从废墟中抬出生还者时,为其系上一条火红绸带,能从心理意义上给他们一份坚定而积极的暗示;从事心理援助的专家和志愿者手臂上轻系的火红绸带,能够给每一位接受心理安抚的百姓安全和乐观的喻示;幸免受创的人们主动系上意味着心理援助的火红绸带,能够向不幸的同胞传达自己衷心的祝福。

火红的"心理援助"绸带飘扬在坍塌的废墟上,轻系在实施心理救援的专家手臂上和受灾地区老百姓的手腕上,悬挂在每一辆过往车辆的车镜上,可以向整个灾区的人民传递爱的温暖。心理援助到哪里,代表"心理援助在进行"的火红绸带就系到哪里,可以让灾区人民在跳动的国旗红中感受到党和国家的温暖关怀无处不在,从火红的绸带上感受到未来生活的召唤和重建家园的信心。

当火红的绸带遍布灾区,成为心理援助的某种象征符号时,心理援助会达到更好的效果。美好的心理安抚无处不在,人们的恐惧和焦虑就会渐渐衰减。

(3)F市自2012年2月份实施心理健康促进项目以来,着力构建相关机制,努力创新模式,持续推进健康心理工作。以下是F市心理健康促进项目大事记。

2月20日,成立由分管副市长为组长的项目领导小组,下设办公室和联络员,制定试点工作方案和重点项目实施方案。

2—3月,项目领导小组确立相关会议机制,及时策划,部署各项心理健康干预活动,及时协调解决相关问题。启动项目以来,共部署了3次大型会议的筹备工作。

5月初召开试点工作协调、启动会议。会议通过了项目实施草案,布置了工作进度的三个阶段,强化配合与落实。5月底召开了项目成员单位联络员会议,部署了重点项目的实施方案,启动了心理卫生协会成立的筹备工作,作出国家心理咨询师三年培养计划。同时建立了项目工作紧张情况每月一报制。

7月,组成建立心理卫生协会,有团体会员39家。市卫生局投入20万元建立了市心理健康辅导中心,全市初高中均成立了学生个体心理辅导室,四所高中配备了8名专职心理辅导教师。投入40万元改建了F中学的心理咨询中心,中心面积均为280平米,内设接待室、个别辅导室、团体辅导室、音乐放松室、情绪宣泄室、心理沙龙室、心理沙盘室。

8月,某服饰有限公司以现场会的形式,组织几个社区的负责人参加了会议,部署了社区心理咨询站点建设工作的进度安排和心理干预服务模式,全市建立市心理卫生协会—部门—社区的三级网络系统,保证心理干预网络全覆盖,各级网络间相互协作,资源整合,紧密配合。

9月,市总工会的职工心理咨询室、妇联的女性职工心情舒缓中心和残联的心理咨询所,开始为企业职工、广大妇女和残疾人服务。该市12个文明社区都成立了心理咨询室,11个社区完成了心理干预室的筹建工作。

10月,市妇联开通了首条"女性心情舒缓热线"。市残联开设心理疏导室,专职开展残疾人及其家属心理健康服务。全市初高中除设立个体心理辅导室外,还加强了学生心理课程建设,初中二年级每班每两周开设一节心理健康活动课,高中一年级每班每月至少开设一节心理辅导活动课。

10月10日为第21个世界精神卫生日,市心理卫生协会在X社区开展市抑郁症筛查日大型活动,活动以"艺术·心灵·生活"为主题,宣传活动呈现出内容丰富、形式多样、群众参与性高的特点,进一步扩大了心理健康教育覆盖面和知识普及面。

10月中旬,聘请7位精神科专家,为全市心理健康促进工作提供技术支持,定期到F市心理健康辅导中心坐诊和开展教学、学术活动。

10月下旬,卫生局招聘了1名医学心理专业的大学生,充实市卫生系统医学心理专业人才队伍,制定并实施了国家心理咨询师三年培训发展计划,争取到2014年,培养200名国家级心理咨询师。

12月,开展心理社团、心理活动周、校园心理剧汇演等一系列创新性活动。Y社区组织了22名"知心姐姐",和社区干部一道接受了心理健康知识系列培训。

12月21日,F市日报推出了"F市先行试水社会心理健康促进机制建设"的卫生专版,刊登了市心理咨询师培训及市心理卫生协会成立等信息,公布了各心理健康辅导中心咨询时间和热线咨询电话。

2013年1月,市心理卫生协会结合健康生活方式日大型广场活动,共展出宣传版面28块,发放宣传资料3种10000份。

(4)某网站发表了题为《谈谈转型期青年社会心理问题》的署名文章。

随着市场化进程的日益深入,经济收入成为社会地位的重要指标之一,而青年阶段则迎来生命周期中,"需要与拥有之间得倒错规律",即在由不同阶段所构成的人生发展过程中,在最急需各种资源的青年阶段,个人能拥有的东西还非常有限;而到了对各种资源需求较少的"成功阶段",个人则又拥有了很多东西。因此,青年阶段正处在一个百需待补的特殊时期,金钱"焦虑"成为一种很现实的心态。

在传媒发达、信息爆炸的今天,青年接受信息的速度和数量在一定程度上都超过了中老年人,但是,这种"现在感"的过于强大,则造成青年对于国家历史、甚至是近代史上一些重要事件和任务的知识量很少;在我们当今的各类教育中,缺少一些有效的历史知识传播方法,则是导致青年难以形成相关历史意识的重要原因之一,因此,有效地加强和丰富具有历史感的各种教育,以及进一步创新爱国教育、英雄主义教育,在当今这个时代,不仅是必不可少的,而且是非常迫切的。

近年来,诚信问题成为社会关注的焦点和学术研讨的热点,青年中的"失信"现象也时有"曝光",如个人贷款中的违约现象等,尽管我们逐渐增加了更多的法律法规来调整社会行为,但是,作为现代社会中有效交往最重要的心理机制,诚信仍然在人们生活中扮演着不可替代的角色。较高的诚信度,不仅是人们减少交往代价、提高活动效率的基础,而且也成为更高级文明进步的重要表现。

经济社会的快速发展,给社会成员造成了各种压力,从而较易引发心理问题。当今青年由于出生和成长在较优越的生活环境当中,所以,心理承受力便显得相对较弱,而这一点又会成为导致心理疾患的重要原因。有关调查表明,目前全国约有3000万青少年存在不同的心理问题,其中,中小学生中的心理障碍者占21%—32%;大学生中的心理障碍者占16%—25%,而且还呈现上升趋势,心理问题不仅会影响人格发展,严重时还会导致自杀等极端行为的出现。因此,增强青年的心理承受力,减少心理问题的发生,无疑成为需要各个方面给予关注的重要课题。

作为人生历程中的一个关键时期,青年期的一个重要任务就是个体要进行自我心理调整,形成稳定的人格系统,在著名心理学家埃里克森眼中,这种心理任务的完成在传统社会里通常能够比较顺利,因为传统社会具有较高的同质性、稳定性,而在现代社会则不可能顺利,因为现代社会表现出较高的异质性、变迁性。因此,现代社会青年想要迅速而明确地确立自我并非易事。

在社会转型日益加剧的情况下,有些青年人的价值观念和社会心态中出现了某些困惑现象,其原因主要有两个,一是社会转型期的规范缺失,由于旧的标准或规范有的已经失效,新的标准或规范一时还不完备,而使一些青年心无所依,二是标准多元化导致的多重困境,由于社会的日益开放所带来的多样化,往往造成一种相对化情境,于是,就会产生某种不确定性,从而导致青年出现困惑感,所以,尽快减少和消除青年的这种困惑感,增加确定性,是当今社会文化建设和价值体系建设所面临的主要任务。

(5)10月10日的世界精神卫生日,旨在提高公众对精神卫生问题的认识,促进对精神疾病进行更公开的讨论,鼓励人们在预防和治疗精神疾病方面进行投资。

世界卫生组织公布的最新数据显示,全球约有4.5亿精神健康障碍患者,其中四分之三生活在发展中国家。而在大多数国家中,只有不到2%的卫生保健资金用于精神卫生,且每年有三分之一的精神分裂者、半数以上的抑郁症患者和四分之三的滥用酒精导致精神障碍患者无法获得简单、可负担得起的治疗或护理。因此,精神健康障碍已经成为严重而又耗资巨大的全球性卫生问题,影响着不同年龄、不同文化、不同社会经济地位的人群。

精神卫生专家W告诉记者,他曾经做过一个调查,结果显示我国成年人中有心理问题的占29%。不过,他认为更严重的问题,是目前很多人对待心理问题的态度。

"主观认识上存在误区是主要原因,受我国传统思想的影响,很多人遇到心理问题不敢去就诊,怕被人看不起。"W说,"不去诊治是一方面原因,另一方面原因在于社会上帮助不够,我国心理医生整体水平不高。"

"应该建立心理疏导机制。国家应该建立免费的心理急救热线,这种心理急救非常重要,同时应该让心理健康讲座进社区。"W说,"关键是建立健全快速有效的应对机制,把心理疾病当成生理疾病来对待,同时严格心理咨询机构的准入标准。"

"建立健全全方位的、立体型的、由家庭学校医院包括幼儿园和社会团体齐抓共管的心理调适体制和机制,使其发挥积极作用,从法律上规定由各级政府和民间组织给予支持,把精神人格有缺陷的人群纳入依法治疗治理的轨道。"法学院教授 H 说,"作为构建和谐社会的战略部署,从法律上保障社会心理调适系统的建立非常重要。"

2013 年 5 月 1 日,我国新颁布的《精神卫生法》正式实施。H 指出,这一法律对精神障碍的预防、诊断、治疗和康复,精神卫生工作的方针原则、管理机制和保障措施以及维护精神障碍患者合法权益等,都做了详细规定。

(6)提高心理健康水平,不仅要完善相关立法和建立专门的疏导机制,还要不断提高教育水平,从价值观方面解决问题。

"尊重他人和尊重自己的生命,是生命进程中的伴随物。就是心理健康的一个条件。""夫君子之行,静以修身,俭以养德。非淡泊无以明志,非宁静无以致远。""想不付出任何代价就得到幸福,那是神话。""你想成为幸福的人吗?但愿你先学会吃得起苦。"

这些关于心理健康、人生观和幸福观的名人名言,被有效地应用在教学实践中,不少教师都能通过树立榜样,在教学中自觉地渗透心理健康教育。苏轼仕途坎坷而壮心不已,蒲松龄面对落第却发奋创作,曹雪芹处境艰险仍不辍笔耕,安徒生屡遭失业而自强不息,奥斯特洛夫斯基身残志坚却潜心著述……这些都构成对学生进行挫折教育、引导学生正确对待挫折的生动教材。司马迁忍辱十八载撰写《史记》,司马光苦熬十九个春秋编纂《资治通鉴》,曹雪芹十年寒窗写就《红楼梦》……这些感人的经历和遭遇给人留下的精神财富,更是对学生进行意志品质教育和培养学生优良品德的绝佳教材。

B 是一家心理诊所的心理医师。在她成长过程中,作家张承志的小说《北方的河》就曾经对她如何认知和面对生活中的缺陷起过不可磨灭的作用。"小说中的男女主人公在湟水的河床发现一个没有了下半截的彩陶罐子。他俩在河沟里的陶片堆里一块块翻找,试着把陶片对上罐子的断口。彩陶罐渐渐地复原了,但是最后还缺腹部的一块始终没有找到。"B 沉浸在对小说情景的回忆中,"我记得女主人公一再感叹:'多美啊,可惜碎了。世上的事情多么拗人心意啊,生活也常常是这样残缺。'从此这部小说就教会我一个道理:生活原本可能正是美好与残缺的统一。"

B 对记者说:"我特别高兴加拿大作家门罗获得了 2013 年诺贝尔文学奖,当年我就欣赏她的一句名言:'幸福始终充满着缺陷。'我也总是想把这种幸福观传达给我的每一个病人。"

B 称自己也同样是在经历过心理躁动、人生观迷茫之后,才慢慢形成了对人生和幸福的理解,"治疗病人的过程对我来说,其实也是一个自我诊治的过程。每个人的生命中都会在某个时段面临心理的问题和价值观的困惑。"

在采访临近结束时,B 告诉记者:"我们现在一提起价值观,似乎总被人嗤笑,但是心理问题的最终解决,其实与正确的社会价值观和人生观都有密切的关联性,也往往决定于对生活的理解以及对幸福的体认。"

3.作答要求

(1)"给定资料3"是F市实施心理健康促进项目的工作大事记,请据此对F市所做工作进行分类总结。(15分)

要求:分类合理,内容全面。不超过200字。

(2)"给定资料4"反映了转型期青年人在心理方面存在的问题,请指出这些问题具体表现在哪些方面。(10分)

要求:全面、准确。不超过150字。

(二)某单位为了解工作人员的生活、工作情况和心理、思想状态,打算以"给定资料1"中小邹的情况为案例,设计一份调查问卷。假如由你具体负责这项工作,请设计出该问卷内容所应列出的主要问题。(20分)

要求:

(1)写出明确具体的设问。

(2)设问应当分类并对每类中的每个设问标注序号。

(3)内容全面,用语得体。

(4)不超过500字。

(三)"给定资料2"中心理救援专家团提议开展"火红绸带心理救援行动",假定在某次救灾工作中,救灾指挥部决定采纳这个提议,请你结合"给定资料2",以专家团的名义给参与救灾的各界人士写一份倡议书。(15分)

要求:

(1)内容具体,指向明确。

(2)语言生动,有感染力。

(3)不超过400字。

(四)加拿大女作家门罗曾经说过:"幸福始终充满着缺陷。"请结合你对给定资料的思考和对这句话的领悟,自拟题目,写一篇文章。(40分)

要求:

(1)自选角度,立意明确。

(2)联系实际,不拘泥于"给定资料"。

(3)思路清晰,语言流畅。

(4)总字数1000—1200字。

附录一

党政机关公文处理工作条例

（中办发〔2012〕14号）

第一章 总 则

第一条 为了适应中国共产党机关和国家行政机关（以下简称党政机关）工作需要，推进党政机关公文处理工作科学化、制度化、规范化，制定本条例。

第二条 本条例适用于各级党政机关公文处理工作。

第三条 党政机关公文是党政机关实施领导、履行职能、处理公务的具有特定效力和规范体式的文书，是传达贯彻党和国家的方针政策，公布法规和规章，指导、布置和商洽工作，请示和答复问题，报告、通报和交流情况等的重要工具。

第四条 公文处理工作是指公文拟制、办理、管理等一系列相互关联、衔接有序的工作。

第五条 公文处理工作应当坚持实事求是、准确规范、精简高效、安全保密的原则。

第六条 各级党政机关应当高度重视公文处理工作，加强组织领导，强化队伍建设，设立文秘部门或者由专人负责公文处理工作。

第七条 各级党政机关办公厅（室）主管本机关的公文处理工作，并对下级机关的公文处理工作进行业务指导和督促检查。

第二章 公文种类

第八条 公文种类主要有：

（一）决议。适用于会议讨论通过的重大决策事项。

（二）决定。适用于对重要事项作出决策和部署、奖惩有关单位和人员、变更或者撤销下级机关不适当的决定事项。

（三）命令（令）。适用于公布行政法规和规章、宣布施行重大强制性措施、批准授予和晋升衔级、嘉奖有关单位和人员。

（四）公报。适用于公布重要决定或者重大事项。

（五）公告。适用于向国内外宣布重要事项或者法定事项。

（六）通告。适用于在一定范围内公布应当遵守或者周知的事项。

（七）意见。适用于对重要问题提出见解和处理办法。

（八）通知。适用于发布、传达要求下级机关执行和有关单位周知或者执行的事项，批转、转发公文。

（九）通报。适用于表彰先进、批评错误、传达重要精神和告知重要情况。

（十）报告。适用于向上级机关汇报工作，反映情况，回复上级机关的询问。

（十一）请示。适用于向上级机关请求指示、批准事项。

（十二）批复。适用于答复下级机关请示事项。

（十三）议案。适用于各级人民政府按照法律程序向同级人民代表大会或者人民代表大会常务委员会提请审议事项。

（十四）函。适用于不相隶属机关之间商洽工作、询问和答复问题、请求批准和答复审批事项。

（十五）纪要。适用于记载会议主要情况和议定事项。

第三章　公文格式

第九条　公文一般由份号、密级和保密期限、紧急程度、发文机关标志、发文字号、签发人、标题、主送机关、正文、附件说明、发文机关署名、成文日期、印章、附注、附件、抄送机关、印发机关和印发日期、页码等组成。

（一）份号。公文印制份数的顺序号。涉密公文应当标注份号。

（二）密级和保密期限。公文的秘密等级和保密期限。涉密公文应当根据涉密程度分别标注"绝密""机密""秘密"和保密期限。

（三）紧急程度。公文送达和办理的时限要求。根据紧急程度，紧急公文应当分别标注"特急""加急"，电报应当分别标注"特提""特急""加急""平急"。

（四）发文机关标志。由发文机关全称或者规范化简称加"文件"二字组成，也可以使用发文机关全称或者规范化简称。联合行文时，发文机关标志可以并用联合发文机关名称，也可以单独用主办机关名称。

（五）发文字号。由发文机关代字、年份、发文顺序号组成。联合行文时，使用主办机关的发文字号。

（六）签发人。上行文应当标注签发人姓名。

（七）标题。由发文机关名称、事由和文种组成。

（八）主送机关。公文的主要受理机关，应当使用机关全称、规范化简称或者同类型机关统称。

（九）正文。公文的主体，用来表述公文的内容。

（十）附件说明。公文附件的顺序号和名称。

（十一）发文机关署名。署发文机关全称或者规范化简称。

（十二）成文日期。署会议通过或者发文机关负责人签发的日期。联合行文时，署最后签发机关负责人签发的日期。

（十三）印章。公文中有发文机关署名的，应当加盖发文机关印章，并与署名机关相符。有特定发文机关标志的普发性公文和电报可以不加盖印章。

（十四）附注。公文印发传达范围等需要说明的事项。

（十五）附件。公文正文的说明、补充或者参考资料。

（十六）抄送机关。除主送机关外需要执行或者知晓公文内容的其他机关，应当使用机关全称、规范化简称或者同类型机关统称。

（十七）印发机关和印发日期。公文的送印机关和送印日期。

（十八）页码。公文页数顺序号。

第十条 公文的版式按照《党政机关公文格式》国家标准执行。

第十一条 公文使用的汉字、数字、外文字符、计量单位和标点符号，按照有关国家标准和规定执行。民族自治地方的公文，可以并用汉字和当地通用的少数民族文字。

第十二条 公文用纸幅面采用国际标准A4型。特殊形式的公文用纸幅面，根据实际需要确定。

第四章　行文规则

第十三条 行文应当确有必要，讲求实效，注重针对性和可操作性。

第十四条 行文关系根据隶属关系和职权范围确定。一般不得越级行文，特殊情况需要越级行文的，应当同时抄送被越过的机关。

第十五条 向上级机关行文，应当遵循以下规则：

（一）原则上主送一个上级机关，根据需要同时抄送相关上级机关和同级机关，不抄送下级机关。

（二）党委、政府的部门向上级主管部门请示、报告重大事项，应当经本级党委、政府同意或者授权，属于部门职权范围内的事项应当直接报送上级主管部门。

（三）下级机关的请示事项，如需以本机关名义向上级机关请示，应当提出倾向性意见后上报，不得原文转报上级机关。

（四）请示应当一文一事。不得在报告等非请示性公文中夹带请示事项。

（五）除上级机关负责人直接交办事项外，不得以本机关名义向上级机关负责人报送公文，也不得以本机关负责人名义向上级机关报送公文。

（六）受双重领导的机关向一个上级机关行文，必要时抄送另一个上级机关。

第十六条 向下级机关行文,应当遵循以下规则:

(一)主送受理机关,根据需要抄送相关机关。重要行文应当同时抄送发文机关的直接上级机关。

(二)党委、政府的办公厅(室)根据本级党委、政府授权,可以向下级党委、政府行文,其他部门和单位不得向下级党委、政府发布指令性公文或者在公文中向下级党委、政府提出指令性要求。需经政府审批的具体事项,经政府同意后可以由政府职能部门行文,文中须注明已经政府同意。

(三)党委、政府的部门在各自职权范围内可以向下级党委、政府的相关部门行文。

(四)涉及多个部门职权范围内的事务,部门之间未协商一致的,不得向下行文;擅自行文的,上级机关应当责令其纠正或者撤销。

(五)上级机关向受双重领导的下级机关行文,必要时抄送该下级机关的另一个上级机关。

第十七条 同级党政机关、党政机关与其他同级机关必要时可以联合行文。属于党委、政府各自职权范围内的工作,不得联合行文。党委、政府的部门依据职权可以相互行文。部门内设机构除办公厅(室)外不得对外正式行文。

第五章 公文拟制

第十八条 公文拟制包括公文的起草、审核、签发等程序。

第十九条 公文起草应当做到:

(一)符合国家法律法规和党的路线方针政策,完整准确体现发文机关意图,并同现行有关公文相衔接。

(二)一切从实际出发,分析问题实事求是,所提政策措施和办法切实可行。

(三)内容简洁,主题突出,观点鲜明,结构严谨,表述准确,文字精练。

(四)文种正确,格式规范。

(五)深入调查研究,充分进行论证,广泛听取意见。

(六)公文涉及其他地区或者部门职权范围内的事项,起草单位必须征求相关部门意见,力求达成一致。

(七)机关负责人应当主持、指导重要公文的起草工作。

第二十条 公文文稿签发前,应当由发文机关办公厅(室)进行审核。审核的重点是:

(一)行文理由是否充分,行文依据是否准确。

(二)内容是否符合国家法律法规和党的路线方针政策;是否完整准确体现发文机关意图;是否同现行有关公文相衔接;所提政策措施和办法是否切实可行。

(三)涉及有关地区或者部门职权范围内的事项是否经过充分协商并达成一致意见。

(四)文种是否正确,格式是否规范;人名、地名、时间、数字、段落顺序、引文等是否准确;文字、数字、计量单位和标点符号等用法是否规范。

(五)其他内容是否符合公文起草的有关要求。

需要发文机关审议的重要公文文稿,审议前由发文机关办公厅(室)进行初核。

第二十一条 经审核不宜发文的公文文稿,应当退回起草单位并说明理由;符合发文条件但内容需作进一步研究和修改的,由起草单位修改后重新报送。

第二十二条 公文应当经本机关负责人审批签发。重要公文和上行文由机关主要负责人签发。党委、政府的办公厅(室)根据党委、政府授权制发的公文,由受权机关主要负责人签发或者按照有关规定签发。签发人签发公文,应当签署意见、姓名和完整日期;圈阅或者签名的,视为同意。联合发文由所有联署机关的负责人会签。

第六章 公文办理

第二十三条 公文办理包括收文办理、发文办理和整理归档。

第二十四条 收文办理主要程序是:

(一)签收。对收到的公文应当逐件清点,核对无误后签字或者盖章,并注明签收时间。

(二)登记。对公文的主要信息和办理情况应当详细记载。

(三)初审。对收到的公文应当进行初审。初审的重点是:是否应当由本机关办理,是否符合行文规则,文种、格式是否符合要求,涉及其他地区或者部门职权范围内的事项是否已经协商、会签;是否符合公文起草的其他要求。经初审不符合规定的公文,应当及时退回来文单位并说明理由。

(四)承办。阅知性公文应当根据公文内容、要求和工作需要确定范围后分送。批办性公文应当提出拟办意见报本机关负责人批示或者转有关部门办理;需要两个以上部门办理的,应当明确主办部门。紧急公文应当明确办理时限。承办部门对交办的公文应当及时办理,有明确办理时限要求的应当在规定时限内办理完毕。

(五)传阅。根据领导批示和工作需要将公文及时送传阅对象阅知或者批示。办理公文传阅应当随时掌握公文去向,不得漏传、误传、延误。

(六)催办。及时了解掌握公文的办理进展情况,督促承办部门按期办结。紧急公文或者重要公文应当由专人负责催办。

(七)答复。公文的办理结果应当及时答复来文单位,并根据需要告知相关单位。

第二十五条 发文办理主要程序是:

(一)复核。已经发文机关负责人签批的公文,印发前应当对公文的审批手续、内容、文种、格式等进行复核;需作实质性修改的,应当报原签批人复审。

(二)登记。对复核后的公文,应当确定发文字号、分送范围和印制份数并详细记载。

(三)印制。公文印制必须确保质量和时效。涉密公文应当在符合保密要求的场所印制。

（四）核发。公文印制完毕，应当对公文的文字、格式和印刷质量进行检查后分发。

第二十六条　涉密公文应当通过机要交通、邮政机要通信、城市机要文件交换站或者收发件机关机要收发人员进行传递，通过密码电报或者符合国家保密规定的计算机信息系统进行传输。

第二十七条　需要归档的公文及有关材料，应当根据有关档案法律法规及机关档案管理规定，及时收集齐全、整理归档。两个以上机关联合办理的公文，原件由主办机关归档，相关机关保存复制件。机关负责人兼任其他机关职务的，在履行所兼职务过程中形成的公文，由其兼职机关归档。

第七章　公文管理

第二十八条　各级党政机关应当建立健全本机关公文管理制度，确保管理严格规范，充分发挥公文效用。

第二十九条　党政机关公文由文秘部门或者专人统一管理。设立党委（党组）的县级以上单位应当建立机要保密室和机要阅文室，并按照有关保密规定配备工作人员和必要的安全保密设施设备。

第三十条　公文确定密级前，应当按照拟定的密级先行采取保密措施。确定密级后，应当按照所定密级严格管理。绝密级公文应当由专人管理。公文的密级需要变更或者解除的，由原确定密级的机关或者其上级机关决定。

第三十一条　公文的印发传达范围应当按照发文机关的要求执行；需要变更的，应当经发文机关批准。涉密公文公开发布前应当履行解密程序。公开发布的时间、形式和渠道，由发文机关确定。经批准公开发布的公文，同发文机关正式印发的公文具有同等效力。

第三十二条　复制、汇编机密级、秘密级公文，应当符合有关规定并经本机关负责人批准。绝密级公文一般不得复制、汇编，确有工作需要的，应当经发文机关或者其上级机关批准。复制、汇编的公文视同原件管理。

复制件应当加盖复制机关戳记。翻印件应当注明翻印的机关名称、日期。汇编本的密级按照编入公文的最高密级标注。

第三十三条　公文的撤销和废止，由发文机关、上级机关或者权力机关根据职权范围和有关法律法规决定。公文被撤销的，视为自始无效；公文被废止的，视为自废止之日起失效。

第三十四条　涉密公文应当按照发文机关的要求和有关规定进行清退或者销毁。

第三十五条　不具备归档和保存价值的公文，经批准后可以销毁。销毁涉密公文必须严格按照有关规定履行审批登记手续，确保不丢失、不漏销。个人不得私自销毁、留存涉密公文。

第三十六条　机关合并时，全部公文应当随之合并管理；机关撤销时，需要归档的公文经整理后按照有关规定移交档案管理部门。

工作人员离岗离职时,所在机关应当督促其将暂存、借用的公文按照有关规定移交、清退。

第三十七条　新设立的机关应当向本级党委、政府的办公厅(室)提出发文立户申请。经审查符合条件的,列为发文单位,机关合并或者撤销时,相应进行调整。

第八章　附　则

第三十八条　党政机关公文含电子公文。电子公文处理工作的具体办法另行制定。

第三十九条　法规、规章方面的公文,依照有关规定处理。外事方面的公文,依照外事主管部门的有关规定处理。

第四十条　其他机关和单位的公文处理工作,可以参照本条例执行。

第四十一条　本条例由中共中央办公厅、国务院办公厅负责解释。

第四十二条　本条例自2012年7月1日起施行。1996年5月3日中共中央办公厅发布的《中国共产党机关公文处理条例》和2000年8月24日国务院发布的《国家行政机关公文处理办法》停止执行。

附录二

党政机关公文格式

(中华人民共和国国家标准 GB/T 9704—2012)

1 范围

本标准规定了党政机关公文通用的纸张要求、排版和印制装订要求、公文格式各要素的编排规则,并给出了公文的式样。

本标准适用于各级党政机关制发的公文。其他机关和单位的公文可以参照执行。

使用少数民族文字印制的公文,其用纸、幅面尺寸及版面、印制等要求按照本标准执行,其余可以参照本标准并按照有关规定执行。

2 规范性引用文件

下列文件对于本标准的应用是必不可少的。凡是注日期的引用文件,仅所注日期的版本适用于本标准。凡是不注日期的引用文件,其最新版本(包括所有的修改单)适用于本标准。

GB/T 148　印刷、书写和绘图纸幅面尺寸

GB 3100　国际单位制及其应用

GB 3101　有关量、单位和符号的一般原则

GB 3102(所有部分)　量和单位

GB/T 15834　标点符号用法

GB/T 15835　出版物上数字用法

3 术语和定义

下列术语和定义适用于本标准。

3.1　字 word

标示公文中横向距离的长度单位。在本标准中,一字指一个汉字宽度的距离。

3.2　行 line

标示公文中纵向距离的长度单位。在本标准中,一行指一个汉字的高度加 3 号汉字高度的 7/8 的距离。

4 公文用纸主要技术指标

公文用纸一般使用纸张定量为 $60g/m^2$—$80g/m^2$ 的胶版印刷纸或复印纸。纸张白度 80%—90%，横向耐折度≥15 次，不透明度≥85%，pH 值为 7.5—9.5。

5 公文用纸幅面尺寸及版面要求

5.1 幅面尺寸

公文用纸采用 GB/T 148 中规定的 A4 型纸，其成品幅面尺寸为：210mm×297mm。

5.2 版面

5.2.1 页边与版心尺寸

公文用纸天头（上白边）为 37mm±1mm，公文用纸订口（左白边）为 28mm±1mm，版心尺寸为 156mm×225mm。

5.2.2 字体和字号

如无特殊说明，公文格式各要素一般用 3 号仿宋体字。特定情况可以作适当调整。

5.2.3 行数和字数

一般每面排 22 行，每行排 28 个字，并撑满版心。特定情况可以作适当调整。

5.2.4 文字的颜色

如无特殊说明，公文中文字的颜色均为黑色。

6 印制装订要求

6.1 制版要求

版面干净无底灰，字迹清楚无断画，尺寸标准，版心不斜，误差不超过 1mm。

6.2 印刷要求

双面印刷；页码套正，两面误差不超过 2mm。黑色油墨应当达到色谱所标 BL100%，红色油墨应当达到色谱所标 Y80%、M80%。印品着墨实、均匀；字面不花、不白、无断画。

6.3 装订要求

公文应当左侧装订，不掉页，两页页码之间误差不超过 4mm，裁切后的成品尺寸允许误差±2mm，四角成 90°，无毛茬或缺损。

骑马订或平订的公文应当：

a) 订位为两钉外订眼距版面上下边缘各 70mm 处，允许误差±4mm；

b) 无坏钉、漏钉、重钉，钉脚平伏牢固；

c) 骑马订钉锯均订在折缝线上，平订钉锯与书脊间的距离为 3mm—5mm。

包本装订公文的封皮（封面、书脊、封底）与书芯应吻合、包紧、包平、不脱落。

7 公文格式各要素编排规则

7.1 公文格式各要素的划分

本标准将版心内的公文格式各要素划分为版头、主体、版记三部分。公文首页红色分隔线以上的部分称为版头；公文首页红色分隔线（不含）以下、公文末页首条分隔线（不含）以上的部分称为主体；公文末页首条分隔线以下、末条分隔线以上的部分称为版记。页码位于版心外。

7.2 版头

7.2.1 份号

如需标注份号,一般用6位3号阿拉伯数字,顶格编排在版心左上角第一行。

7.2.2 密级和保密期限

如需标注密级和保密期限,一般用3号黑体字,顶格编排在版心左上角第二行;保密期限中的数字用阿拉伯数字标注。

7.2.3 紧急程度

如需标注紧急程度,一般用3号黑体字,顶格编排在版心左上角;如需同时标注份号、密级和保密期限、紧急程度,按照份号、密级和保密期限、紧急程度的顺序自上而下分行排列。

7.2.4 发文机关标志

由发文机关全称或者规范化简称加"文件"二字组成,也可以使用发文机关全称或者规范化简称。

发文机关标志居中排布,上边缘至版心上边缘为35mm,推荐使用小标宋体字,颜色为红色,以醒目、美观、庄重为原则。

联合行文时,如需同时标注联署发文机关名称,一般应当将主办机关名称排列在前;如有"文件"二字,应当置于发文机关名称右侧,以联署发文机关名称为准上下居中排布。

7.2.5 发文字号

编排在发文机关标志下空二行位置,居中排布。年份、发文顺序号用阿拉伯数字标注;年份应标全称,用六角括号"〔〕"括入;发文顺序号不加"第"字,不编虚位(即1不编为01),在阿拉伯数字后加"号"字。

上行文的发文字号居左空一字编排,与最后一个签发人姓名处在同一行。

7.2.6 签发人

由"签发人"三字加全角冒号和签发人姓名组成,居右空一字,编排在发文机关标志下空二行位置。"签发人"三字用3号仿宋体字,签发人姓名用3号楷体字。

如有多个签发人,签发人姓名按照发文机关的排列顺序从左到右、自上而下依次均匀编排,一般每行排两个姓名,回行时与上一行第一个签发人姓名对齐。

7.2.7 版头中的分隔线

发文字号之下4mm处居中印一条与版心等宽的红色分隔线。

7.3 主体

7.3.1 标题

一般用2号小标宋体字,编排于红色分隔线下空二行位置,分一行或多行居中排布;回行时,要做到词意完整,排列对称,长短适宜,间距恰当,标题排列应当使用梯形或菱形。

7.3.2 主送机关

编排于标题下空一行位置,居左顶格,回行时仍顶格,最后一个机关名称后标全角冒号。如主送机关名称过多导致公文首页不能显示正文时,应当将主送机关名称移至版记,标注方法见 7.4.2。

7.3.3 正文

公文首页必须显示正文。一般用 3 号仿宋体字,编排于主送机关名称下一行,每个自然段左空二字,回行顶格。文中结构层次序数依次可以用"一、""(一)""1.""(1)"标注;一般第一层用黑体字、第二层用楷体字、第三层和第四层用仿宋体字标注。

7.3.4 附件说明

如有附件,在正文下空一行左空二字编排"附件"二字,后标全角冒号和附件名称。如有多个附件,使用阿拉伯数字标注附件顺序号(如"附件:1.××××××");附件名称后不加标点符号。附件名称较长需回行时,应当与上一行附件名称的首字对齐。

7.3.5 发文机关署名、成文日期和印章

7.3.5.1 加盖印章的公文

成文日期一般右空四字编排,印章用红色,不得出现空白印章。

单一机关行文时,一般在成文日期之上、以成文日期为准居中编排发文机关署名,印章端正、居中下压发文机关署名和成文日期,使发文机关署名和成文日期居印章中心偏下位置,印章顶端应当上距正文(或附件说明)一行之内。

联合行文时,一般将各发文机关署名按照发文机关顺序整齐排列在相应位置,并将印章一一对应、端正、居中下压发文机关署名,最后一个印章端正、居中下压发文机关署名和成文日期,印章之间排列整齐、互不相交或相切,每排印章两端不得超出版心,首排印章顶端应当上距正文(或附件说明)一行之内。

7.3.5.2 不加盖印章的公文

单一机关行文时,在正文(或附件说明)下空一行右空二字编排发文机关署名,在发文机关署名下一行编排成文日期,首字比发文机关署名首字右移二字,如成文日期长于发文机关署名,应当使成文日期右空二字编排,并相应增加发文机关署名右空字数。

联合行文时,应当先编排主办机关署名,其余发文机关署名依次向下编排。

7.3.5.3 加盖签发人签名章的公文

单一机关制发的公文加盖签发人签名章时,在正文(或附件说明)下空二行右空四字加盖签发人签名章,签名章左空二字标注签发人职务,以签名章为准上下居中排布。在签发人签名章下空一行右空四字编排成文日期。

联合行文时,应当先编排主办机关签发人职务、签名章,其余机关签发人职务、签名章依次向下编排,与主办机关签发人职务、签名章上下对齐;每行只编排一个机关的签发人职务、签名章;签发人职务应当标注全称。

签名章一般用红色。

7.3.5.4 成文日期中的数字

用阿拉伯数字将年、月、日标全,年份应标全称,月、日不编虚位(即 1 不编为 01)。

7.3.5.5 特殊情况说明

当公文排版后所剩空白处不能容下印章或签发人签名章、成文日期时,可以采取调

整行距、字距的措施解决。

7.3.6 附注

如有附注,居左空二字加圆括号编排在成文日期下一行。

7.3.7 附件

附件应当另面编排,并在版记之前,与公文正文一起装订。"附件"二字及附件顺序号用3号黑体字顶格编排在版心左上角第一行。附件标题居中编排在版心第三行。附件顺序号和附件标题应当与附件说明的表述一致。附件格式要求同正文。

如附件与正文不能一起装订,应当在附件左上角第一行顶格编排公文的发文字号并在其后标注"附件"二字及附件顺序号。

7.4 版记

7.4.1 版记中的分隔线

版记中的分隔线与版心等宽,首条分隔线和末条分隔线用粗线(推荐高度为0.35mm),中间的分隔线用细线(推荐高度为0.25mm)。首条分隔线位于版记中第一个要素之上,末条分隔线与公文最后一面的版心下边缘重合。

7.4.2 抄送机关

如有抄送机关,一般用4号仿宋体字,在印发机关和印发日期之上一行、左右各空一字编排。"抄送"二字后加全角冒号和抄送机关名称,回行时与冒号后的首字对齐,最后一个抄送机关名称后标句号。

如需把主送机关移至版记,除将"抄送"二字改为"主送"外,编排方法同抄送机关。既有主送机关又有抄送机关时,应当将主送机关置于抄送机关之上一行,之间不加分隔线。

7.4.3 印发机关和印发日期

印发机关和印发日期一般用4号仿宋体字,编排在末条分隔线之上,印发机关左空一字,印发日期右空一字,用阿拉伯数字将年、月、日标全,年份应标全称,月、日不编虚位(即1不编为01),后加"印发"二字。

版记中如有其他要素,应当将其与印发机关和印发日期用一条细分隔线隔开。

7.5 页码

一般用4号半角宋体阿拉伯数字,编排在公文版心下边缘之下,数字左右各放一条一字线;一字线上距版心下边缘7mm。单页码居右空一字,双页码居左空一字。公文的版记页前有空白页的,空白页和版记页均不编排页码。公文的附件与正文一起装订时,页码应当连续编排。

8 公文中的横排表格

A4纸型的表格横排时,页码位置与公文其他页码保持一致,单页码表头在订口一边,双页码表头在切口一边。

9 公文中计量单位、标点符号和数字的用法

公文中计量单位的用法应当符合GB 3100、GB 3101和GB 3102(所有部分),标点符

号的用法应当符合 GB/T 15834,数字用法应当符合 GB/T 15835。

10　公文的特定格式

10.1　信函格式

发文机关标志使用发文机关全称或者规范化简称,居中排布,上边缘至上页边为 30mm,推荐使用红色小标宋体字。联合行文时,使用主办机关标志。

发文机关标志下 4mm 处印一条红色双线(上粗下细),距下页边 20mm 处印一条红色双线(上细下粗),线长均为 170mm,居中排布。

如需标注份号、密级和保密期限、紧急程度,应当顶格居版心左边缘编排在第一条红色双线下,按照份号、密级和保密期限、紧急程度的顺序自上而下分行排列,第一个要素与该线的距离为 3 号汉字高度的 7/8。

发文字号顶格居版心右边缘编排在第一条红色双线下,与该线的距离为 3 号汉字高度的 7/8。

标题居中编排,与其上最后一个要素相距二行。

第二条红色双线上一行如有文字,与该线的距离为 3 号汉字高度的 7/8。

首页不显示页码。

版记不加印发机关和印发日期、分隔线,位于公文最后一面版心内最下方。

10.2　命令(令)格式

发文机关标志由发文机关全称加"命令"或"令"字组成,居中排布,上边缘至版心上边缘为 20mm,推荐使用红色小标宋体字。

发文机关标志下空二行居中编排令号,令号下空二行编排正文。

签发人职务、签名章和成文日期的编排见 7.3.5.3。

10.3　纪要格式

纪要标志由"××××××纪要"组成,居中排布,上边缘至版心上边缘为 35mm,推荐使用红色小标宋体字。

标注出席人员名单,一般用 3 号黑体字,在正文或附件说明下空一行左空二字编排"出席"二字,后标全角冒号,冒号后用 3 号仿宋体字标注出席人单位、姓名,回行时与冒号后的首字对齐。

标注请假和列席人员名单,除依次另起一行并将"出席"二字改为"请假"或"列席"外,编排方法同出席人员名单。

纪要格式可以根据实际制定。

11　式样

A4 型公文用纸页边及版心尺寸见图 1;公文首页版式见图 2;联合行文公文首页版式 1 见图 3;联合行文公文首页版式 2 见图 4;公文末页版式 1 见图 5;公文末页版式 2 见图 6;联合行文公文末页版式 1 见图 7;联合行文公文末页版式 2 见图 8;附件说明页版式见图 9;带附件公文末页版式见图 10;信函格式首页版式见图 11;命令(令)格式首页版式见图 12。

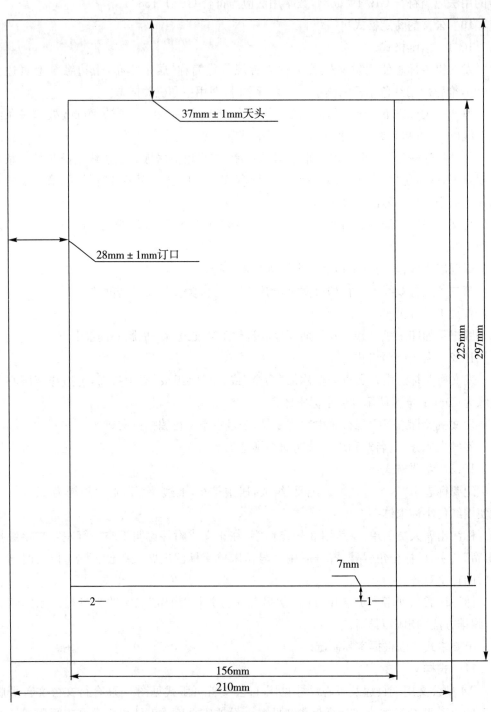

图1 A4型公文用纸页边及版心尺寸

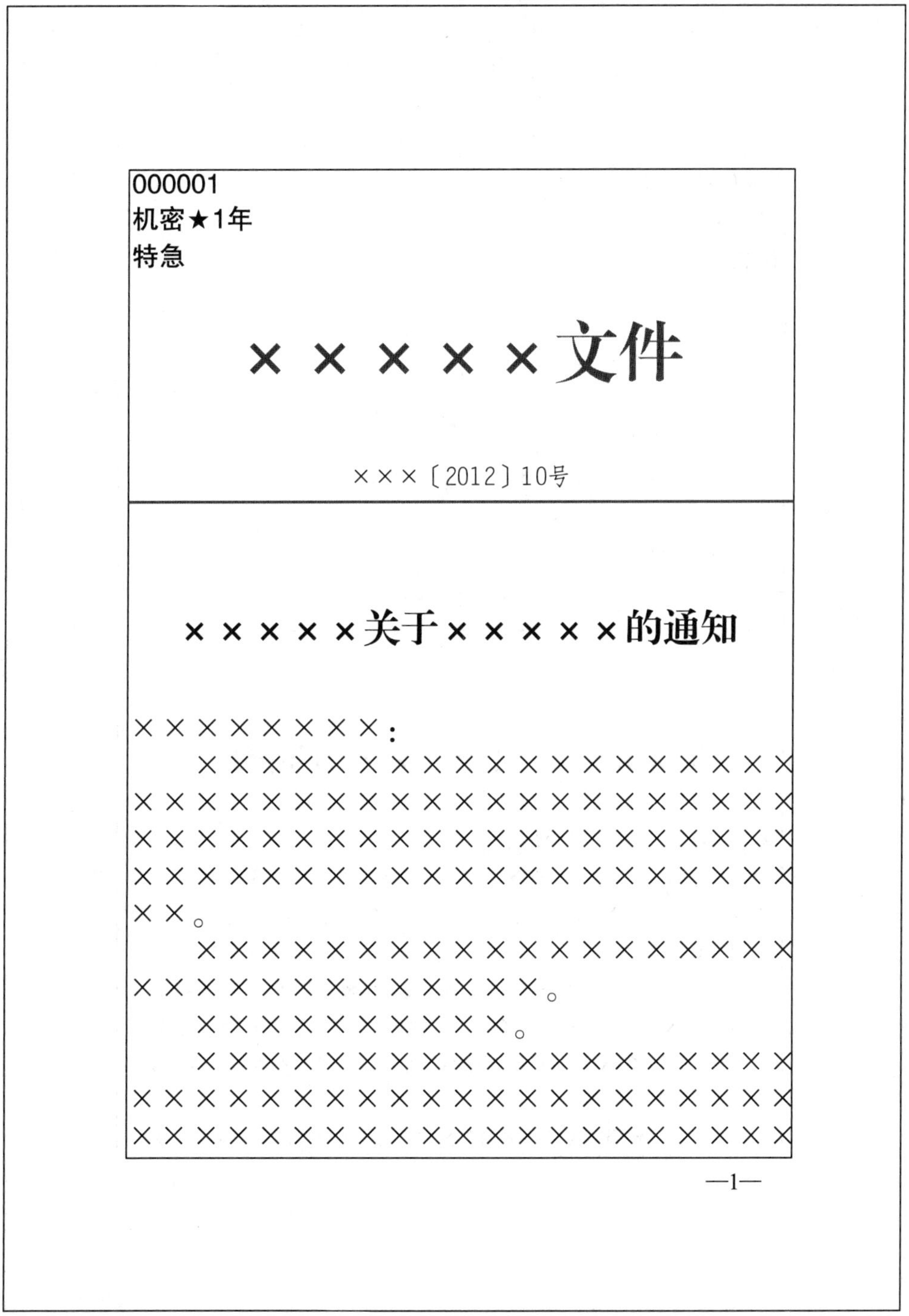

图 2　公文首页版式

注：版心实线框仅为示意，在印制公文时并不印出。

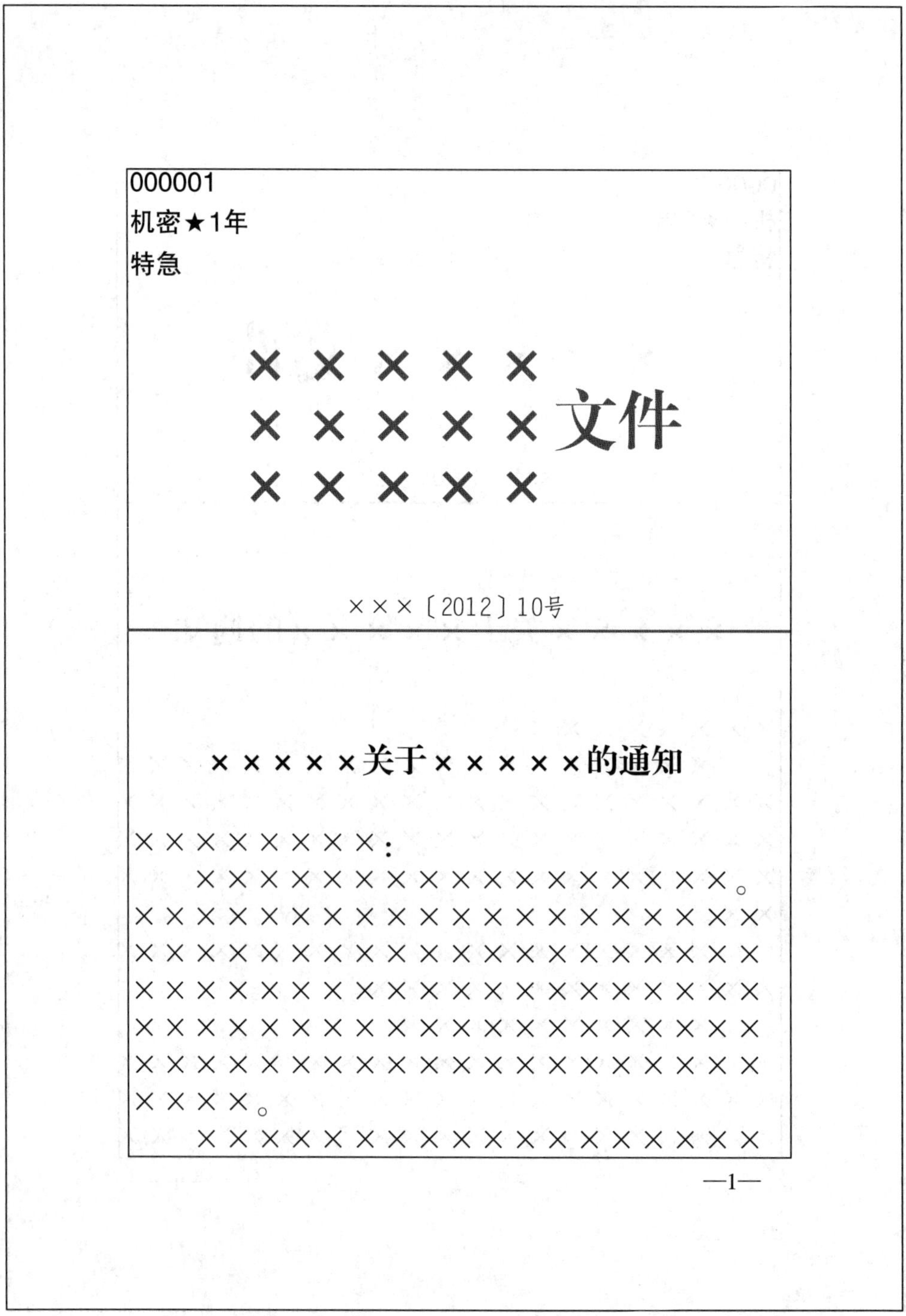

```
000001
机密★1年
特急
```

×××××
×××××文件
×××××

×××〔2012〕10号

×××××关于×××××的通知

×××××××：
　　×××××××××××××××××××××。×××。
　　××××××××××××××××××××

图3　联合行文公文首页版式1

注：版心实线框仅为示意，在印制公文时并不印出。

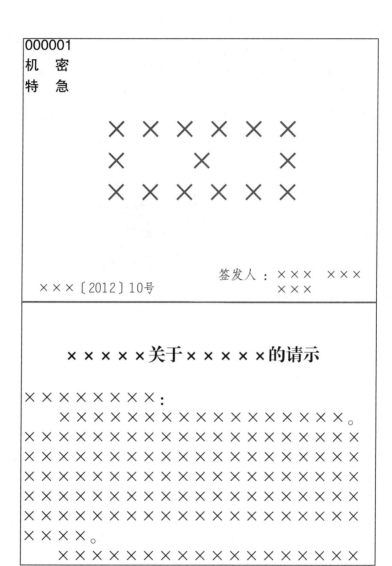

图4 联合行文公文首页版式2

注：版心实线框仅为示意，在印制公文时并不印出。

×××××××××××××。
　×××××××××××××××××
×××××××××××××××××××
××××。

2012年7月1日

（×××××）

抄送：××××××××，××××××，×××××，
×××××。

××××××××　　　　　　　　　2012年7月1日印发

—2—

图5　公文末页版式1

注：版心实线框仅为示意，在印制公文时并不印出。

附录二　党政机关公文格式

×××××××××××。
　　××。

　　　　　　　×××××××
　　　　　　　2012年7月1日
（×××××）

抄送：××××××××，××××××，×××××，
　　×××××。
×××××××× 　　　　　2012年7月1日印发

—2—

图6　公文末页版式2

注：版心实线框仅为示意，在印制公文时并不印出。

图7 联合行文公文末页版式1

注：版心实线框仅为示意，在印制公文时并不印出。

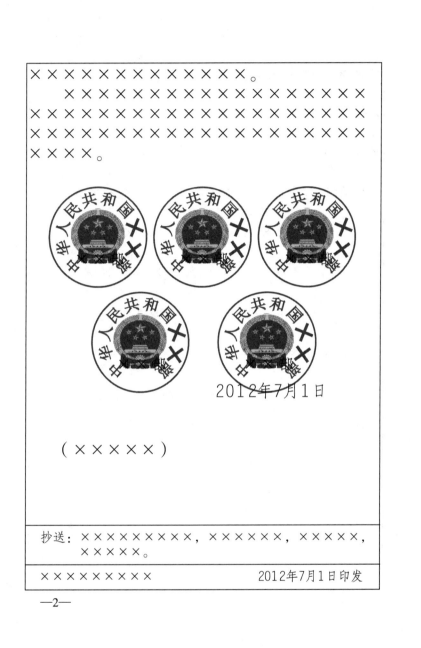

图8 联合行文公文末页版式2

注：版心实线框仅为示意，在印制公文时并不印出。

××××××××××××。
　　××。

　　附件：1.××××××××××××
　　　　　　××××
　　　　　2.××××××××××

　　　　　　　　　　　　××××××
　　　　　　　　　　　　× × × ×
　　　　　　　　　　　2012年7月1日

（×××××）

—2—

图9　附件说明页版式

注：版心实线框仅为示意，在印制公文时并不印出。

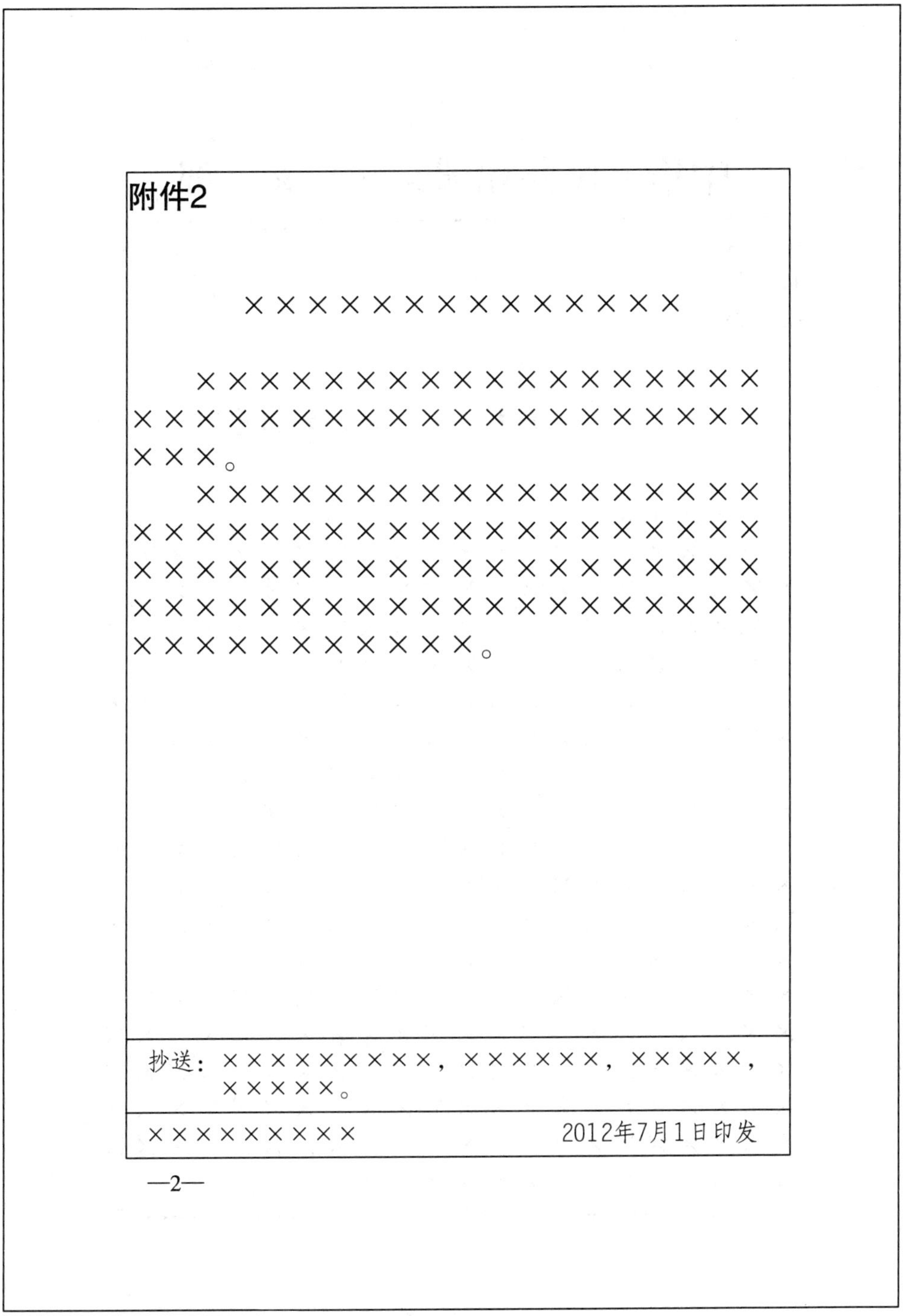

图 10　带附件公文末页版式

注：版心实线框仅为示意，在印制公文时并不印出。

中华人民共和国×××××部

000001　　　　　　　　　　　　　×××〔2012〕10号
机　密
特　急

×××××关于××××××的通知

××××××：
　　××。
　　××。
　　××。

图11　信函格式首页版式

注：版心实线框仅为示意，在印制公文时并不印出。

图 12　命令(令)格式首页版式

注：版心实线框仅为示意，在印制公文时并不印出。

主要参考书目

孟庆荣、许贵研:《应用文写作》,北京:清华大学出版社,2008。
朱利萍:《应用写作实务》,北京:机械工业出版社,2009。
曾昭乐:《现代公文写作》,中山:中山大学出版社,1999。
翁敏华、高晓梅:《商务应用文》,大连:东北财经大学出版社,2003。
邱宣煌:《财经应用文写作》,大连:东北财经大学出版社,1998。
陈才俊:《现代经济写作》,广州:华南理工大学出版社,2003。
刘杰、付胜:《经济文书写作范例》,北京:人民出版社,2005。
杨文丰:《现代经济文书写作》,北京:中国人民大学出版社,2002。
申荣季:《应用写作》,北京:中国商业出版社,1998。
王首程:《现代应用文》,北京:中国商业出版社,1993。
杨忠慧:《应用写作》,北京:中国财政经济出版社,2004。
徐中玉:《应用文写作》,北京:高等教育出版社,2004。
王桂清等:《经济应用文写作》,北京:机械工业出版社,2004。
张德实:《应用写作》,北京:高等教育出版社,2008。
张耀辉:《大学应用写作》,上海:上海交通大学出版社,2003。

另有一些参考资料来源涉及书籍、杂志、网上,恕不一一列举,在此一一表示感谢!